今夜ヴァンパイアになる前に

【分析的実存哲学入門】

L・A・ポール［著］　奥田太郎・薄井尚樹［訳］

L. A. Paul
Transformative Experience

名古屋大学出版会

「イーヨーの背なかが突然ポキンと折れたら、みんなで笑えるな。ははは！　ちょっと愉快だけど、何の役にも立たないな」と、［ロバの］イーヨーは言いました。

「あの、だけど」と、［子豚の］ピグレットはがっかりして言いました。「ぼくは……」

「ぼくたちが乗ると、きみの背なかは折れるの？」プーはびっくりしてききました。

「そこが面白いところだね。プーさん。やってみないとまったくわからないというのが。」

プーが「へぇ！」と言って、みんなはまた考えこみました。

――A・A・ミルン『クマのプーさん』

目　次

第1章　ヴァンパイアになる

ヴァンパイアになるチャンスをあなたが手にしていると想像してほしい。痛みのない、あっという間のひと噛みで、あなたは夜を生きるエレガントな伝説上の存在へと永遠に姿を変えることになる。アンデッド（死者でも生者でもない存在）の一族として、あなたの人生は一変するだろう。あなたは、強烈で啓示的な新しい感覚をいろいろ経験することになるし、不死身の強さ、スピード、力を手に入れて、どんなものを身につけても奇抜に見えるようになる。さらにあなたは血を飲み日光を避けねばならなくなるだろう。

あなたの友人たち、つまりあなたと同じような関心を抱き、同じようなものの見方をして、同じような生活をしていた人々がみんな、ヴァンパイアになることをすでに決めてしまったとしたらどうだろうか。そして彼らはみんな、ヴァンパイアであることを自分は気に入っているのだとあなたに語る。彼らはあふれるような熱意で自分の新たな人生について述べ立て、あなたにもヴァンパイアになるよう勧めてくる。彼らはあなたの恐怖を和らげようと、現代のヴァンパイアは人を殺したりしないと説明する。ヴァンパイアはウシやニワトリの血を飲むのだ、と。そして彼らはこんな話をする。「たとえできるとしても、ワタシは絶対に人間に戻ったりはしないね。人間だったころには決してなかった人生の意味や目的意識が、今はあるんだ。ワタシはこの世界の現実を、これまで理解することもできなかった仕方で理解している。素晴らしいことだよ。でも、ただの人間のキミにそれを説明することは、ワタシにはとてもできない。それがどんなものかわかるためには、キミもヴァンパイアにならなくちゃいけないんだ」(1)。さらに、この機会を逃すと二度とチャンスが自分に訪れないことも、あなたにはわかっているとしたらどうだろうか。

あなたならヴァンパイアになるだろうか

こんな選択をするにあたっては、自分にできる最善の決断をしたいとあなたは思うことだろう。つまり、できるだけ合理的に進めたい、と。ヴァンパイアになるなんて、重大な、本当に重大な決断だろう。どう考えても、軽々しく請け負える決断ではない。あなたは最も賢明な選択を、つまり、選んだ後にできるだけ自分の人生がよいものとなるような、そういった選択をしたいと思うことだろう。あなたは、ありうる限りの極めて素晴らしい経験を一つだって逃したくはないだろう。けれども、とんでもない間違いを犯したくもないだろう。

厄介なのは、こんな状況で、あなたはいったいどうやって十分な情報に基づいた選択を行なえるのか、ということだ。というのも結局のところ、自分が実際にヴァンパイアになるまでは、ヴァンパイアであるとはどういうことか、あなたにはわからないからだ。ヴァンパイアにならないと、ヴァンパイアであるとはどういうことかがわからないのだとすると、ただの人間である現在のあなたに生じている実際の経験の特徴を、ヴァンパイアになったら生じるであろう実際の経験の特徴と比べることはできない。つまり、自分が未来にどんな経験を実際にしたいのかを考えたうえでヴァンパイアになるかどうかを選択したくても、そんなことは合理的にはできない。少なくとも、未来に生じる実際の経験のありように関わる複数の相容れない選択肢を比べて、そのうえで一つを選ぶ、といった仕方ではできないのだ。さらに、ヴァンパイアになった友人たちの証言だけに頼って自分の未来を選択するというのも、ひどく怪しいことだと思われる。というのも結局のところ、彼らがもはや人間でない以上、彼らの選好はヴァンパイアとしての選好であって、人間としての選好ではないからだ。

本書で論じることになるが、私たちは、人生の極めて重大な決断に際して自分がこの種の状況に置かれていると気づくことがままある。言い換えると、現実世界で私たちは、自分の人生に関わる一連の個人的な決断に直面するけれど、そこでなされる選択のいくつかは、あるとても重要な意味において、ヴァンパイアになるという選択に似ているのだ。普通は人生の選択に不死身の存在になる可能性が含まれたりはしないけれど、それとは違う点で、この二つは根本から似ている。

端的に言えばこうだ。これまでに経験してきたどれとも違う、そんな新しい経験を伴う決断に直面しているとしよう。そのときあなたは、自分が特別な認識状況に置かれていると気づくことがあるだろう。この種の状況では、あなたは自分に起こりうる未来についてほとんどわからない。それはちょうど、ヴァンパイアとしてありうる未来に直面するときに、あなたにわかることが限られているのと同じことだ。だから、そういった経験をすると決めたら自分はどんな経験を実際にすることになるのか、そのことを考えたうえで決断したいのであれば、厄介なことになる。

そんな状況であなたは、自分が決断をするなら当然、複数の可能性がどういったものかを評価しそこから選択をするという仕方で意思決定をしたいと思うものだが、そのために必要とされる情報が欠けているままに、自分が決断を迫られているということに気づく。人生における重大な個人的決断の多くはそういったものなのだから、問題は切実だ。こういった決断には劇的に新しい経験をするという選択が伴い、その選択はあなたの人生を重要な仕方で変えてしまうものである。あなたの熟慮を左右するのは、変えると決めたら自分の未来の人生はどうなるのか、ということである。しかし結局のところ、こういった重大な決断の多くに含まれるのは、ヴァンパイアになる選択と同じように、実際に経験しないとわかりえないようなことを私たちに教えてくれる経験の選択なのである。

こういった選択に直面すると、実際に新たな経験をするまでは、自分の人生がどんなものになるか、私たちにはわからない。しかし、そういった経験を実際にしないと、自分が何を見落としているのかもわからないだろう。さらにそういった新たな未知の経験の多くは、人生を変えてしまうような、つまり、個人を劇的に変容させてしまうようなものだ。したがって、新たな経験をすることを選んだら未来がどうなるのか、それがわからないままあなたは選択せざるをえないというだけでなく、その選択は重大なものでもある。さらにそれが重大だということがあなたにはわかっている。そういった経験をすると、自分の人生のありようが変わってしまうだろうし、おそらく自分であることのありようさえも徹底的に根本から変わってしまうだろう。あなたにはそれがわかるのだ。

そういった選択をするにあたって、自分以外の人々の証言から情報を得ることはできない、と言うつもりはない。できるけれど、そこから得られる情報は不完全なものだから、手引きとしてはせいぜいその程度のものだと言いたいのだ。したがって科学的知識から得られる情報や、友人や身内の助言から得られる情報は考慮に入れるべきだけれど、最終的には自身の個人的な選好の観点から不完全な証拠を比較して自分で決めなくてはならないのだ。

決断の下し方を変えることはできない、と言うつもりもない。変えることはできる。変えるなら新たに熟慮しなければならない。その熟慮に必要なのは、自分ならこういうふうに当の経験をするだろうという予測ではなく、また、自分の個人的な視座から助言や証言を比較することでも、あなた個人にそれがどの程度あてはまるかを決めることでもない。むしろ必要となるのは、人々が一般にこの種の経験にどう応じるかをめぐる非人称的な事実だけである。言い換えれば、熟慮に際して自分の経験やあなたに固有の個人的な視座の果たす重要な役割を取り除いて、意思決定に対するあなた自身の個人的なアプローチを非人称的な意思決定と置き換えることはできる。

でも、決断をこのように変えてしまうと、人生を一変させるような徹底的に個人的で核心的な決断をどうやってなすべきかという問いに、正面から答えていないことになってしまう。というのも結局のところ、あなたの決断はあなたの個人的な未来に関わる以上、あなたの決断の大事な部分は、あなたに生じる経験のありようや、あなたにもたらされる人生のありようを基礎とするからだ。自分の人生に関わる選択を行ないたいと思うとき、自ずと直観的にあなたは、自分が何にこだわっているのかを考え、そして、当の経験をすると決めたら自分が未来にどんな経験をするのかを考えようとする。そういうわけで、自分の個人的な視座から証拠を比較するのは当然のことだし、それを自分の状況にどう適用したいかを決めるのは当然のことなのだ。決断というものを、自分にとってのありようがもはや留意事項とならないようなものにしてしまえば、それは、あなたがもともと重大事と思っていた決断ではなくなっているのである。

　したがって、私たちは人生を送るなかで、自分の未来を知ることが自分にとってこの上なく大事になるまさにそのとき、自分の未来がどれほど何もわからないか、という厳然たる事実に自分が大小様々な形で直面しているのに気づく。人生に関わるたくさんの重大な選択において、私たちはその選択をした後に初めて、自分にとって知る必要のあることを学ぶのである。そして私たちは、そうした選択をするなかで自分自身を変化させるのである。この状況に応じる最善のやり方は、自分が将来何者になるか知りたいと願うかどうかに基づいて選択をすることだと、最終的に論じることになるだろう[2]。

第2章　変容的な選択

私たち自身とはまったく異なる意識経験をする動物がいる。イヌのように、私たちとよく似た感覚器官を備えた動物は、その目でものを見て、その耳で音を聞く。でも、イヌは人間には聞くことのできない音を聞くことができるし、人間にはかぐことのできない匂いをかぐことができる。そして、そういった動物が周りの世界を経験するとき、その経験は、人間には気づくことのできない、あるいは気づくことのない感覚情報で満ちあふれている。イヌであることのありようは、人間であることのありようとはまったく異なる。

私たちとまったく異なる感覚器官を備えた動物は、私たちとは劇的に異なる経験をする。タコはその足を通じて世界の多くを経験する。タコの足には独立した感覚能力があり、その足は刺激に反応する。さらにタコの足には、それ自体でものを考える能力が独立にありさえするかもしれない。というのも、タコの足は、一定の状況のもとでは、その残りの部分とは無関係に行為するように見えるからだ。自分で行為したり考えたりできる足を持つとは、どういうことなのだろう。タコがそのようになっていることの機能的な特徴のいくつかを理解させるようなお話を工夫して考え出すことはできるかもしれない。しかし、そういった生物であることがどういうことなのかが自分にわかるなんて、私たちは夢にも思わないはずだ(1)。

もう一つの例として、コウモリの経験を挙げることができる。これは、トマス・ネーゲルが擁護したことで名高い主張によるものだ。[2] ネーゲルが指摘するように、コウモリは反響定位によって「ものを見る」。音波を発するとまわりの物体から跳ね返ってくるが、それを経験すると、そのコウモリは昆虫などの美味しい夕食の候補を探知できるのだ。イルカも同じように反響定位を行なうし、人間だって、たとえば廊下からやってくる足音を耳にするときには同じことをする。それでは、反響定位を行なうコウモリであるというのは、どういうことなのだろう。このように暗闇で「ものを見る」ことができる動物の意識経験をもつとは、あるいは、そんな動物の視座に立つとは、どういうことなのだろう。ここでもまた、暗闇にいるところや、耳にしたノイズを利用して物体の位置を判断するところ、特定の昆虫が美味しいとわかるところを想像することはできるが、それにもかかわらず、コウモリであるというのがどういうことかは私たちにはわかりえない。ネーゲルが述べるように、コウモリとは、その視座が私たちにとって「根本的に異質である」ような動物なのだ。

もっと身近な例がある。神経科学者とエンジニアが、あるマイクロチップを発明して、それが脳に埋め込まれると、新たな感覚能力を人間にもたらすとしよう。このチップは、いつもの五感に加えて第六感を与えてくれるわけだ。この感覚がもっと馴染みのある感覚の組み合わせではなく本当に新しいものだとすれば、チップが埋め込まれるまで、この新しい第六感を経験するとどんなことになるのか、私たちにはわかりえない。この感覚能力に関して言えば、チップを埋め込まれていない人は誰であれ、生まれたときから目の見えない人や、これまで音を耳にすることができなかった人と同じ立場になるだろう。つまり、持っている人もいれば持っていない人もいるような感覚能力が一つあって、チップを埋め込まれていない人々には、それを実際に経験するまでは、その感覚能力を持つとはどういうことかがわかりえないだろう。同じことが他の経験にもあてはまる。これまで一度も色を目にしたことがないとすれば、ライムグリーンを見るとはどういうことかわかりえないし、これまで一度も音を耳にしたことがないとすれば、『ヨハネ受難曲』を聞くとはどういうことかがわかりえないのだ。

この考えを理解するためのもう一つのやり方は、歴史的な視座から、紀元前四〇〇年の人に現代の生活を説明しようとするのを考えてみることだ。そういった人には、コンピュータを使うとはどういうことなのか、飛行機で空を飛ぶとはどういうことなのか、わからないだろう。同じような論点は、到来しつつある驚異がすべて現実になった遠い未来にもあてはまる。気楽な空想の話を物語ることならできるけれど、過去二五〇〇年間に起きたのと同じくらいの変化が世界に生じたとして、今から二五〇〇年後の世界を生きるとはどんなことになるのかがわかるなんて、私たちの能力の及びもつかないことなのだ。

実際、人間同士の違いはとても大きく、またとても根深いものなので、それぞれの人間の経験が（文脈的に言って）ちょっと違うだけでも、別のタイプの人であるとはどういうことなのかがわからなくなってしまう。豊かな西洋社会に生まれたのではない人々は、そういった社会に生まれた人々とはまったく違う仕方で世界を解釈し経験するかもしれない。別々の肌の色をした人々、別々のジェンダーの人々、別々の歴史的背景をもつ人々は、日々のやりとりにおいてまったく異なる経験をするものだ。あなたが豊かな西洋の国で生まれ、ずっとそこで過ごしてきた男性だとすれば、エチオピアで生きる貧しい女性であるとはどういうことなのか、あなたにはわかりえない。その女性が自分の村を離れたことがないとすれば、あなたみたいな男性であるとはどういうことなのか、彼女にはわかりえない。あなたが二〇一三年のサンフランシスコで生活する白人のビジネスマンだとすれば、一七六〇年のジャマイカ反乱に巻き込まれ、英国軍が自分を追い詰めようと島内をくまなく捜すなか真夜中に森で隠れている黒人男性であるとはどういうことだったのか、あなたにはわかりえない。[3] あるいは、アメリカ南部の奴隷であるとはどういうことだったのかも、あなたにはわかりえない。[4] 「この忌まわしい奴隷制を調べる機会が私にはあった。……ストックウィップやへら、革ひもといった拷問の道具を私は調べてきた。……ソロモンの本（ソロモン・ノーサップ

『奴隷としての一二年間』）は文字通りに真実だ。ただ奴隷制を実際ほどには悪く描いてはいない。そんなことは到底できることではない」(5)。相違点は他にもたくさんありうる。たとえば、あなたが生来のジェンダーにいつも満足しているとすれば、自分が拒むジェンダー・アイデンティティをもって暮らすよう強いられるとはどういうことか、あなたにはわかりえない。

　こういった事例はどれも、互いに異なる主観的な観点は、互いに異なる意識の視座と同じく、相互に根本的にアクセスできないことがありうる、というよく知られた根深い事実を浮き彫りにする。関連する経験をしたことがなければ、あなたは、自分とはまったく異なる特定の人や特定の動物であることのありように根本的にアクセスできないのだ。自分がしたことのない経験の代わりになるようなものを想像できない、というわけではない。そうではなく、そんなふうに想像するだけでは、タコであるとは、奴隷であるとは、あるいは目が見えないとは本当のところどういうことなのかがわかるのに十分ではない、ということなのだ。それが本当のところはどういうことなのかがわかるためには、あなたは実際にその経験そのものをしなくてはならない。

　このことはもう一つ、知識と経験の関係についてのあまり知られていない事実を浮き彫りにする。ある個人の経験についてわかっていることに別の個人がアクセスできない、ということがありうるのと同じように、ある時点であなたが自分についてわかりうることに、別の時点でのあなたがアクセスできない、ということもありうる。たとえば、これまでに自分がしてきたのとはまったく違う経験をするとき、それがあまりに違っているために、当の新たな経験をするまでは、自分がその経験をするとどうなるのかがあなたにはわかりえない、ということがありうるのである。

経験は最良の教師である

ある時点であなたが自分についてわかりうることに、別の時点でのあなたはアクセスできない。フランク・ジャクソンはこの事実を利用して、メアリーという生まれたときから白黒の部屋で過ごしてきた女性をめぐる有名な思考実験を行なっている。(6) メアリーが最終的に自分の部屋を出る決断をするとき、彼女は初めて色を目にする。ジャクソンに従って、彼女にとっての初めての色の経験が赤い何かについてのものだとしておこう。そのメアリーが赤を目にするとき、彼女は劇的に新しい経験をする。今や彼女には、赤を目にするとはどういうことかがわかっているし、もっと一般的に言えば、色を目にするとはどういうことかがわかっている。しかし部屋を出る前には、それがどんなことか、彼女にはわかりえなかった。彼女がどれだけ想像できたとしても、色を目にするとはどんなことかがわかるのに十分ではなかっただろう。彼女にとって初めての色の経験は、部屋を出るまでに彼女がしてきたどんな経験ともまったく違っていた。そのため、赤を目にするとどうなるのかが彼女にはわかりえなかったのだ。

たとえメアリーが超天才科学者で、色の経験について科学的におよそわかりうるすべてを知っていたとしても、部屋を出るまで彼女には赤を目にするとはどんなことなのかが依然としてわかりえない。こうした主張を裏付けることを意図して、ジャクソンはこの事例を用いている。しかし私たちの関心はジャクソンの結論を擁護することにはないので、ここまで突飛な事例は必要ない。私たちの関心は、通常の境遇のもとで下さねばならない新しい経験をめぐる決断にある。このときの私たちは別に超天才科学者ではなく、自分たちも利用できる最良の学知に頼っているにすぎない。(7)

ジャクソンの例を私たちなりにアレンジすると、普通のメアリーについて考えることになるだろう。ここでのメアリーは、色の経験について現代科学で判明していることだけは知っていて、なおかつ、赤を目にするとはどういうことかを可能な限り彼女に説明してくれるような友人が部屋の外にいるとしてみよう。さて、部屋を出るか否かを決断するときにメアリーは、赤を目にするということについての物語を読み、教科書にあたって、さらに友人にその経験について話してもらう。部屋を出る前に彼女は、何か驚くべき強烈な、強く感情に訴える経験を自分がすることになると想像するかもしれない。でも、そうした教科書的記述や物語、友人の証言は、初めて色を目にするとどうなるのかを彼女に教えてはくれないだろう。普通のメアリーには色を目にするとはどういうことかがわからないし、どうやってもわかりえないであろう。したがって部屋を出るまでは、自分が色を目にするとどうなるのか、彼女にはわかりえないのである。[8] 言い換えると、普通のメアリーは部屋を出るまで、ある特別な種類の認識的な貧困状態にある。このことは、将来の自分に生じる経験がどんなものかについての決定的な情報を彼女が把握できないことと連動している。[9]

ひとたびメアリーが部屋を離れたら、彼女のする経験は、彼女の認識的な視座を変容させ、また、それによって彼女の見方を変容させることになる。また初めて色を目にするとき、彼女はこの経験をすることで新たな知識を手に入れる。彼女は、物事がどうなっているのか、つまり自分が色を目にするとはどういうことかについての知識を手に入れ、ひいては、自分がその経験にどう応じるかについての知識も手に入れる。ひとたびこの知識が備わると、彼女は色を目にするとはどういうことかを想像したり思い描いたりできるし、そういった経験に対する自分の反応をかたどることができる。デイヴィッド・ルイスが見事に述べているように、「ある経験を実際にすることでその経験がどういうものなのかを学ぶとき、私たちは思い出したり、想像したり、判別したりする能力を手に入れる。それこそが極めて重要なのだ[10]」。

このタイプの知識や能力には、経験が必要となる。メアリーが自分の主観的な未来をうまく思い描いて、自分が色の経験をするときのありようを想像のなかで示すことができるためには、それに先立って、関連する経験をしていなくてはならない。「このことは一理ある。何か新しい別の経験がどういうものかを知りたいなら、あなたは外に出て実際にその経験をすることで、それを学ぶことができる。その経験についての話を誰かにされても、そこからあなたの得る教訓がどれほど心にしみわたるものだとしても、その経験がどういうものかをあなたは学ぶことができない」(Lewis 1988, p. 29)。

新たな別の種類の経験、すなわち、実際にその種の経験をしないと学べなかったはずのことを教えてくれるような経験をある人がするとき、その人の認識は変容する。あることはこれこれのようなものだというその人の知識が、したがってその人の主観的な見方が、変わるのである。そうした新しい経験をすることで、その人は特定の内容を認知的に享受する新たな能力を手に入れ、物事を新たな仕方で理解することを学び、新たな情報を手に入れさえするかもしれない。どの認識の変容についても、認識がどれくらい変わるかは、それまでにどれくらいのことがその人にわかっていて、どんなタイプの経験に巻き込まれるかに左右される(11)。

おそらく、認知能力・理解・情報を増やすことに私たちが価値を置いているがゆえに、経験するときのその経験のありようは私たちにとって大事なものなのだ。私たちのする経験、とりわけ新しい経験には価値がある。つまり、私たちはそういった経験をすることに価値を置いており、とりわけ違う種類の経験をすることに重きを置いている(12)。そのようなものとして、経験のもつ価値は私たちの意思決定に重みを与える(13)。そういった価値は一人称的な心理的価値であり、それは、その経験をするときのありよう、あるいは、その経験をする状態にあるときのそのありようが備える価値として記述されうる。(経験がこの種の価値をもつのは、その経験が世界の物事を正しく表している場合、あるいは正しい仕方でその経験が生み出される場合に限られるのが当然だと私は考えたい。したがって、これらの価値は実際の経験に対して与えられる価値であり、ここでの経験とは「リアルな」もの、つまり真実であるようなものである。[14]）

経験が備えるこういった価値は、他のどんなものにも還元されないような価値だと私は理解している。それは原初的なものであって、単なる快楽や苦痛の価値ではない。それどころかその価値は、様々に変わりうるし、内在的で複雑で、認知的な現れに根差したものだ。[15] したがってそういった価値は、私の理解するところでは、質的な、つまり感覚的な特徴だけに根差しているわけではない。その価値は、経験が現れるときの感覚以外の特徴からも生じうる。とりわけ信念、情動、欲求といった一定範囲の心の状態を組み込んだ、豊かで成熟した経験の場合がそうである。

こういった価値は、たとえば新たな発見をするときのありようや、愛する人を失って苦しむときのありようといった、広範で多様な経験に備わりうる。そうした価値は単に質的なものを超え、実際の経験の豊かで複雑な本質を捉えるものだと私は理解している。そしてそのような経験の本質は、感覚的な現れだけでなく、感覚とは異なる認知的な現れにも起因する。私はこのように理解しているので、そういった価値を主観的価値と記すことにする。[16] 主観的価値は、経験が認知的な現れとして備えている特徴だけで決まるとは限らない。とはいえ、そうだとしても、経験が現れとして備えている特徴を見いだすことで初めて、その主観的価値が発見され、その価値に認知的にアクセスできるようになる。ルイス流の言葉を使うと、こう述べられるかもしれない。実際にある経験をすることで、私たちは、一人称的な想像上の視座を使って当の経験を把握する能力を手に入れる。そしてそれによって、その経験の主観的価値を見定める能力を手に入れるのである。（ある実際の経験の価値が部分的には現れ以外の特徴に由来するとしても、特定の個人がその主観的価値を把握しうるのに必要な経験をするまでは、その価値にアクセスできないかもしれない。つまり、主観的価値にアクセスできるためには、たとえその価値がただの現れ以上のものに根差しているとしても、当の経験を実際にしなくてはならないのである。）主観的価値は、実際に経験をするときのありように根差している。それは一人称的な価値であり、美しい音楽を耳にすることの価値から、熟した桃を味わうことの価値、人生の大事な出来事の結果として新たな自己を獲得することの価値にいたるまで、多岐にわたりうる。

初めて色を目にするというメアリーの経験を取り上げよう。その経験をすることは、彼女にとってそれ自体に主観的価値がある。つまりそれは、彼女が初めて色を目にするときのありように根差した価値である。これは、赤を目にするときのありようと、またそれに合わせて、彼女がこのおそらくはスリリングな、もしかしたらゾッとするような新たな経験をするときのありようの、純粋に質的な価値を含む全面的に主観的な価値である。初めてそういった経験をすることには、ある種の啓示（revelation）が伴う。彼女が初めて赤を目にするとき、そうした視覚経験をすることそれ自体に備わった性質が彼女に明かされる（is revealed to）のだ。この経験そのものに備わった性質がひとたび彼女にわかると、そのとき初めて、彼女はその経験に主観的価値を割り当てることができる。[17] 彼女がその後にする経験、たとえば彼女が獲得した新たな情報によって様々な仕方で豊かになる経験にも、主観的価値がある。

メアリーの事例から私たちが学ぶのは次のようなことだ。すなわち、物語、証言、理論は、真に新しいタイプの経験をするとはどういうことかをあなたに教えてくれるのに十分ではなく、実際にそのタイプの経験をすることで、それがどういうことかをあなたは学ぶのである。科学理論と経験との間にある説明上のギャップを私たちが飛び越える術を科学者たちが発見しない限り、そしてそのことが発見されるまでは、現実の人々はこの種の認識上の限界に直面することになる。要するに、脳の仕組みについて現在科学者にわかっていることだけでは、新しい経験をするとはどういうことかが（科学者を含めて）現実の人々にはわかりえないのである。こうした事情を踏まえると、あなたは主観的価値がわかるのにふさわしい経験をすでにしてしまっているはずだ。というのも、このタイプの経験の価値がわかるためには、それがどういうものかがわかっていなくてはならないからだ。たとえば、色を目にするときのありようが備えている主観的価値がわかるためには、その前に色の経験を実際にしていなくてはならないのである。(18)

もちろん、認識が変容するのに白黒の部屋で育たなくてもよい。普通の人の認識は、普段の生活の経験でも変容しうるのだから、通常の状況のもとで認識の変容に直面してもおかしくはない。現実世界で生じるそのような認識の変容で、どちらかと言えば小さな認識の変化を伴うものとして、新しい種類の食べ物を味わうという経験があるかもしれない。初めてチョコレート・アイスクリームを味わう赤ちゃんについて考えてみよう。赤ちゃんがそれまでにした経験の集まりはどちらかと言えば限られたものなのだから、そんな赤ちゃんは認識の変容をひっきりなしにしている、ということだってありうるだろう。そういった変容は（然るべき安全な環境では）発達のなかで物事をうまく学んでいく優れた戦略の一つでありさえするかもしれない。

ある経験をするとはどういうことかがわかると、その経験の主観的価値が見定められる。ひとたびあなたが然るべき経験をしたら、将来に生じる同じような経験がどういうものになるかを自分で推論できるために必要な知識をあなたは獲得し、したがって、将来に生じるそのタイプの主観的価値の割り当てに必要な知識を得る。この種の推論にとって大事なのは、あなたが過去に適切な経験をすでにしている、ということだ。というのも、適切な経験をすでにしていたら、将来生じるそのタイプの経験に備わる主観的価値について、相当のことがわかりうるからだ。なぜこのことが大事なのかというと、多くの決断において私たちは、経験の主観的価値を比較できるようにするために、自分の将来の経験がどういうものでありうるかを見定めようとするからだ。

自分になしうる複数の行為について、そこから結果として生じる経験それぞれの主観的価値を重みづけることで、特定の行為に備わると予想される主観的価値が定まる。自分に与えられた複数の選択肢を評価するときには、予想された主観的価値に基づいて私たちはそうした選択肢のなかから選び出す。だとすると、主観的価値は私たちが決断を下すときに重要な役割を果たすことになる。普通のメアリーが白黒の部屋にとどまるか、それとも部屋を離れて初めて色の経験をするかを選ばなくてはならないとき、彼女は色を目にすることの主観的価値がどんなものかを知りたいだろう。だが彼女にとって残念なことに、その経験は認識を変容させるものだから、自分が色を目にするとどうなるのかは彼女にはわかりえないし、それゆえ彼女にはこの将来の経験に主観的価値を割り当てようがない。

通常の状況において、私たちは同じような窮状に陥ることがありうる。ドリアンを初めて味わう経験をするところを考えてみよう。ドリアンは腐ったような匂いがするけれど味は美味しいと知られている。私はこれまでドリアンを味わったことがない。ドリアンやそれに似たものを味わったことがないのだから、ドリアンを味わうとはどういうことか、私にはわかりえない。つまり、ドリアンの味がどういうものかが私にはわかりえないのだ。だからといって、ドリアンを味わうとどうなるかについての示唆に富んだ言明を私が理解できないということではない。私にはそれを理解することはできる。けれど、この経験の主観的価値を本当に把握するためには、当の経験そのものをしなくてはならないということだ。それゆえ私は、ドリアンを味わうという経験に、主観的価値を割り当てられないのである。

私がドリアンを味わうまで、私にはわかりえない何かがある。その何かとは、ドリアンを味わうとはどういうことか、ということだ。ドリアンを初めて味わってその味に親しむとき、私は認識を変容させる経験をして、新しい知識、つまり、ドリアンを味わうとはどういうことかについての知識を獲得するだろう。この知識の出所は、ドリアンを味わうときにこのタイプの味わいの経験をすることそれ自体に備わる本質が私に明かされるという事実である。そしてそうした知識によって、私は新しい主観的価値を把握できるようになるのだ(19)。

新しい味の経験をするというのは、より広い見地からすると、かなりありふれたことだし、(私の大して広くない）純粋に個人的な見地からしてもよくあることだ。その理由はこうだ。ドリアンを食べるという経験は私にとって強烈なことかもしれず、もしかしたらある経験と同じように気持ちの悪いことかもしれないし、あるいは、また別の経験と同じようにとてもかぐわしいことかもしれない。その一方でこの経験は、私が何者であるかを定めるような選好を、つまり私の主観的な見方を根本から変えてしまうわけではないだろう。私が次の瞬間にドリアンを味わうとすれば、ドリアンを味わうとどういうことになるのか、現時点の私にはわからない。しかしそれを実際に味わうときの私がどのような人かは、今の私にもわかる。新しい味は素晴らしいものかもしれないが、それはあなたが大切に思うものや、あなたが自分はこうだと考える人物像を根本から変えてしまうわけではない。

　あなたがどんな人物なのかを変えることのできる経験は、（あなたの選好をほんの少しだけ変えるというよりむしろ）あなたの見方を根本から変えるという意味で、個人を変容させる経験である。そういった経験には、恐ろしい物理的な攻撃を経験すること、新しい感覚能力を手に入れること、悲劇的な事故に遭うこと、大手術を受けること、オリンピックで金メダルを勝ち取ること、革命に参加すること、宗教的な回心をすること、子をもつこと、親の死を経験すること、大きな科学的発見をすること、子の死を経験すること、といったものが含まれるかもしれない。そういった経験は、あなたがあなたであるそのありようを変えるという点で、人生を変えうるものだ。つまり、それはあなたの見方を変えうるし、ひいては、あなたの個人的な選好を、またおそらくはあなたがどんな人間であるのかを、あるいは少なくとも、自分はこんな人間だというあなたの考えを、変えうるのだ。あなたの見方が実質的に変わってしまう、それゆえ、あなたの中心的な選好が実質的に改められる、あるいは、自分自身であることをあなたがどう経験するかが改められる、それほどまでに経験があなたを変えてしまうとすれば、それは個人を変容させる経験なのである。[20]

　根本的に新しい経験にはアクセスできないということから、私が先に言及した事実の個人的な側面が浮き彫りになる。つまり、ある時点であなたにわかりうることに別の時点のあなたはアクセスできないという事実だ。個人的な変容のなかには、広範囲に及ぶものであっても予測できるものもあるかもしれない。というのも、もしかしたらあなたは過去に同じような変容をしてきたかもしれないからだ。しかし、個人を変容させるような経験があなたにとって根本的に新しい経験だとすると、将来の自分の、つまり個人的な変容によって生じる自分の、その重要な特徴に、当の経験をしていない現在の自分は認識的にアクセスできない[21]。根本的に新しい経験は、あなた自身の見方を根底から変えうる。その変化はとても大きく根深いものであるため、その経験をしてしまうまでは、その経験をした後の自分という人間の将来のありようが、あなたにはわかりえない。それは自分という人間のありようにあなたが割り当てる主観的価値を変え、何が大事かについてのあなたの中核的な選好を変える。

つまりこれから論じるように、経験とは二つの点で変容的である。経験は認識を変容させ、あなた自身がする経験によって新たな情報があなたにもたらされうる。さらに、経験は個人を変容させ、自分が今の自分であることの経験を変えうるのである。経験のなかには、初めてドリアンを味わうことのように、認識を変容させるが個人を変容させないものもあるかもしれない。また、経験のなかには、認識を変容させることなく個人を変容させるものもあるかもしれない。

とりわけ興味深い事例、本書で焦点となる事例は、認識と個人の双方を変容させる経験に関わる。「変容的な経験」という言葉を限定なしに使うとき、私が念頭に置こうとしているのはこの種の経験である。つまり、認識と個人をともに変容させるような類いの経験である。

変容的な経験をすることは、あなたに何か新しいことを、その経験をするまではわかりえなかった何かを、教えてくれる。その一方で変容的な経験は、一人の人間としてのあなたを変えることにもなる。そういった経験は個人的な視座からするととても大事なものだ。というのも変容的な経験は、あなたの人生において重大な役割を果たしうるもので、そこには、比喩的に言えば、自己実現へと向かうあなたの道筋の岐路となるような選択肢が伴うからだ。あなたの選ぶ道筋によって、あなたの人生をどこに向けるのか、あなたがどんな人間になるのか、それゆえひいては、あなたの主観的な未来が定まることになる。変容的な経験を伴うあなた自身の選択、つまりあなたの変容的な選択によって、あなたは将来の自分という人間のありようを因果的に形づくることができる。この意味において、あなたは自分の未来を背負うことになる。というのも、当の未来を、まさにあなた自身の未来の自分を生じさせる選択をしたのは、あなたに他ならないからだ。

　変容的な経験は哲学的にも重要だ。というのも変容的な経験は、後で論じるように、意思決定に対して特別な問題を提起するような経験の集まりを構成するからだ。少なくとも、個人の主観的な視座からなされる意思決定に対して特別な問題提起がなされる。

　本書でこれから私が考察する類いの決断は、このような決断に他ならない。それは、人生の様々な時点であなたが下す必要のある個人的な決断であり、人生を新たに大いに変えてしまう経験をすべきかどうかについての決断である。そういった決断は通常、あなたの主観的な見方に基づいてなされる。そしてその際には、自分の決断によって自分の将来の経験がどのように定まるのかを、あなたは自らを見つめ直して熟慮しなくてはならない。このことは、あなたがエゴイストみたいなものでなくてはならないとか、自分のことだけを気にかけなくてはならない、ということではない。そうではなく、当の決断は個人的な決断であって、あなたの個人的な選好や見方を考慮しなければ、それに近づくための明確な手立ても魅力的な手立てもない、ということにすぎない。というのも、ここでの決断に本質的に伴うのは、あなたの主観的価値であり、あなたの主観的な未来だからだ。

　それはまた、これから論じるように、何らかの意味であなたの個人的な見方に基づいて下されるべき類いの決断でもある。つまり、あなたが熟慮をする際には、その選択に伴う実際の経験が自分にとってどのようなものになるかについての考察を含めるべきなのだ。なぜなら、あなたの個人的な視座や選好を考慮に入れるやり方として、それよりもよいものがないからだ。なお、ここでの個人的な選好には、将来の自分が実際にする経験、および自分の外側にある物や人についての選好も含まれる。

以下で詳細に議論を展開するが、問題はこうだ。あなたが変容的な選択に直面するとき、つまり認識と個人をともに変容させるような経験をすべきかどうかを選択するとき、その変容的な経験がこうなるだろうという自分の考えに基づいて合理的に選択をすることはあなたにはできない。つまり、その経験はどういうものになるのか、また それは将来の自分が実際にする経験の主観的価値についてどんな含意をもつのかを自分で見定め、それに基づいて選択をしているうちは、あなたはその経験をすることを合理的に選べず、その経験を避けることも合理的に選べないのだ。

もちろん私たちが自分の選択をするときはいつだって、自分が持っている最良の道徳的・法的・経験的な基準と調和するように選択をするべきだ。けれども、本書で私が考察しているような状況では、何を決断すべきかについて明確な答えは存在せず、人々が行為するやり方として受け入れることのできるものは複数あるし、人々はそれぞれ別々の仕方でそうした経験に応じる。さらに、あなたの選択を打ち負かしたり支配したりして主観的な熟慮を不適切にしたり不必要にしてしまう理由が、あなたの外側にあるわけでもない。公共政策の決定者や独裁的な支配者が、あなたの決断のあるべきかたちについて法令を発布したことはないし、どの行為をあなたが選ぶべきかを定めてくれるような道徳的・宗教的な規則は存在しない。さらに、現在利用可能な科学的データによって、あなたがどう決断すべきかが定まるわけでもない。結果としてその決断に主に伴うのは、将来自分が実際にする経験についてのあなたの選好と、身近な他者が実際にする経験についてのあなたの選好である。あるいは少なくともそういった選好は、選択に際してあなたが望む自然で通常のやり方に背かない限り、あなたの熟慮から消し去れない。

決断がとても小規模で個人的なものであるために、公共政策や支配者によって定められるようなものでなかったり、科学的なスケールで測ることができなかったりするために、あなたはときに主観的に熟慮しなくてはならない。また大きな決断の場合であっても、関連する法律がないこともあるし、それを法律で定めることに反対するような文化的な規範が存在することもあるし、あるいは科学的なデータが決定的でないこともある。また以下で重要になるが、選択について考えること、および決断すべき人間であることが、自分にとって重要だというだけで、選択について主観的に熟慮したいと思うこともよくある。それは、この決断からもたらされるものが自分の将来と自分の愛する人々の未来にどう影響するかについて、あなたがとても気にかけているからなのだ。

規範的な基準

個人レベルでの日常的な意思決定は、それが合理的なものであるために、現実的な規範的意思決定理論の諸規則に従わなくてはならない。規範的意思決定理論は、人々がどうやって合理的な決断をすべきかについて最も適切なモデルを提示する。そしてそのモデルのなかでも現実的なものは、現実世界の事例に適用できるような手引きを与える。(22)

規範的意思決定理論を記述的意思決定理論と対比するのは大事なことだ。記述的意思決定理論もまた現実世界に関わるけれど、現実世界の行為主体が合理的な意思決定をする場合にどう決断すべきかを処方してくれるわけではない。むしろ記述的意思決定理論は、現実の人々が実際にどう決断しているのかを記述し、その欠点や傾向や誤謬を分類するものだ。そうすることで記述的意思決定理論は、実際の人々がどのように不完全に推論しているかを理解し、そしておそらくは、正しい実践を促そうとするのである[23]。

ここでの私の関心は記述的なものにはない。どの選択が合理的かをひとたび決断したら、一般の人々は実際にその選択をどれだけうまくやり通すのか、あるいは、ひとたび選択をしたら人々はその選択についてどれくらい正確に考えるのか、そういったことを見定めなくてはならない事例に私が焦点を当てることはない[24]。私が目を向けているのは、そこに行き着くもっと手前の意思決定である。私の関心の対象となるのは、主観的な意思決定について通常の視座をとり続ければ合理的な選択が原理的にできないかもしれないような事例である。

したがって、私がここで提起したい問いは主に規範的なものだ。つまり、現実世界の行為主体が、認識と個人をともに変容させるような特定の決断を主観的な見方に基づいて行なうとき、許容可能で合理的な規範的基準を満たすことはおよそ可能なのか、ということを論じたいのである。

本書にこれから現れる争点は、意思決定者としての私たちが、自分たちの決断を行なうために必要な情報を獲得する能力に関わる。必要な情報を獲得する私たちの能力が頼りにならないことなんて、枚挙に暇がない。たとえば、計算に必要な知的能力が人間には欠けているかもしれない。あるいは、関連する科学が十分には進歩していないかもしれない。あるいは、必要な情報を獲得するにはコストがかかりすぎるかもしれない。あるいは、情報を獲得するのがとても複雑だったり物理的に困難だったりして、事実上、私たちはそれを獲得できないかもしれない。

自分たちが直面するこういった限界を踏まえたうえで私たちが知りたいのは、自分たちはどうやって推論すべきか、ということだ。とりわけ、私たちがこれから考えることになる問いはこうだ。通常の状況下で知性と判断能力を備えた推論主体である個人として、私たちは、自分が特定の事実に限られた形でしかアクセスできないと気づいたうえで、将来の主観のありようについて決断するときにどうやって合理的に進めればよいのか。こう言い換えることもできる。そうした状況にあるとき、熟慮のうえで合理的に行為することを選びたいとして、私たちの推論に課せられる規範的な制約は、どのようなものなのか。

　こうした文脈において規範的意思決定理論は大事になる。というのも、私たちは、自分が決断をするときには合理的に、少なくとも自分にできる限り合理的に決断したいと思うからだ。そして規範的意思決定理論は、私たちが従うべき手続きのモデルや原則を与えてくれるからだ。言わば、それは「行為を導く」のである。

　合理的な意思決定の規範的な基準によると、行為主体つまり意思決定者は、期待値が最も高い行為を選ぶべきだとされる。その考え方はこうだ。あなたが自分のやりたいことを規範に照らして合理的な仕方で決断したいときには、決断に関連して生じうる世界の諸状態の確率を特定して事を進めなくてはならない。そういった世界の諸状態が、あなたになしうる行為と組み合わさることで、決断に関連する諸帰結が生じることになる。さらにあなたは、可能な諸行為から生じうる諸帰結の価値をそれぞれ特定したうえで、それらの諸価値の重みづけをした後に、自分の期待値を最大化するためにどの行為をすべきなのかを決めることになる[25]。関連する選択肢から合理的に選択したいときにあなたは、どうすれば自分の選好に最もうまく合う行為ができるのかについて、その諸事実を少なくともおおよそのところでそれとなく把握していなくてはならない[26]。

　特定の選択をするときに、何があなたにとって価値のあるものとみなされるのか。それは、あなたの傾向や信念や欲求次第で決まるだろう。標準的な場合、規範に照らして合理的な意思決定をする人にとっての最善の選択とは、帰結に価値を割り当てて、世界の状態に確率を割り当てたうえで、最も期待値が高くなる行為を選択することだ。ここで当の行為の期待値は、諸帰結の価値を諸状態の確率でかけて、それらの値を合計することによって定まる。これらの帰結をその人の合理的期待と表現するのが標準的なやり方だ。しかしこの後の議論で、帰結を「○○するとはどういうことか」「○○することのありよう」と表現する方が適切だとわかるだろう。たとえば、ヴァンパイアであるとはどういうことかがわかることといった具合に表したり、あるいは、ある経験をすることのありようという観点から表したりする、ということである。

様々な世界の状態の確率についてあなたが信じている程度は、世界はこれこれになるだろうとあなたが予想している程度を測るものだ。これはあなたにとっての信憑度と呼ばれる。[27] 帰結に信憑度や確率を割り当てるというように、大雑把な述べ方もできるけれど、より正確には、帰結は世界の状態が行為と合わさってもたらされるのであり、世界の状態に割り当てられる信憑度ないし確率によって帰結のそれが定まる、というように理解される。

意思決定者としての私たちは、帰結に価値を割り当てて、さらに世界の状態に信憑度を割り当てることで、自分の行為の期待値を計算する。ここで問題になるのは、このときに私たちが手にする証拠である。自分で選択をするときに規範的な基準を満たしたいのなら、私たちの直面する意思決定問題に関わる帰結と世界の状態への価値と信憑度の割り当ては合理的に正当化されていなくてはならない。つまり、私たちは十分な証拠に基づいて、価値と信憑度を割り当てているのでなくてはならない。もし不十分な証拠に基づいて価値と信憑度を割り当て、さらに、そういった割り当てを使って自分の行為の期待値を計算するなら、私たちの決断は、合理性の規範的な基準を満たしていないのである。いたるところで幽霊を目にし、それをもとに価値と信憑度を割り当てるような変人は、たとえその人の観点からなら自分の期待値を最大化することになるやり方で行為するとしても、そうした規範的な基準を満たしていないわけだ。

規範的な基準が私たちにとって、実生活においてさえも大事になるのはなぜだろう。それは、意思決定者として意思決定をする際にこの規範的な基準を満たせるという望みがどれほど確かなものかを、私たちは知りたいと思うからだ。極めて個人的でとても重要な、人生を変える決断において規範的な基準を満たすことが望ましいとするなら、私たちはその決断をどのように捉え、それについてどのような舵取りをするべきなのか。私の主たる関心はこのことの探究にある。大きな人生の決断は、私たち個人の未来を決定する。その決断が主に関わるのは、自分や自分が気にかける人々のために自分がつくりだす未来を自分が経験するとどうなるのか、ということだ。そうした決断は私たちにとって最も重要な決断に含まれるものだ。そしてそういったことを考えると、規範的な基準を信頼に足る仕方で満たすことに私たちが少しでも近づきうるかどうかは、とても大事なことなのだ[28]。

経験が意思決定にどう関係するのかを調べることで、それに関連した問いが一つ提起される。すなわち、合理的な行為を導くために私たちは何をわかっていないといけないのだろうか、という問いだ。私たちの関心は、自分の意思決定が行為を原理的にはどのように導くべきかを理解する点にある。つまり私たちは、どう行為すべきかについての決断を原理的にはどうやってなすべきかを知りたいわけだ。したがって私たちの関心は、知識・信念・理由・行為の間のつながりにある。

哲学者のなかには、行為の理由をもつには知識が必要で、それゆえある命題を知らないのであれば、あなたがその命題を合理的行為の理由として用いることはないはずだ、と論じてきた者がいる[29]。また、関連する知識が欠けている場合、合理的な行為を導くのに必要な能力があなたには欠けていることになる、と論じてきた哲学者もいる[30]。

経験と意思決定に焦点を合わせることで、もう一つ別の、しかし関連した問題が生じることがわかる。ある経験をすることのありように関する情報が自分には適切に把握できないので、その経験をするとはどういうことなのかが自分にはわからない、とあなたは考える。だとすれば、赤を目にするときのありようを構成要素とするような事実や命題が自分には適切に把握できないので、そうした事実や命題を考慮することが自分にはできない、と考えてもよいだろう[31]。そして、ある特定の事実や命題がわからないどころか、それを考慮することさえできないとすれば、あなたがそれを、証拠に基づく理由として使ったり、合理的な行為の手引きとして使ったりすることはできない。このように問題が整理されると、経験が限られているために生じる認識上の貧困によって人々の合理的な行為能力が厳しく制約される、その仕方が理解できる。その制約は、レストランがどこにあるかがわからないとか、畑にある納屋が本物かどうかわからないといった事例に比べてはるかに深刻なものなのだ。

主観的な熟慮

これまで強調してきたように、ここでの焦点は、主観的な意思決定である。これは一人称的な視点からなされる種類の意思決定であり、そこには、私たちが絶えず自分で下しているような決断が伴う。それは単に、ある個人が自分自身の未来について下す決断だというだけの意味で主観的なのではない。それは、現れに関わるという意味で主観的である。つまり、どう行為すべきかについて、一人称的な意識への現れという視座から営まれる熟慮だ、という意味で主観的なのである。したがって、人生の大きな決断を規範的意思決定理論の視座から考察するとき、私はとりわけ次の事例に関心を抱いていることになる。それは、期待される主観的価値が最も高くなるような行為の仕方を決めることで、関連する選択肢から合理的に選択したいと私たちが思うような事例である。

今私が取り組んでいるのは、主観的な視座から、つまり、一人称的で心理的な見方からこの種の熟慮を探究することの重要性である。そういった熟慮をするとき私たちは、自分にできそうな様々な行為から生じるであろう帰結について、それぞれの主観的価値を見定める。特筆すべきことにこのアプローチは、自分自身の人生をめぐる決断にどうアプローチすべきかについての、一般に普及している文化的なパラダイムにぴったりとあてはまる。そのパラダイムによると、私たちは、人生においてたくさんある大きな決断に個人の問題としてアプローチする。そこで問われることの主要な特徴は、自分の行為から生じる帰結を経験するとどうなるか、ということだ。そしてそこでは、私たちが帰結に割り当てる主観的価値は、それがどんなものでありうるにせよ、自分が気にかけているものによって左右される。

たとえば、帰結の道徳的な地位を私たちが一番気にかけている場合ですら、帰結の主観的価値は私たちにとって大事なものだ。というのも、私たちがその帰結に割り当てる主観的価値は、自分が当の帰結を道徳的に重要なものとして経験するときのそのありように反映されるものだからだ。[32] もちろん、帰結には主観的でない価値だってあるだろう。たとえば帰結には、客観的な道徳的価値があるかもしれない。そしてそれは、当の帰結をもたらしうる行為の期待値に影響しうるであろう。とはいえ、そういった他の種類の価値はさしあたり脇に置いて、帰結の主観的価値に焦点を絞ろう。つまり、自分の行為に期待される主観的価値を見定めることに焦点を絞ることにしよう。（以下の章で「価値」という言葉を私が用いる場合、明示的あるいは文脈的にそれ以外のものだと特定しない限り「主観的価値」を意味するものとする。）主観的価値はそれらの帰結に備わる唯一の価値ではないけれど、最も中心的で重要なものの一部であり、それらを強調することは、一般に普及している文化的なパラダイムとうまく調和する。ところが、かなり驚くべきことに、それらは現代の「分析」哲学では無視されてきたのである。

主観的な意思決定がとりわけ重要になるのは、人生のある重要な分岐点に自分がいることに気づくときである。その時点においては、自分はどんな人間になりたいのか、どうやってそこにたどり着きたいのかについての大きな決断をする必要がある。そういった分岐点において、私たちは心のなかで立ち止まって、自分になしうるいろいろな選択を評価する。つまり、私たちは未来を思い描いて、なしうるいろいろな行為とその帰結を評価する。そしてそれぞれの行為を判定し、それを他の行為と比較し、理想的には、自分の期待される主観的価値を最大化してくれるような行為を選択するのである。

ここで考察している帰結は、「〇〇するとはどのようなことか」「〇〇することのありよう」といった言い回しで描かれることからわかるように、経験的なものだ。それは、ドリアンを味わうことのありようや、ヴァンパイアであることのありようといった帰結なのである[33]。自分に生じうる経験の主観的価値を私たちはどうやって見定めるのか。このことについて考える一つのやり方は、私たち自身を、ある種の認知モデルの構築に従事する者として描き出すことだ。自分の選択肢を考察しているとき、あなたはなしうるそれぞれの行為とその経験上の帰結を評価する。そしてその際、関連する行為のそれぞれから生じうるそれぞれの帰結について、自分が行為すればそれがどうなるのかを想像し、心のなかでシミュレーションをしているのである。あなたは、生じうる関連帰結を自力でシミュレートしているのであり、要するに、自分がこれらの経験をそれぞれしたらどうなるのか、そういった経験をしたらその後の自分の人生はどうなるのか、といったことをシミュレートしているのである[34]。

認知的なシミュレーションを一つ一つした後に、あなたは各帰結に主観的価値を割り当てる。この価値は部分的には、当の帰結が質的に現れることの価値をあなたがどう判断するか、ということに基づいているかもしれない。つまり、その帰結が生じることになっているなら、あくまでも質的な現れの特徴として、あなたにとってそれはどういうものになるのか、ということに基づいているかもしれない。しかし、先に明らかにしたように、質的でない内容もまた認知的な現れの一部であり、それゆえ、自分にとってのそのありように表れているものだと思われている。とりわけ、あなたの道徳的・宗教的な信念、自分の知覚は真実だという信念、社会実践や社会規範に応じるあなたの信念や態度、そこに関連するその他の認知的な特徴はどんなものでも、あなたの認知的な現れによって表されるだろう。したがってそれらは、あなたの経験に関わる帰結のそれぞれについて主観的価値を決定するためにあなたが用いるものの一部となるだろう。いったんそれぞれの帰結の主観的価値をすべて定めたら、なしうる様々な行為について、その期待値を比べて、どれを遂行すべきかを定めることができる。

ここから一つの問いが生じる。主観的価値は実践的理由に関わるのか。そういった理由が意識経験において表されると考えるのなら、その答えはイエスである。実践的理由はそういったものとして、私たちが割り当てる主観的価値に入り込みうる[35]。

私たちはなぜ、決断に直面すると認知的なシミュレーションをするのだろうか。その主たる理由の一つは、生じうる帰結に価値をどのように与えたいと自分が思っているのかを明らかにするためである。シミュレーションをせずとも、どう行為すべきかが私たちにわかるときもある。たとえば、サメに食べられるとどうなるかは、それについての認知的なシミュレーションをせずとも、恐ろしいことだろうとわかる。麻酔なしの足の切断に特有の認知モデルの姿を調べなくても、そうしたら痛いだろうとあなたにはわかる。とはいえ、ある経験について、それにどう応じるかが人によって大きく違うとか、自分は多くの人たちとは違う仕方でそれに応じると思う理由があなたにあるとか、あるいは、状況が独特すぎてそこから生じる結果について何を考えるべきかが一般的な原理や既知の事実からではまったくわからないとか、おそらくそういった理由のために、その経験に対して自分がどう応じるかがあなたにはよくわからないことがある。その場合あなたは、自力で主観的価値を定めるために、つまり、生じうる様々な帰結がどうなると思われるのかを特定してどう行為すべきかを決めるために、シミュレーションをしたいと思うだろう。(以後、そうでないと記さない限り、サメと一緒に泳ぐのを避ける決断のような決断を無視することにしよう。つまり、関連する帰結の主観的価値を見定めるのに認知モデルを用いて熟慮するまでもない事例のような、そういった決断の文脈を無視することにしよう。)

あなたが期待値を見定める方法には、もう一つの要素が組み込まれている。それは、ある帰結に関連する行為を遂行したとして、その帰結がもたらされるのに必要な世界の状態はどれくらいの確率で生じるのかをあなたが見定めることだ。あなたは、世界が可能な関連状態になることに確率を付与して、行為の期待値を計算できるようにするのである。この期待値は、当の行為から生じうる帰結の価値と、世界が一定のあり方をする確率によって定まる。

このことから、普通の意思決定者が直面するもう一つの複雑さが明らかになる。世界の関連状態に関する確率についていて、世界はたいていの場合、不完全な情報や部分的な情報しか与えてくれないのだ。とりわけ、ある特定の状態がどれくらい生じそうか、あなたにはわからないかもしれないのである。

関連状態に付与すべき確率がわかりえないのに、とにかく選択をしなくてはならないのならば、たとえある種類の無知、つまり関連する確率についての無知に苦しむとしても、あなたは決断をする必要があるだろう。とはいえ、無知のもとで意思決定するための標準的な規範モデルに従うことができるのであれば、多くの場合、あなたは合理的に選択できる。こういった状況のための標準モデルは、次のような状況のためにデザインされている。相応しい行為があればそこから有益な帰結に至るような関連状態の確率のいくつか、あるいはそのすべてがわからない場合に、それでも自分が現に持っている情報を踏まえて合理的に選択をしたい。そうした状況である[36]。

標準モデルによってそういった状況がどのように扱われるのか。このことを理解するためには、意思決定理論のモデルが表す構造のなかにある二つの主要部分を慎重に区別することが肝要である。一つは帰結の価値であり、もう一つは、それぞれの帰結をもたらすのに必要な行為が生じるとしたときに当の帰結が生じるうえで必要な状態が発生する確率である。今考えているような種類の無知を伴う決断は、関連する帰結の価値がわかっているのに、どの状態の確率も行為主体にはわからないという、そういった状況である。その行為主体の無知は、特定の確率の割り当てがそのモデルに欠けているという事実に映し出されているのだ。

無知のもとで決断するための標準モデルが私たちに与えてくれるのは、当の問題に関連する行為・帰結・価値構造がどういうものかがわかっている場合に、ある状況に対処する方法である。つまり、自分がどんな行為を考えていて、そこから生じうる関連帰結とその価値はどういうもので、これらの価値はどう比較されるのかについてはわかっているけれど、それらの帰結が生じるのに必要な世界の状態に付与される確率がわからない、そういった場合の状況への対処法を与えてくれるのである。その確率がわからなければ、行為の期待値を私たちは計算できないのだから、どう行為すべきかを決める方法を別に見いださなくてはならない。無知のもとで決断するためのモデルは、私たちのもつ傾向性、および、選択から生じうる関連帰結それぞれの価値について私たちにわかっていることを踏まえたうえで、私たちが進んで行なうべきトレードオフの構造を示すことができる。たとえば、私たちがリスク志向的である（あるいは、もしかしたらリスク回避的でないだけ）とすれば、最も価値の高い帰結をもたらすのに必要な状態がどれくらい生じそうかがわからないとしても、そういった帰結が生じうるように私たちは進んで行為しようとするかもしれない。もし私たちがリスク回避的だとすれば、最も価値の低い帰結をもたらすのに必要な状態がどれくらい生じそうかがわからないとしても、そういった帰結が生じえないように私たちは進んで行為しようとするかもしれない。

無知のもとで意思決定を行なうためのモデルは、合理的な行為を導くのに使用可能な構造を描き出す。そして、このモデルの効力は、選択をしている人物がどんなタイプの性格をしているかに連動して増減する。これらのモデルは、ある行為主体のリスクへの様々な態度を表すのに使用できる。その結果、こういったモデルに従う行為主体は、すべてを考慮したうえで、世界の示しうるいろいろな行く末に向かう自分のリスク回避のレベルと齟齬をきたすことなく、どう行為すべきかを選ぶことができるのである。[37] 受容可能な規範モデルのうちのあるものは、このような構造を表し、かつ、様々な種類の複雑な主観的決断に対して意思決定理論に基づいた手引きを与えることができる。[38]

変容的な決断

無知のもとで用いられる標準モデルが機能しうるのは、ある意思決定問題のために諸帰結の価値空間の構造をそのモデルが表しうるときに限られる。これを認識することが、変容的な経験から生じる問題を理解する鍵となる。というのもこのモデルは、別々の選択から生じる諸帰結の価値どうしの関係性をモデル化することで機能し、その助けを借りて私たちは、現実世界について確率を計算に入れられるほど十分にはわからないときに自分がなすべきであるようなトレードオフを重んじる、そうした選択の仕方を理解することができるからである。

したがって、無知の条件下で決断するためのこういったモデルを用いるには、関連する諸帰結の価値があなたにわかりうるのでなくてはならない。行為に伴って生じる諸帰結の確率はわからなくてもよいけれど、関連する諸帰結をどうやって価値づけるべきかについては、わかっていなくてはならないのだ。言い方を変えれば、あなたは自分の諸帰結についてその状態空間を記述できなくてはならず、それらの帰結についてしかるべく定義された価値関数をもっていなくてはならないのである。関連する帰結の価値があなたにはわかりえないとしてみよう。もしくは、その価値がまだ定まっていないために、状態空間を記述することができないか、あるいは一定の価値を帰結に割り当てることができないとしてみよう。その場合、先のタイプのモデルを使って自分の決断を表すのに必要な情報が、あなたにはないのだ。というのも、当の空間についての適切な記述がなく、また諸帰結について然るべく定義された価値関数がないと、どの特定のモデルであれ、そのモデルの構造が現実の状況の構造を適切に表しているかどうか、あなたにはわかりえないからだ。

たとえばあなたがリスク回避的で、最悪の帰結が生じる可能性をあらかじめ排除するよう行為したい場合、どれが最悪のもの、つまり価値の最も低いものかがわかるためには、帰結の価値がどういうものかが、あなたにはわかっていなくてはならない。つまり、帰結のそれぞれが、他の帰結と比べてどれくらいよいもの、あるいはどれくらい悪いものなのかがわかっていなくてはならない。同じように、あなたがリスク志向的だとすれば、関連する帰結の相対的な価値を比べて、どれが最善のもの、つまり価値の最も高いものかがわかるように、帰結の価値がどれくらいよいもの、あるいはどれくらい悪いものかがわかっていなくてはならない。

さらに、標準的な規範モデルのもとで諸帰結の価値がどうなっているかが、あなたには特定できないとしてみよう。あなたにその価値がわかりえない理由が、原理的な認識上の理由のためなのか、それとも、その状況であなたに利用できる事実が限られているせいで生じる実践的理由のためなのか、そのどちらの理由なのかはともかく、あなたには諸帰結の価値が特定できない。だとすれば、あなたが諸帰結に価値を割り当てることは合理的に正当化されない。そういった割り当てが合理的に正当化されるために必要な証拠が、あなたには欠けているのである。

諸帰結について何事かが、たとえば諸帰結についてそれらの価値のとる範囲が、あなたにわかりうるとしてみよう。たとえそうだとしても、いろいろな価値を比べるのに必要な仕方でそれらの価値を把握できないのだとすれば、あなたは価値どうしの関係性の構造を特定することができない。それらの価値はどういったもので、お互いにどのように比べられるかについての情報がないと、無知のもとで決断するための標準モデルは、意思決定者にとって何の助けにもならないのだ。

これこそまさに、変容的な経験が伴う規範的な意思決定にとっての問題である。先に述べたように、あなたが変容的な選択に直面するとき、つまり、認識と個人をともに変容させるような経験をすべきかどうかの選択に直面するとき、ある特定の種類の無知に直面する。それは、その経験をするとどうなるかについての無知であり、その経験によってあなたが将来どう変わるかについての無知である。それゆえ、自分の未来がどうなるかに関するある特定の種類の無知にあなたは直面することになるのである。

無知である場合に用いられる規範的意思決定理論のモデルを、ある行為を遂行すべきかどうかの決断に適用するためには、関連する諸帰結の価値が、その相対的な強さも含めてわかっていなくてはならない。そして価値空間の全体的な構造を特定するために、諸帰結の価値を比べることができなくてはならない。

しかし、変容的な経験を伴う決断の場合、実際にその種の経験をしてしまうまでは、その経験をするとはどういうことかが、あなたにはわかりえない[39]。そうした状況のあなたには、自分がその経験をすることのありよう、あるいはその経験をしたことがあるということのありようを含む帰結がどんなものであれ、その主観的価値を特定することができない。そして、関連する帰結の主観的価値を特定できないのなら、それらの価値を比べることはできないのである。クジの賞品の価値を自分では特定できないために、クジが当たることの価値を合理的に決めることができず、それゆえそのクジにお金を払うべきかどうかを決断できない、そんな行為主体と、この状況のあなたは似ているのだ[40]。

また、この問題は二重に深刻なものだ。というのも、関連する経験をしてしまうまではその価値があなたにわからないだけでなく、その経験をすることであなたの選好が変わってしまうこともありうるからだ。したがって、あなたが（ありえないことではあるが）変容的な経験をする前ならその帰結に割り当てたであろう価値は、その経験をした後にあなたが関連帰結に割り当てるであろう価値とは、根本から異なりうるだろう。その経験がどういうものかがあなたにはわからないのだから、当の変容的な経験をした結果として自分の選好が将来どう変わるのかは、あなたにはわからないのである。

そういった状況では、無知の場合に用いられる標準的な意思決定理論のモデルを適用することはできない。そのモデルが適用されないのは、あなたの無知が少なくともまずは、確率に関わるだけのものではないからだ。それは価値に関わる無知なのである。また問題は、価値が不確実であることに関わるのではない。私たちが選択を余儀なくされるときに、選択以前の自分では価値を割り当てられないからか、あるいは、価値が前例のない仕方で変わるからか、そのいずれかの理由で、関連する価値が私たちにはわかりえない。それが問題なのだ。[41]（本書の補論では、子をもつことを選ぶという事例を用いて、あいまいな信憑度しかもたない行為主体のためのモデルを使ってこの問題を迂回できないのはどうしてかを示す。また、価値が定まっていないゲームから生じる意思決定理論の問題についてアラン・ハジェクとハリス・ノーヴァーが行なった研究を論じる。）変容的な経験を伴う決断は当人の主観的価値に基づいて下されるが、そうした決断は、完全に意思決定理論の範囲外だと思われるであろう。つまり、意思決定理論はまったく適用されず、それゆえ、行為主体がどうやって変容的な決断を合理的に下すべきかについて問うのは意味をなさないように思われるであろう。

でも実際のところ、合理的な行為主体が変容的な決断をどう下すべきかを問うことには意味があると、私は思っている。というのも、行為主体は関連する規範的な基準を満たすことができると、私は思っているからだ。それゆえ、規範的意思決定理論が実際には適用されるのだと、最終的には論じることになるだろう。とはいえ、ここには注意すべき点がある。標準的な意思決定理論が適用されるためには、そういった決断を下すときにごく自然にとられる深く根付いたアプローチ、つまり、将来実際にする経験の主観的価値を考慮に入れるアプローチを、拒絶するかそれを大きく修正するかしなくてはならないだろう。変容的な決断を再定式化する必要があると認識すること、そして、そうした再定式化が自分の主観的な未来についての計画や決断のあるべき捉え方に何をもたらすのかを理解すること、それが本書の中心となる論点である。

変容的な選択の事例について取り組むべき問題とは次のようなものだ。決断というものの通常の成り立ち方を前提とするなら、関連する諸帰結の主観的価値を合理的に決める能力があなたには欠けている。というのも、あなたは最初から価値を割り当てることができないし、なおかつ、その経験はあなたを前例のない仕方で変えるだろうからだ。

そういうわけで、一般に、変容的な選択においてあなたは、関連する価値を特定することができないのだから、（潜在的に）合理的な選択をするうえであなたがいて然るべき地点に到達することができない。たとえば、ヴァンパイアになるか、それとも人間のままでいるかを選ばなくてはならない事例を考えてみよう。そこでの問題は、これらの行為から生じる帰結の価値は比べようがないものだとか、それらの価値は等しいが何らかの点で異なるものだとかいうことがあなたにわかっている、ということにはない。また、ひとたびその帰結の価値を特定したら、期待値が同じようによい（あるいは同じように悪い）行為から選択するだけだとか、あるいは、同じ期待値の行為から期待値以外の考察に基づいて一つを取り上げる、といった状況でもない[42]。むしろ、ヴァンパイアになる前には、あなたはヴァンパイアになることの主観的価値をまったく特定することができず、それゆえ原理的にも、まっとうな仕方で価値に基づく比較をすることができないのだ。そういった場合、帰結の可能性を考察するよう現に求められているにもかかわらず、決断する人間としてあなたは、そのように人生を過ごすならどういうことになるかについての合理的に擁護可能な評価を構築することさえできないのである[43]。

関連する価値がわかりえない文脈だと、意思決定理論のモデルはどのように失敗することになるのだろうか。いくつかの事例をもっと詳細に描くことで、このことが理解できる。ドリアンの例から始めよう。あなたはタイに初めて滞在しており、朝食をパイナップルにするべきか、それともドリアンにするべきかを考えているとしよう。あなたはパイナップルを堪能するけれどそれはあなたの好きな果物ではないとしておこう。そのパイナップルが熟していれば、あなたにわかるのはこんなことだ。すなわち、そのパイナップルを食べる経験は、自分がこれまでパイナップルを食べてきた経験とおそらく似ているだろうし、それを食べることを過去にそうであったのとほぼ同じくらい自分は堪能するだろう、といったことだ。そういうわけで、パイナップルを食べるとはどういうことかがあなたにわかっているのだから、それを食べるという経験に、それなりに高い肯定的な主観的価値を、あなたは合理的に割り当てることができる。

しかしこれまでにドリアンを食べたことがないのだとすれば、それを自分が味わうとどういうことになるのかあなたにはわからないし、実際に試してみるまでそれがどういうことかあなたにはわかりえない。さらに、ドリアンという果物は、人によってまったく異なる反応を引き出すように思われる。ドリアンを堪能するとは単に、洗練されたものを味わうとか、あるいは、エキゾチックな果物を好むだけの問題ではないのだ。たくさんの有名なシェフが間違いなくそれを気に入っているが、とても不快だと思うシェフもいる。アンソニー・ボーディンはそれをこう記している。「その味わいは、筆舌に尽くしがたいとしか言いようがない。惚れ込むか毛嫌いするか、そのどちらかだ。味わった後のあなたの息はまるで、死んだ祖母とフレンチキスをしているかのような匂いがするだろう」。もうひとりのシェフ、ティム・アンダーソンはこう述べている。「なかには、死んだネズミのような匂いだと言う人もいる」[44]。それゆえ、たとえあなたが新しい食べ物を試してみたいとしても、ドリアンを食べることのありようという帰結にあなたが割り当てうる主観的価値は、肯定的なものから否定的なものまで、一定の範囲をとりうるのだ。そして最後に、その帰結の価値は部分的には、あなたがドリアンを味わうときのありようが備える、その現れの強さによって決まる。それゆえ、肯定的ないし否定的な主観的価値の度合いは、ドリアンがあなたにとって美味しい（ないしまずい）という事実だけで決まるのではない。それは、あなたの味わい経験がどれほど強いものかによっても決まるのである。

ドリアンの味は、これまでの経験を通じてあなたに明らかになってこなかったため、あなたは、それを食べることのありようという経験的な帰結に主観的価値を割り当てることができない[45]。だから、パイナップルの味とドリアンの味の比較という観点からドリアンを食べる選択を評価することが、あなたにはできない。ドリアンを味わうことに備わりうる価値があなたにはわからないのだから、帰結空間のなかで諸価値がどんな構造をしているか、あなたは十分にはわからないし、そのためあなたは、無知のもとでの意思決定の標準モデルを用いても、これらの諸帰結を軸に選択を体系化することができないのだ。

認識を変容させる経験が意思決定に提示する問題とは、どんな経験も何らかの意味で質的に新しいものだとか、自分の過去の経験とは質的に異なるものだとかいった事実から生じる問題なのではない。たとえば、あなたは過去に、熟したパイナップルを味わったことがあるかもしれない。その場合、熟したパイナップルを味わうという経験が大まかにはどういうものか、あなたにはわかっている。しかし、自分の目の前にあるこのパイナップルを味わうとどうなるかは、あなたにはわかっていないのかもしれない。もしかしたらそれは、ほんのわずかに酸味があるかもしれない。もしかしたらそれは、嫌になるほど甘いかもしれない。もしかしたらそれは結果的に、あなたが過去に味わってきた熟したパイナップルのどれともほんの少しだけ違うかもしれないだろう。この事実は、あなたの朝食をめぐる決断に何か問題をもたらすだろうか。

そんなことはない。認識を変容させる経験は、新しい種類の経験をすることから生じるのであって、新たな個別の経験であっても、それがどんな種類に該当するかがすでにわかっているようなものからは生じない。特定の種類の経験をすでにしているのなら、あなたはその経験の主要な性質、つまりその経験がどんな種類のものかを規定するような性質について、十分にわかっている。それにより、その種類の経験がどういうものかが、あなたにはわかりうるのである。というのも、当の種類を規定するような性質を経験するとはどういうことかが、あなたにはすでにわかっているからだ。（もちろん間違いを犯すことだってありうるだろう。この熟したパイナップルには、つまりあなたがそれを経験することには、当の種類を規定するとされる性質がないかもしれない。ここでは、その経験がどの種類に該当するかがわかる程度に十分な証拠があるとみなしている。）その経験の種類を規定する支配的性質とは異なる性質が少し変わったり違ったりしても、その種の経験がどういうものかがわかるのに関係しないのである。

ここで大事なのは経験の種類であり、そのことは、意思決定の手続きのきめ細かさに反映される。私にわかる必要があるのはただ、熟したパイナップルを味わうとは一般にどういうことか、ということだ。それによって私は、自分にわかっていることを用いて、当の経験の種類に該当しうる個別の経験を伴う帰結に、主観的価値を割り当てることができるのだ。

さて、もちろんこの批判に磨きをかけることはできる。確かにあなたは、熟したパイナップルを味わうとはどういうことかがわかる。けれども、これほどウンザリする甘さと酸味のする完熟パイナップルを味わう経験をしたことがないとすれば、あなたは依然として、目の前のパイナップルを味わうときに、新たな種類の経験をしていることになる。それはかなり特異な新しい種類の経験である。つまり「これほどウンザリする甘さと酸味のする完熟パイナップル」と記述されるような、新しい種類の経験である。この特異な種類は自然種でもなければ一般的な種類でもない。しかしもっと重要なことに、それを種類として規定する経験的な性質、たとえばこれほどのウンザリする甘さとか、それほどの豊富な酸味といった、かなり特異な性質は、ほとんどの意思決定状況において、あまり興味を引くものではない。そしてこのことは、私たちが帰結を定式化・評価する仕方に表われている。[46] 確かに、当のこのパイナップルの味がどんなものかがわかりうるためには、私はそれを実際に味わう必要があるかもしれない。他方で、私はあまりに微細な種類の事例には関心がなく、そのため、そこに重きを置かない。それゆえ、このような認識を変容させる経験とともに見いだされる新しい情報は、無関係なものとなるのである。この種の情報が欠けているからといって、私たちが考えているタイの事例で、朝食に何を食べるべきかを合理的に決めることが妨げられるわけではない。

パイナップルとドリアンをめぐる選択を合理的なものにするためにあなたがなしうることは、一つには、その決断を再構成することだ。あるタイプの新しい経験は自分にそこまで響くことはないだろうと、私たちにはわかりうる。そのためこの種の新しい経験については、その主観的価値のとりうる範囲が私たちにはだいたいわかりうる。どうやってその価値の範囲を把握するのかというと、その経験をするとどういうことになるかがわかることによって把握するわけではない。そうではなく、そのタイプの経験に割り当てられる価値がどれほど肯定的なものでありうるかの下限（そしてその価値がどれほど否定的なものでありうるかの下限）が存在しているとわかる程度に、そのタイプの経験についてのより高階の事実がわかることによって把握するのである。ドリアンを食べてみることは、そういったことのように思われる。結局のところ、それはある種の果物を食べてみることに他ならない。あなたは以前に果物を食べたことがある。そのうえで、この新しい果物を味わう経験をするとして、それはどれほどよいもので（あるいは悪いもので）ありうるのだろうか。

それゆえあなたは自分の選択を見直して、行為の決断の基盤とする帰結の方を変えるかもしれない。すると、ドリアンを選ぶことに関連する帰結は、ドリアンを味わうときのそのありようという経験ではなく、何であれ新しい果物を味わう経験となるかもしれない。あなたは、まずい果物を味わう経験をするというリスクをとりたくないということだけを根拠として、ドリアンを食べることを避けることができよう。あるいは、ドリアンを食べる経験をしたのだという、ただそれだけのために、ドリアンを食べようとする決断をするかもしれない（そしてあなたは自分の友人にこう報告するのだ。「試してみたよ！」と）。関連する主観的価値はその場合、ドリアンを味わう経験そのものに備わる本質を発見することのもつ、啓示的な価値なのである。

したがって、決断を見直す一つのやり方は、ドリアンを味わうとはどういうことかがわかるという帰結と、ドリアンを味わうとはどういうことかがわからないという帰結との間の対立関係をもとに、決断することであろう。その場合、美味しいかまずいかに関係なく、この新しい知識をもつことの価値を反映するような価値を、あなたは付与することになるだろう。もう一つのやり方は、この新しい種類の果物を味わう経験をすることが帰結する行為の期待値と、この新しい種類の果物を味わう経験を避けることが帰結する行為の期待値との間の対立関係の観点から、その決断を形づくることだ。いずれの再定式化においても、あなたはそこで、啓示を引き受けるか、それを避けるか、そのどちらかに備わる主観的価値を反映するような、そういった価値を割り当てることができる。

ドリアンを食べてみる（ないしそれを控える）ということに期待される主観的価値に基づいて、ドリアンを食べてみたり、あるいはドリアンを控えたりすることは、決断を再構成してそれを合理的なものにする一つのやり方だ。ドリアンを味わうとはどういうことかという観点からその決断を構築するのではなく、新しい果物の経験をしたいかどうかそれ自体を目的として、つまり、よいにせよ悪いにせよ、このタイプの経験そのものに備わる本質を発見するということに付与された期待値だけのために、ドリアンを食べてみることを選ぶことができる。その場合のトレードオフは次のように構築される。一方の行為から生じる帰結には、パイナップルを味わうときのありように基づいた既知の主観的価値が備わっている。もう一方の行為から生じる帰結には、新たな種類の味を発見することの価値に基づいた既知の主観的価値が備わっている。トレードオフはそれぞれ既知の主観的価値を備えたこれらの行為の間での選択という観点から構築されるのである。

このように決断を再構成すると、新たな種類の経験をすることでもたらされる情報を発見する、ただそれだけのためにその種類の経験をすべきか否かという選択として、あなたの選択は形づくられる。このような仕方であなたが決断することに価値があるのは、規範的意思決定理論のモデルを用いて意思決定プロセスの構造を表すことができるからである。

これは、たいして重要でないとわかっているような、比較的無難な環境の場合はうまくいく。（あなたはこれまでの経験からして果物についてたくさんのことを知っているし、またドリアンが果物だとも知っているのだから、ドリアン事例にはたいして重要なことがないとあなたにはわかっているものと、ここでは想定している。）そういった場合、私たちは新たな経験を、その新しさそのものを目的として試すことができる。その経験が悪いものだとしても求められる代償は比較的小さいだろうと、私たちにはわかっているからだ。新しい果物を食べてみることや、あるいは他にも、私たちにあまり影響を与えない類いの事例があり、変容的な経験に伴うのがそういったさほど大きくない出来事だけだとしてみよう。もしそうなら、認識を変容させる経験が伴う場合には、啓示という観点から決断を定式化する必要があるということに注意するだけで、私たちは先に進むことができるだろう。しかし変容的な経験は、さほど大きくない人生の出来事に限られているわけではない。

興味深い新たな感覚能力を人間にもたらすようなマイクロチップを神経科学者とエンジニアが発明する事例に戻ろう。私たちはこんな想像をすることができる。既存の能力にただ新たな感覚能力を加えるのではなく、新たなチップが埋め込まれると、ちょうどそれが新たな感覚能力を加えるように、味覚をあなたから永遠に消してしまう、と。（脳のニューラルネットワークは、同時に両方の能力をサポートすることができないのだ。）さらにこう想定することもできる。チップを埋め込むことをあなたが選ぶなら、あなたはそのチップが埋め込まれる最初の人物になるだろう、と。

あなたが今考えている類いの選択は、ものを味わう能力に代わる新たな種類の感覚能力を発見することと、新たな種類の感覚能力を発見するのをやめてその代わりにものを味わう能力を持ち続けることとの間での選択である。ここに伴う啓示は、新たなタイプの感覚経験そのものに備わる本質を発見することである。そしてそういった発見をすること（その経験がよい、悪い、どちらでもないのいずれであれ）に備わる主観的価値は、ものを味わいうることに備わる主観的価値とトレードオフされることになるだろう。

この場合、マイクロチップを手に入れるべきかどうかを、あなたはどうやって決断すべきなのだろうか。新たな感覚能力を持つことのありようがあなたにわかりえないのだとすれば、ものを味わう能力を持つことのありようと新たな感覚能力を持つことのありようを比べることで、どちらが自分にとって好ましいかを決めることはできない。ここでもまたもや問題は、新たな感覚能力を持つとはどういうことかがあなたにはわかりえず、それゆえその主観的価値がわかりえない、ということにある。この価値があなたにわかりえないなら、ものを味わう能力と新しい感覚能力との間のトレードオフについて、それが自分のしたいトレードなのかどうかわかるほどには、あなたにはわかっていないことになる。

ドリアン事例と同じように、その新たな感覚能力はとてもよいものであるか、とても悪いものであるかのどちらかでしかありえないと、あなたにわかっているすればどうだろう。つまり、新たな感覚を持つことに備わる主観的価値の範囲があなたにわかっているとすればどうだろう。結局のところ、あなたには他にも感覚能力があるのだから、あなたは感覚経験一般についてわかっている。その場合、味覚をそのまま持ち続けることと、何であれ新たな感覚能力に備わっている主観的価値との間のトレードオフという観点からなされる合理的選択を、あなたは理解しうるのだろうか。

残念ながら、ドリアン事例との類比はうまくいかない。その新たな感覚経験を持つとはどういうことかがわからない限り、ものを味わう能力に結びついた主観的価値と新たな感覚能力をどうやって比べればよいのか、あなたにはおよそわかりえない。そしてその情報がないと、ものを味わう経験と新たな感覚経験のトレードオフについてどう考えるべきか、あなたにはわかりえないのである。さらに諸々の感覚様相はお互いに連結しうる。つまり、あなたが経験するかもしれないタイプの変化は、感覚能力についてあなたがもつ限られた一般的知識が及びもつかないものになってしまうことがありうるのだ。結果として、既存の感覚様相と新たな感覚様相からなる新たな組み合わせを経験するときのそのありようは、そのときのあなたがその帰結に与える価値づけ方をかなり変えてしまうかもしれない。もちろん、新たな感覚経験そのものに備わる本質の発見があなたの選好をどう変えうるかについては、言うまでもなかろう。したがって、この事例はドリアン事例のようには解決できないのである。

選好を比べることができるのか。選好が変わってしまうのではないか。こんな不安から明らかになるのは、次のようなことだ。その新たな感覚能力を持つとはどういうことかが実際にわからないと、その感覚を持つことに備わる価値がどんな範囲で変動するのかを、いかなる有用な意味においてもあなたは決定できないのである。その新たな感覚を味覚と置き換えてもらうとして、あなたの観点からしてそれはどれくらい悪いものとなるのだろうか、あるいはどれくらいよいものとなるのだろうか。あなたのその判断は、新たな感覚を持つとはどういうことかがわかることで初めて定まるのだ。関連する主観的価値の範囲を決めることができるためには、この感覚能力を持つとはどういうことかがわからなくてはならない。この感覚能力を持つことを、ものを味わえることに備わる主観的価値とどう比べるべきかがわかるためには、その感覚能力を持つとはどういうことかがわからなくてはならない。さらに、実際に問題の経験をした後の時点で、あなたがその経験から生じる帰結をどう価値づけるのかがわかるためには、その経験の後にあなたがどうなるかがわからなくてはならない。新たな感覚を持つという経験は、あなたがこれまでにしてきた経験とあまりに根本から違いすぎるものだし、あまりに人生を変えてしまうものだ。そのため、それがどういうものかがわかるまでは、そこに伴う主観的価値の本質・範囲・トレードオフをあなたは見定めることができないのである。

またこのような類比の欠如は、範囲と比較可能性だけに伴うわけではないことに注意しなくてはならない。というのも、これまで強調してきたように、マイクロチップ事例のような変容的経験では、そこに伴う啓示によってその人の選好が変わってしまうからだ。換言すれば、たとえドリアン事例において私がそうしたように、マイクロチップを埋め込むべきかどうかについての選択を再定式化するとしても、その選択をなすときに私はある問題に直面してしまう。すなわち、この新たな感覚経験を持つことに変容的な本質が備わっていること、ただそれだけで、私の核となる選好が修正されてしまうだろう、という問題である。そのマイクロチップを埋め込む前なら、私はおそらく啓示に低い価値を割り当てるだろう。というのも私は美味しい食べ物と素晴らしいワインを愛しているからだ。しかし、マイクロチップを埋め込まれてしまうならば、私は啓示に高い価値を割り当てて、味覚のない新たな自分を擁護するだろう。どうすべきかを見定めるときに、どちらの選好がより勝るのだろうか。私はどちらを用いて自分の決断をしなければならないのだろうか。

一般に、人生を変えてしまうような経験について熟慮するとき、ドリアン事例のような具合に物事をごまかすことがどうしてできないのか。それをマイクロチップ事例は示している。ドリアン事例での私たちは、突き詰めればほとんど取るに足りない決断を再定式化していた。しかし人生の大きな経験の場合、主観的価値のとる範囲は、実際のところとても大きいものでありうる。したがって最善の帰結と最悪の帰結が、自分の主観的な未来に全体としてたいした影響をもたらさないだろうと想定してしまうわけにはいかない。こういった人生を変える決断は劇的に新しいもの、つまり変容的なものだ。そのため、その新たな経験の本質について自分にわからないことはさして重要ではないだろうと決めてかかるわけにはいかない。つまりその新たな経験は、価値空間の比較構造を私たちがどう表すかに対して、重大かつ驚くべき仕方で作用しうるのである。その際にはたとえば、当の経験をする前の昔の自己が持っていた選好が新たな選好と置き換えられたり、あるいは、啓示的な帰結に備わる価値が他の主観的価値を圧倒することが明かされたりする。さらに、人生の様々な大きな経験に備わる主観的価値を私たちがトレードオフするのに、それらをどうやって比べるべきかがわかりさえしないため、一貫性のある価値構造を用いてその決断をモデル化する可能性がまったくないと悟ることだってあるかもしれない。それゆえ、実際に変容的な経験をするまでその経験の主観的価値がわかりえないという事実は、変容的な選択の文脈だと、かなりの影響力があるのだ。

これまで見てきたように、認識を変容させるような事例には、無知のための標準的な意思決定モデルをそのまま適用することはできない。また、たとえその決断を再定式化して認識を変容させる事例にそのモデルを適合させるとしても、認識と個人の両方を変容させる事例は依然として解決が難しい。人生の大きな出来事にはいろいろな種類のものがあるが、多くは変容的なものでありうる。また人生の出来事が大きなものであればあるほど、それは往々にして、認識と個人の両方を変容させる。だからこそ、ここで議論していることは重要なのだ。

第1章で私は、未来に関わる決断で人生を変えるようなものの一例として、ヴァンパイアになるべきかどうかという選択を考察した。今や私たちは意思決定問題の深層構造を理解しているのだから、ヴァンパイア事例をもう少し詳細に探究することで、この不安がどう展開するかを検討しておくべきだろう。関連する争点に注意を向けるために、以下のような形でヴァンパイア事例を考察することにしよう。あなたの選択は基本的にあなた次第である。したがって、そこに主に伴うのはあなたの個人的な視座であり、また、正しい選択を決めてくれるような有力で客観的な道徳的留意事項やその他の三人称的な留意事項は存在しない。言い換えると、未来をどう描くかについての多くの重大な個人的決断がそうであるように、ヴァンパイア事例は個人的な事柄に関する決断だと考えられているのである。そこでの主たる関心事は、予想されるあなた自身の未来であり、あなたが自分の人生の目標をどのように主観的に実現したいか、ということである。

ヴァンパイアになるという帰結にあなたが割り当てうるであろう主観的価値は、その範囲において、肯定的なものから否定的なものまで幅広いものだ。将来あなたがアンデッドになるとき、そのありように備わっている主観的価値を決めるのは、将来にするあなたの経験が全体としてどれくらいよいものか、あるいは悪いものかである。ここでそういった価値のとりうる範囲は極めて広大だ。そうなる理由の一つは、その帰結の価値が部分的には、あなたがヴァンパイアになることのありようがもつ現れとしての強さによって決まり、それゆえ、肯定的ないし否定的な主観的価値は、ヴァンパイアになるという経験だけでなく、その経験がどれほど強いものかによっても決まるからである。とても現実的な可能性として、そういった諸帰結のなかの一つの現れの強さ、たとえば、人間離れした力強さがあるときのその現れの強さとか、あるいは血を欲するときのその現れの強さといったものが、残りの帰結を圧倒してしまうかもしれない。つまり、強く現れる帰結に備わる価値は、他の帰結よりもはるかに高かったり、低かったりしうるために、実質上、他の帰結は取るに足りないものになってしまうだろう。最後に、ヴァンパイアになることの変容的な本質を考慮するなら、あなたの選好の多くは、ひとたびあなたがヴァンパイアになったら、あなたが人間として持つ選好とは異なったものになるだろう。ヴァンパイアになることに関連する帰結のどれであれ、その価値が将来残りのものを圧倒するのか否か。ヴァンパイアになることの主観的価値と、人間であることの主観的価値を、どうやって比べるべきなのか。あるいは、ヴァンパイアとしてあなたが諸帰結について持つことになる選好のいずれのものが、人間としてあなたが持っている選好と同じなのか。こういったことは、あなたが実際にヴァンパイアになるまではわかりえないのである。

物語の筋書きでは、あなたの友人はみんなヴァンパイアになってしまい、誰もがそれを気に入っている。ヴァンパイアになってしまった者はみんな、あなたにそれが素晴らしいことだと告げる。ここで、あなたがヴァンパイアになる場合に動物の血を飲んで生きることは、道徳的に言えば、十分な配慮のもと飼育された牛の肉でできたチーズバーガーを食べるのと同じくらい悪いことではないとしよう。さらに、あなたなら黒い衣服をかっこよく着こなすとしよう。しかしたとえそうだとしても、アンデッドの一族になることには依然として何かとてもぞっとして恐ろしいところがある。さらに、それは後戻りのできない決断なのだから、試してみるだけ試してみて嫌なら人間に戻る、というわけにはいかない。ひとたびあなたが不死身になったら、あなたは決して戻ることができないのだ。

それでは、その選択についてあなたはどう考えるべきなのだろう。あなたはこれまで、ヴァンパイアになることに現に類似した経験をしたことがない。それゆえあなたは、同じような経験をじっくり考えることでこの帰結を評価することはできない。あなたがこれまでヴァンパイアになったことがないとすれば、自分がヴァンパイアになるとどうなるのかはあなたにはわからないし、試してみなければわかりえないのである。

ここであなたは、黒いマントを着けて優雅に静かに歩き、一夜を過ごし、日中は棺桶のなかで眠り、ニワトリの血を飲むことで、ヴァンパイアであるとはどういうことかを学ぼうとするかもしれない。しかしそれは、人間がこういったことをするとはどういうことかをあなたに教えてくれるかもしれないけれど、ヴァンパイアとしてあなたがこういったことをするときにはどうなるかについては情報を与えてくれない。

ヴァンパイアの心理を研究するための資金がもっとあったら、科学者たちは経験的なデータを十分に集めることができたかもしれない。そしてそうしたデータによってあなたは、ふさわしい性格特性が自分にあるか否か、あるいは自分はヴァンパイアである方が幸せなタイプの人間か否か、といったことに基づいて決断できたであろう。こうした研究を用いても、ヴァンパイアになるとどうなるかはあなたにはわかりえないだろうが、しかし少なくともそれは、あなたに似た人物ならそういった変化への反応をどう報告するだろうかということについて、だいたいのところは教えてくれるだろう。この種の経験的な結果についての事実をあなたの熟慮に加えることができるなら、それは素晴らしいことであろう。つまり、選択肢を自分自身の視座から比べ合わせる場合には、こういった経験的結果に依拠して、それを決断全体に貢献する証拠として用いたいと、そのときのあなたは思うであろう。

もちろん、人々がどれほど多種多様で、また、心理的な傾向と置かれた状況の組み合わせ次第で人の反応がどれほど異なる影響を受けるかを踏まえると、基本的に誰もがヴァンパイアの方が幸せだと報告するのでない限り、この研究がともかく何か役に立つためには、それはとてもきめ細かいものでなくてはならないであろう。そしてもちろん、あなたと同じような人々についての研究に加えて、自分自身の個人的な選好を慎重に考察するのでなければ、あなたは選択をしたいとは思わないであろう。[47]

残念ながら、現在のアンチ・ヴァンパイアの風潮では、補助金を手に入れることは難しいし、そういった研究に資金が与えられたことは一度もない。あなたが経験的証拠として頼れるのはせいぜい、いくつかの点で自分と同じような友人たちが当の変化にどう応じるように思われるかについてあなたに観察できることくらいだ。

たとえ科学者がいっそう潤沢な資金提供を受けたとしても、そんな彼らが提供するものを、あなたはそれほど重視しないかもしれない。あなたは依然として、自分の友人や家族がその経験にどう応じるかにこそ注意を払う価値があるのだと考えるかもしれない。そして彼らはひとたび噛まれたら、誰もがヴァンパイアは素晴らしいと考えるのだ！　でも、あなたが友人や家族と重要な点で似ていないとわかったらどうだろうか。あなたは彼らよりもやや繊細かもしれないし、きっともう少し教養がある。さらにもしかしたら、食べものの質により敏感かもしれない。

あなたはデリケートな感覚をしているために、ひとたび変容したらニワトリの血に我慢できなくなるとしたらどうだろうか。あなたが将来飲みたいと思うのはただ人間の血だけ、とりわけ純潔の血だけなのである。（あなたのヴァンパイアの友人の一人はこう打ち明けるのだ。自分の味覚は血小板のテロワールについて教えこまれてきたために、私は実際のところとても好みがうるさいんだよ、と。）しかし現代のヴァンパイア社会は、ＰＲ上よいことではないという理由で、人間の血を飲むことを認めていない。そのため、あなたがヴァンパイアになるとすれば、近い将来、どうしようもなく嫌いな食物を食べなくてはならないだろうし、幼い無垢な存在を襲いたいという不快な衝動に常に直面し、それを克服しなくてはならないだろう。

ここでの問題は、自分の選好が将来どう変わるかあなたには予測できないということだ。今は嫌だと思われるものが、ひとたびヴァンパイアの神経回路につなぎ直された途端に最高級ワインよりも好ましいと思われるようになるかもしれない。あるいは、あなたは今のところ日光をこよなく愛していて、日光浴のない未来を想像することなんてできないと思っているかもしれない。しかしひとたび噛まれてしまったら、あなたは海辺で楽しんだ日々を懐かしく思い出すだろうけれど、ヴァンパイアとしての現実が本当はどういうものかを把握するときに生じる現れの強さが、日光浴の価値をたやすく圧倒してしまうだろう。ヴァンパイアになったあなたは、海辺での日々を心地よいものとして回想するだろうが、同時に、今の自分がしているより強烈な経験に比べれば完全に諦めてしまうくらいの価値しかないとも思うだろう。さらに困ったことに、アンデッドであると考えたり、あるいはそういった状態を好むようになりたいと思うことさえも、今のあなたにとっては不快で恐ろしいものかもしれないが、ひとたび噛まれたら、あなたはそれらを楽しむことになるかもしれないのだ。

さらに、ヴァンパイアになったあなたの知人の誰もが、それがいかに素晴らしいことかをあなたに告げるけれど、あなたはその証言にちょっと疑いを抱くかもしれない。もしかしたら彼らは心のなかでは秘かに後悔していて、お前も自分みたいになってしまえばいいと思っているだけなのかもしれない。もしかしたら、ヴァンパイアであることには何か彼らの見解を歪ませるものがあるのかもしれない。あるいはもしかしたら、彼らはまったく後悔していないのかもしれないけれど、あなたが自分と重要な点でまったく同じであり、そのため自分とまったく同じ反応をするだろうと決めてかかっているのかもしれない。しかしこの点で彼らが間違っているとすればどうだろう。赤ワインを堪能するとか、ゴシック小説を好むとか、同じアウトドア活動を楽しむといった、いくつかのかなり表面的な点で似ているからといって、ただそれだけで、人生を変える重大でやりなおすことのできない選択をするのに十分な証拠がもたらされるなんて、どうして考えられようか。

以前はまったくのアンチ・ヴァンパイアに思われた人々でさえ、噛まれた後には心変わりしうる。この事実は何か根深い選好の変化が実際に生じていることを示唆しており、証言を評価しようとするあなたの努力はその事実によって複雑なものとなる。あなたの友人たちはヴァンパイアとして、自分が新たな存在となったことに満足していると伝えてくれるものの、ヴァンパイアになる前の彼らならその変化に満足していただろうかというと、それは明らかではない。たとえば、かつてベジタリアンだったあなたの隣人は、仏教と様々な秘伝のホットヨガを実践していたが、今やこう述べるのだ。（たまたま自分の意に反してではあったけれど）噛まれてからというもの、自分もまたヴァンパイアであることをとても気に入っている、と。

もしかしたら、ヴァンパイアになることの何事かが、人々をある点で変えてしまい、そのために今や、彼らはヴァンパイアとして、ヴァンパイアであることを気に入っているのかもしれない。言い換えると、彼らはもしかしたら、ヴァンパイア流の、ある種のストックホルム症候群にかかっているのかもしれない。あるいはもしかしたら、ヴァンパイアに変わるときに生じる身体の変化のなかには、ヴァンパイアになったらヴァンパイアであることを気に入るように脳構造が固定されることも含まれているのかもしれない。ヴァンパイアがヴァンパイアであることを気に入るよう脳構造が固定されることが有利になる理由について、もっともな進化論的説明さえあるかもしれない。というのも、鋭い木杭を装備し偏見に凝り固まった住民たちの性向を考えれば、ヴァンパイアという種はそうでなければ先細りになっていたかもしれないからだ。

このことからあなたはジレンマに陥ることになる。証言を評価しているとき、誰の証言に最も重きを置くべきなのだろうか。その人が人間だったときの証言だろうか。それとも、ヴァンパイアである今の証言だろうか。

ジレンマを前にあなたは、あらゆる証言を無視して、自分自身の選好だけに注意を向けたくなるかもしれない。だがそうなると、すでに論じた問題が、つまり、当の経験をしないとわかりえないものについての問題が生じるだろう。ひょっとすると、ヴァンパイアになることを選ぶべきじゃないのはわかりきっていると、あなたは思うかもしれない。しかし、そう思うためのどんな根拠があなたにあるのだろうか。ヴァンパイアになったらどうなるのかか、あなたにはわからないのである。他方、ヴァンパイアになることを選ぶべきなのは当然のことだと、あなたは思うかもしれない。言うまでもなく、不死身、超人的な力、強烈な新たな感覚経験をあなたは選ぶべきなのだ。だって、それは素晴らしいことなのだから！　しかしここでもまた、そう思うためのどんな根拠があなたにあるのだろうか。そんな根拠は何もないと思われる。少なくとも、認識として正当化されるようなものは何もないのだ。

あなたが証言に十分な注意を払って次のように考えるとすればどうだろう。ヴァンパイアになるということはこんな感じかもしれないと思われるそのありようゆえに、自分はヴァンパイアになりたくないが、そうだとしても自分は、ヴァンパイアになるとどうなるかにかかわらず、ひとたびヴァンパイアになったらそれに満足するだろうから、いっそのこと自分はヴァンパイアになるべきだ、と考えるのだ。結局のところ、ほとんど誰もが、ひとたびヴァンパイアになったらそれは素晴らしいことだと述べるのである。しかし合理的に言えばこのことは、自分の選好のどちらを何よりも保持したいと思うべきかという問題に戻ってしまう。どちらの選好がより重要だろうか。あなたが今持っている人間としての選好だろうか、それとも、噛まれたら持つことになる選好だろうか。選択に際して自分の今の選好を無視することをあなたはどうやって合理的に選びうるのだろうか。ヴァンパイアになるという事実があなたを自分のした選択に満足するような存在に変えるだろうと考えただけで、あなたがヴァンパイアになることを選ぶのだとすれば、あなたは、自分自身の（現在の）選好を全領域にわたって検討して選んでいるわけではないことになる。

それではあなたはどうやって選ぶべきなのだろうか。不死身になることからもたらされると思われる刺激的な可能性に基づいて、最終的にヴァンパイアになることを選ぶのだとすれば、あなたは自分を欺かない方がいい。あなたには、自分がどうなるのかがわからないのだから。ヴァンパイアであるとはどういうことか、まさにそのことがあなたにはわからないのである。また、もはや人間でなくなるということが想像できないという理由でヴァンパイアになるのを拒絶するのだとすれば、やはりあなたは自分を欺かない方がいい。あなたには、自分が何を失って困るのかがわからないのだから。

重要で個人的な決断に変容的な選択が伴うとき、自分の主観的な視座から決断をすることになるが、そこで通常なされる決断の下し方について、ヴァンパイア事例やこれまでに考えてきた他の事例は、二つの問題を提起する。

第一に、変容的な選択には認識を変容させる経験が伴い、それにより、根本から新しい帰結に主観的価値を合理的に割り当てる能力が損なわれてしまう。新たな経験をすることを選んだ帰結として実際に生じる経験に備わる主観的価値に、あなたは認識的にアクセスできない。その結果、標準的な意思決定理論のモデルでは手に負えないタイプの無知が生じることになる。

第二に、個人を変容させるという経験の特質ゆえに、新たな帰結をもたらす行為についてのあなたの選好もまた変わりうる。とりわけ、新たな経験をすることで、その経験をした後のあなたの選好が変わったり、その経験をした後の自分が諸帰結をどう価値づけるのかが変わったりするかもしれない。したがって、変容的な選択があなたに求める決断において、あなたは、別々の選好の集まりを持つ別々の時点での別々の自己をうまく扱わなくてはならないのだ。どの選好の集まりにあなたは最も大きな関心を示すべきなのだろう。今の自分の選好か、それとも、経験をした後の自分の選好か[48]。

決め手はこうだ。第一の問題ゆえに、単に一歩離れたところから、自分が帰結に割り当てる主観的価値の違いを比べて選んだり、どちらの選好の集まりを満たす方が何かしらよいのかを特定したりして第二の問題を解決することは、あなたにはできない。決め手は、まさに同じ経験が認識も個人も変容させるということにある。

この問題は、通常の選好の変化の場合には生じない。そういった場合なら、あなたはより高階のアプローチを採用できる。つまり、あなたは、変化の前に自分が持つであろう選好を、変化の後に自分が持つであろう選好と比べて、自分にとって持つことが好ましいのはどちらの選好なのか（それゆえ、どう行為すべきかを特定してくれるのはどちらの選好なのか）を決める。ひとたび自分にとって好ましい選好を選んだら、そういった選好を持つことは今の自分にとって好ましいことだとあなたにわかりうるのだから、あなたはそれに合わせて行為できるのである。[49]

しかし変容的な経験の事例は、この手続きを台無しにしてしまう。変容的な経験をするとどうなるかがあなたにはわからないのだから、その経験によって自分が将来どう変わるのか、あなたにはわからない。つまり、当の経験をした後には新たな視点が自分の新たな選好を特定することになるだろうが、その新たな視点を持つとどうなるかが、あなたにはわからないのである。もっと単純に言うと、こうだ。変容的な経験をする前には、その経験をした後の自分がどんな人間であるのかがあなたにはわかりえない。それゆえ、どちらの経験的視座が好ましく、それに付随して生じる選好の集まりのどちらが自分にとって好ましいのかを決めるために、変容前のあなたのありようと、変容後のあなたのありようを比べることはできないのである。[50]

この論点についてもう一つ別の言い方をすると、こうなる。あなたが合理的に選びたいのであれば、今現在のあなたの選好が優先されるように思われる。したがって合理的に選ぶには、今のあなたの選好に合わせて選ばなくてはならない。しかし、根本から新しい帰結に備わる価値に認識的にアクセスできないせいで、経験前のあなたの手元にある情報は、著しく不完全である。そういった状況のもとで、あなたはなぜ、認識において貧困な現在の自分の選好に肩入れするべきなのだろうか。結局のところ、ヴァンパイアになった後には価値と選好がすべてわかるだろうし、証言では、そのときのあなたはこの上なく幸せだろうとほのめかされているのだから、ヴァンパイアとしての選好をつくりだしてその選好を満たすことに基づいてあなたが選んではいけない理由なんてあるだろうか。あなたが自分の現在の選好に基づいて選ぶとすれば、あなたは自分の選択にとって重要な関連情報を無視してしまっているように思われる。だとすれば、選択に際してあなたがどうやって合理的な基準を満たしうるのかは、まったく明らかではない。

これは重要だ。なぜかというと、まったく同じ問題が実生活の事例について考えるときにも生じるからだ。ヴァンパイアのお話について考えるのはおもしろいけれど、たいして興味をそそるものではないと、あなたは考えたかもしれない。ヴァンパイアになるのを選ぶことは、言うまでもなく道徳観念を欠いた、不快で、明らかに不可能な選択であり、その選択を考察しているときに生じる想像上のジレンマを、しょせん誰が気にするというのだろうか。ヴァンパイアは私たちとはまったく違うし、それは人間でさえないのだから、そういった決断をしたとしてそこで生じるであろう争点は、普通に考えれば、現実世界の意思決定に伴う実践的な争点には関係しない。あなたは、ヴァンパイアになることをまさに選ぶという状況に陥ることは決してないだろう。したがって、いつものやり方で決断できないからといって、それはたいしたことではない。自分の主観的な未来、つまり自分がどう生きていきたいかを熟慮するときには、ヴァンパイアになることのような風変わりな変容の事例を無視しても問題ないだろうと、あなたは考えたかもしれない。

しかしこれはピント外れだ。確かに、ヴァンパイアになるという選択は奇妙で空想上のものだ。ヴァンパイアに変容するとすれば、そこには生物種の変化が伴うだろうし、道徳的に不快だと多くの人に思われるものへの変化が伴うだろう。そのためヴァンパイアに変容することは、とりわけおかしなことなわけだ。しかし、マイクロチップ事例が示唆するように、変容にまつわる意思決定の難問が生じるのは、ある人物をまったく別の種類の事物に変容させるような行為を考察しているときだけではない。変容的なのは、ヴァンパイアになること、あるいはネコになることさえそうだけれど、そういった荒唐無稽な可能性に関わる選択だけではない。ヴァンパイアになるべきかどうかの選択を検討することの要点とは、選好について認識も個人も変容させるような選択であればどんないかなるものにも、変容的な選択の構造が表れている、ということなのだ。(51)

こう言い換えることもできる。あなたが向き合う選択には、根本から新しい経験がそこに伴い、さらにその経験によってあなたの個人的な選好が実質的に変わってしまうものがあるが、何であれそういった選択には、変容的な選択に関わる意思決定の問題が生じる。そして結局のところ、そういった選択は普段の生活の中心部分を構成しているのである。この種の選択に向き合うために、ヴァンパイアになるべきかどうかを考察する必要はない。劇的に変化して新たな未知の自分になるという決断をどう理解すべきかについてあなたが熟考するとき、意思決定の難問が姿を現す。ヴァンパイアになる可能性は、その難問をはっきりと例示することで、変容的な選択のもつ含意をとりわけ鮮やかに示してくれる。ただそれだけのことなのだ。

あなたがかなり大幅な個人的な変化を経験するどんな場合でも、つまり、あなたの中核的な個人的選好が著しく変えられて、その結果、変化後のあなたによる当の行為の評価の仕方が大きく変わってしまうどんな場合でも、個人が変容するなかでの選択をめぐる問題が生じる。また、初めて色を目にするとか、新たな感覚能力を手に入れるといった、本当に新しい種類の経験をするどんな場合でも、認識が変容するなかでの選択をめぐる問題が生じる。そして、そういった変容が組み合わさり、主観的な熟慮と一人称的な視座が重要な役割を果たすどんな場合でも、変容的な選択をすることの構造とその合理性にまつわる問題が生じるのである。

次章では、いくつかの実生活での決断、個人的にとても大事な決断は、変容的な決断の構造をしていると論じることにしよう。人生の最も大きな選択のいくつかは、未知の仕方で自分を変えてしまうような経験をすべきかどうかを、そこで決断しなくてはならないようなものなのである。

第3章　人生の選択

認識と個人の両方を変容させる経験は、私たちがこんなふうに熟慮したいと自然に思うやり方に対して、特別な問題をもたらす。自分が思い描くありうる未来像に基づいて自分の行為を合理的に選択したいのであれば、変容的な経験は、実生活に影響を及ぼす哲学的障壁を生み出すのである。

あなたが個人的な決断に直面しているとき、自分に選びうる種々の選択肢から生じる諸帰結を見定めて比較するために、それらの帰結を経験するとどういうことになるのかを検討できるようになりたいと願う。ところが、自力で認知的に将来を予測して、ありうる主観的な未来を考えようとしても、変容的な経験の結果実際に生じる経験が伴う場合は、様々な帰結の候補をあなたは評価できないのである。というのも、実際に関連する帰結を経験してしまうまでは、それらの帰結がどのようなものなのかがあなたにはわかりえないからだ。言い換えると、関連する行為について予想される主観的価値がわかりうる以前に、変容的な経験をしていなければならない。あなたの決断が重大で後戻りのできない結末をもたらすようなものだとすれば、あなたは極めて深刻な問題に直面することになる。つまり、どうやって自分の選択をすればよいのかという問題である。

実生活で下される、認識と個人をともに変容させるような重大な決断には、この構造にあてはまるものがたくさんある。(1) たとえば、軍隊に入るべきかどうかについての新兵の選択を考えてみよう。その新兵に戦争の経験がないのだとすれば、退役兵に見られる心的外傷後ショックが示すように、戦闘の前線にいるときのありようは、変容的な経験となりうる。(2) そういった経験は、往々にしてそうであるように変容的なものであり、新兵の経験には（新たに名誉や勇敢さの感覚を経験するものもいれば、恐怖を経験するものもいるなど）それなりのバラツキがあるとするなら、入隊するとおそらく前線に行くことになる新兵は、入隊すべきかどうかについて、未来に対する主観的な見通しをもとに合理的に選択することはできない。なおここでは、その選択は、ただ単に強制されるものではなく、かつ、愛国的な義務を遂行することに備わる客観的価値のような、三人称的要因だけに基づいているものではないと仮定している。

それでは、新兵になるかもしれない人は、入隊するかどうかをどうやって決めるべきなのだろうか。前線にいると実際どういうことになるのか、彼には想像もつかない。では、合理的に正当化されるような仕方で自分の選択をするのに、彼は何を用いることができるのだろうか。

もしかしたら、前線にいることは常に、あるいはほとんど常に、ものすごく悪い経験なのだと、彼は想定すべきなのかもしれない。もしかしたらその新兵は、こういった理由から入隊を辞退するかもしれない。そうでなければ、母国への愛情が個人的な諸々の期待を圧倒して、彼は純粋に無私の理由から入隊するかもしれない。

さて、こういった想定は単純化しすぎだと私は思う。その国が直接攻撃されているのでもない限り、個人的な期待は通常、入隊すべきかどうかを決断するのに大きな役割を果たす。また、前線にいることは悪い経験に違いないと想定してしまうのもまた、単純化しすぎである。その理由の一つは、ある状況に苦しみや恐怖が伴うという事実があるからといって、総合的に考えてそれが否定的な価値をもつ経験だということにはならないからである。人生の経験には主観的価値があり、英雄的資質には主観的価値があり、母国のために自分の楽しみや幸福を犠牲にすることには主観的価値がある。しかし、前線にいる経験の否定的な価値がそういった他の経験すべてに備わる肯定的な価値を圧倒してしまう可能性がとても高いと想定されうるなら（また、それに根拠がないわけではないと認められるなら！）、戦時に前線にいるとはどういうことかが実際にはわかりえなくても、あなたはそうした想定をもとに、前線を避けることを合理的に選べるのである[3]。

ここでの要点は第2章で述べたように、変容的な選択のなかには、未来の経験についてわかっていることをもとになされる必要のないものがある、ということだ。いくつかの行為から生じる帰結については、先のように帰結の価値を見いだす必要がないときには、その帰結を見定めるのに、未来の状況のもとでの自分をモデル化する必要はない。関連する経験上の帰結がどれも自分にとって悪いものであり、自分の選好はその経験を通じて変わらないままであろう、という証拠があるなら、個人としてそれらの帰結をどのように経験することになるかを見定めてそれらの帰結の価値を特定しようとしなくても、それらの帰結すべてに否定的な主観的価値を割り当てる十分な理由がある。たとえば、近づいてくる列車の前に歩み出そうとする決断を考えてみよう。ここで関連する帰結にはすべて、死や重傷が伴う。そういったケガを経験するとどうなるか、あるいはそれが原因で死ぬ経験をするとどうなるかがあなたにわからないとしても（もちろん死は経験の終焉を意味するのだが）、列車の前に歩き出さないようにするのは合理的なのである。

こんな場合を考えてみよう。何かをする特定の選択を行なうことでみんな、あるいはほぼみんなの福利が減少（あるいは改善）されることになり、福利の変化がこのように見定められることについて、みんな、あるいはほぼみんなが認めて同意しており、さらにみんなの選好は同じままだとする。このような場合、あなたは決断を見定めるのに個人的な反省に頼る必要はないだろう。こんな場合には、普通は数で決めてしまう方がよい。というのも、いろいろな帰結の候補のどれがよりよくどれがより悪いものとなるかを想像で見定めようと反省的に熟慮するのは無駄骨だからだ。ある帰結がみんなにとって悪いものだとすれば、それは当の意思決定者にとっても悪いものである。諸帰結に割り当てられる主観的価値がよいものから悪いものまで一定の範囲をとりうるときに初めて、意思決定者は、主観的な意思決定手続きに直面することになるだろう。そこで要求されるのは、その経験がどんなものになりそうかについてわかっていることをもとに、諸帰結に価値を割り当て自分の選好を特定する能力である。

そういうわけで、ある種の決断は明らかに認知的なモデル化を必要とせず、ある種の決断はそれを必要とする。ありふれた日常の決断をするために帰結を見定めるときでさえ、認知的なモデル化に頼ることがしばしばある。あなたが休暇にどこに行きたいかを考えるときには、自分がいろいろな状況に置かれているところを想像して、海辺を歩くこと、クロスカントリースキーをすること、ルーヴル美術館を訪れることなどの競合する自分の選好を見定めて、いろいろな候補地から決めるのが自然だ。家を買うときには、思案中のいろいろな家の候補に自分が住んでいるところを想像し、そうすることで、自分が住みたいと思ういずれかの家を選ぶのが自然なのである。自分がいろいろな状況に置かれているとシミュレートすることは、一般的な留意事項を踏まえるだけでは行為の期待値を特定するのに不十分であるような場合に決断を助けるものとして、私たちが用いる意思決定ツールなのである。一般的な制約が十分に拘束的でない場合に、個人的なシミュレーションが必要になることもある。また、制約が十分にきめ細かくない場合に、個人的なシミュレーションが必要になることもある。つまり、ある状況に対する自分個人の心理的反応がわかることで初めて、自分ならではの帰結の価値づけ方がわかるような、そういった場合がそうである。

ある行為の期待値を見定めるのに認知的なモデル化が必要なときでも、あなたが見たことのある家や訪れたことのある場所のように、よく知られた帰結を伴う選択からは、問題は生じない。けれども、まったく新しい経験を伴う変容的な選択からは問題が生じる。なぜなら、そういった選択には、認識的にアクセスできない主観的価値と、選好の変化が伴うからだ。民主革命の一端を成す暴動に参加すべきかどうかの選択を考えてみよう。そういった激動からどんなことが生じうるか、あなたにはわからない。とりわけ、あなたの母国がこれまで政治的に安定していて、また、その革命から生じる帰結の一つの候補が、これまでよりもはるかに過酷な新体制の樹立でありうる場合にはそうだ。そういった場合あなたは、現体制下で虐げられている人々、つまり自分や自分のような人々の暮らしが新体制のもとでは今よりよいものになるだろうと考えて、その暴動に参加したいと願うかもしれない。しかし、いろいろなありうる帰結への自分の反応を正確に描いて見定めるだけの十分な情報が、あなたにはないがゆえに、また、政治的な激動の経験は変容的なものでありうるがゆえに、あなたには、革命の後に事態がどうなるかを自分でシミュレートし、それを、暴動に参加すべきかどうかの決断のための証拠として用いることができないのである。

あるいは、悪性腫瘍を取り除くために大きな手術をする決断について考えてみよう。その手術を受けた結果、痛みがずっと続き、能力が失われ、容姿が損なわれることになるだろう。しかし手術をしなければ、その腫瘍のためにきっと死んでしまうだろう。手術後の生活は苦痛に満ちたものだろうとはわかっているけれど、その生活がどのようなものでありうるのかはわからない。とはいえ、死ぬとはどういうことかも、あなたにはわからない。あなたは、治療を受けて寿命を伸ばすのか、あるいは、ホスピスでケアを受けてほぼ確実により短く痛みのない人生を送るのか、そのいずれかを選ばなくてはならない。そういった選択はひどく恐ろしいものだ。というのも、ありうる帰結はすべて悪いものだし、また、未来の自分の選好を最もよく反映した選択をするために、自分に与えられた選択肢をどう評価すべきかが、あなたにはわからないからだ。

もう一つ別の種類の事例は、障害を抱えた個人の感覚が劇的に変化することに関わる。そういった経験は、帰結の主観的価値について大きく変動しかねず、そのため、経験上の帰結が明らかによいとか明らかに悪いとかいうことが圧倒的に見込まれるといった想定が正当にできないことがありうる。(4) 変容的な選択の構造をもつような決断には、人工内耳手術や網膜手術（網膜の移植だってもうすぐ可能になるかもしれない）のように、受け手に新たな感覚能力を授けることのできる手立てについての決断が含まれる。

生まれたときから耳の聞こえない、重度の聾者を考えてみよう。その人は、同じように生まれたときから耳の聞こえない重度の聾者である自分の子が人工内耳手術を受けるべきかどうかを決断しなくてはならない。(5) 人工内耳は補聴器のように音を増大させるわけではなく、かわりに聴覚神経を直接的に刺激する。そして、埋め込まれた人工内耳から生じるシグナルを、脳は音として処理する。(6)

人工内耳は、重度の深刻な難聴を抱えた人々に、新たな種類の感覚経験をもたらしうる。つまり、そういった人々は、話し言葉や様々な環境音を含む多種多様な音にアクセスできるようになる。医療的な視座からすると、この器具はその子がとても幼いころに埋め込まれるのが理想的だ。そうすることでこの器具は、話し言葉が最もうまく発達するよう支援し、その子が身体と認知の双方において発達する時期に音へのアクセスを与えることができるのである。それゆえ標準的な場合、聾の子をもつ親は、その子が一歳になるまでの間に、器具を埋め込むべきかどうか決断しなくてはならない。そういった埋め込み手術は着実に広まってきたし、今や難聴の子をもつ親にとって有力な選択肢だけれども、その使用をめぐっては激しい論争が繰り広げられてきた。その論争は部分的には次のような事実に端を発している。すなわち、大手の医療法人、医学界の専門家たち、主要メディア、さらに一部の聴者は、人工内耳をとりわけ子どもたちに用いるように強く勧めてきたが、その一方で、デフ・コミュニティの多くのメンバーは、埋め込み手術が大規模に行なわれることに抵抗したのである。[7][8]

この対立を理解するために、次のことを知っておくのが肝要である。デフ・コミュニティは、社会のメインストリームから歴史的に差別され排除されてきた聾者たちのグループへの支援の提供と包摂を目的として、長年にわたり、強固な独自の社会構造を築いてきた。手話などのコミュニケーションの代替手段を用いることは、芸術などの表現形式に独自のアプローチで迫る、他に類のないデフ・カルチャーの発展に寄与した。デフ・コミュニティの視座からすると、デフ・カルチャーは、世界に数多ある、それ自体に価値のある文化の一つに他ならず、伝統的な諸文化と同等のものだ。それは、メンバーに共通の経験を与え、他のどんなやり方でも得られない支援をもたらしてくれる。デフ・カルチャーはこのようにして、人類の文明を大局的に見たときの諸文化全体のありように、独自の豊かな、他に類のない寄与を行なうのである。デフ・コミュニティにしっかりと属するためには、自分をデフとして自覚したうえで、デフ・カルチャーと一体にならなくてはならない。また手話を使用しなくてはならないし、さらに、議論の分かれるところではあるが、手話を自分の第一言語ないし主に使用する言語としていることも必要である。[9]

デフ・コミュニティの支援者たちは、人工内耳手術を受けるのは聾の幼児たちにとって実によくないことだ、と論じてきた。なぜなら、デフ・コミュニティに属する聾のメンバーであるという、他に類のない仕方で共有される特別で豊かな経験をする機会が、その幼児たちには決して訪れず、さらにその幼児たちは、音が聞こえないことに結びついた、他のたくさんの豊かな経験を逃してしまうからである。そういった経験は、種に典型的な（species-typical）聞こえ方をする人々がもつことのない、またもつことのできない経験なのだ。三人の聾の子の親であり、自身もまた重度の聾者であるピーター・アルティニアンは、自分の考えを次のように雄弁に記している。

でも自分自身について言えば、僕はずっと聾者でいるよ。僕は静かなことを気に入っているし、平穏であることを気に入っているんだ……ほら、僕にはわかるんだよ、他の人たちが周りの音にいつもイライラしているのがね。でも僕の場合は、いわば、そう、音が背中を転がり落ちていくんだ。だって静かだし、僕はそこでは快適なんだからね。(10)

なかにはこう示唆する人もいる。手話を使うことは「手話話者の思考プロセスを決めたり、あるいは少なくとも、それを修正したりすることがありうる。また手話を使うことで手話話者は、視覚を超えた、他に類のない翻訳不可能な認知スタイルを手に入れている可能性もある」し、「(聾の子は)自分の世界を別のやり方で、おそらくは根本から別のやり方で構築する」と。(11) 言い換えると、聾者であること(そしてデフであること)は、独自の、他に類のない認知経験をもたらすのである。(12) デフ・コミュニティから生まれた独自の詩などの芸術は、この示唆を支持するものだ。全米聾者協会はハッキリと、デフ経験を保護する義務が協会にあるのだとしている。

この他に類のない、かけがえのないコミュニティとカルチャーに参加することで、他に類のない、それ自体に価値のあるデフ経験が、聾者にもたらされ、歴史的に抑圧された社会階層を支援するコミュニティが育まれる。このことは、デフ・コミュニティのメンバーたちがその一員であることに割り当てる重要性の根拠となるものだ。医学界のメンバーたちは人工内耳を強く推奨し、その推奨は、当の器具を生産・販売する製薬会社に後押しされたものだった。しかしそれは多くのデフの人々には次のように映った。すなわち、強力な政治的・商業的関心に支えられた聴者コミュニティのメンバーが、独自のデフ・カルチャーとその貢献を消し去り、人工内耳装用者たちを二級の「障害のある」メンバーとして、あるいは、かつて障害を抱えていたメンバーとして自分たちのコミュニティに同化させようとする試み同然だと映ったのである。デフ・コミュニティの活動家たちは、人工内耳の推奨に対して抵抗の意思を示し、さらに、耳が聞こえないことは「治療」の必要がある障害ないし病気なのだという考えに抗い、こう論じた。デフであるという経験やデフ・カルチャーに参加する経験は豊かでポジティブなものであり、意思決定の手続きにおいてもっと重きが置かれなくてはならないものなのだ、と。そして多くのデフの親は、自分の幼い子にその器具を埋め込ませることを拒絶したのである。

埋め込みを拒絶する人々の多くはこう述べる。自分が埋め込みを拒絶するのは、デフ・コミュニティに属する聾のメンバーであることの価値が、人工内耳手術によって耳が聞こえるようになることの価値を上回っているからだ、と。こうした懐疑的な見解の一部は、人工内耳技術にまつわる事実に関係していることがある。すなわち、その器具は確かに改善されてきているけれど、人工内耳を埋め込んでも、聾でない人々レベルの聴覚がもたらされるわけではない、という事実である。またデフの人々はこうも論じる。デフ・コミュニティに全面的に受け入れられるメンバーであることは、聴者コミュニティに完全には組み入れられない半端な聴者であることよりも、はるかに好ましいことなのだ、と。

さらに関連するのは次の事実だ。生まれたときから聾で人工内耳手術を受ける人々の経験は、耳が聞こえていたが後に難聴になったために人工内耳手術を受ける人々の経験とは異なると考えられている。というのも、記憶などの認知機能が、人工内耳が機能するうえで重大な役割を果たすからだ。さらに、人工内耳によって人々は、自然に耳が聞こえる人々と同じように耳が聞こえるようになるわけではない。最終的に懸念されるのは、親子のつながりに関することである。聴者の親とデフの親はどちらも、自分の子と深く有意義につながってコミュニケーションをしたいと願っている。聴者の親はしばしば、自分の子とのつながりやコミュニケーションを育むために、子に人工内耳手術を施してほしいと望むのである。

デフの親は、まさに同じ理由から移植を拒絶することがある。その親は自分の子に自分と同じコミュニティのメンバーであってほしいと願い、さらに、家族の絆の一部として、デフであるという奥深い個人的な経験を共有してほしいと願うこともあるだろう。デフの親をもつ子が人工内耳手術を受けるなら、その子は、自分にとって最も身近な家族や、幼少期と青年期を通じて愛情に満ちた最善の支援と導きを与えうる人々から、自分が孤立していることに気づくかもしれない。その決断が親にとって悩ましい理由はたくさんあるけれど、少なくとも主たる不安のいくつかは、子がこの先にする経験がどういうものかに関わっている。そのなかには、子の能力にそういった変化が生じることで、親子関係がこの先どのような影響を受けるか、といったことも含まれている。

人工内耳の埋め込みにより授けられた音を耳にする能力には、大きな肯定的な価値があると、人工内耳の支持者たちは論じる。その際には、その価値はとても大きいためにデフ・コミュニティのメンバーたちに擁護される諸々の価値を上回ると、それとなく論じられているのだ(13)。デフ・コミュニティによる価値の位置づけは逆さまだというのが、その主張である。たとえその聴覚が標準的な聴覚とは異なるとしても、音を耳にすることができることの価値、それゆえ人工内耳手術を通じて聴者コミュニティで活動するメンバーになれることの価値は、とても高いものであり、そのためその価値は埋め込み手術に反対するデフ支持者たちの提示する価値や選好を上回っている、とされるのである。

かくして袋小路に陥る。どちらの側も、自分たちの価値と選好が尊重されなくてはならないと主張しているからだ。状況を複雑にしているのは次の事実である。それは、人工内耳が検討されている多くの場合、その親は自分ではなく自分の幼い子への埋め込みに関する決断をしようとしている、という事実であり、また、埋め込み手術は後戻りのできないものとなりうる、という事実である。そのため、埋め込むにせよ除去するにせよ、それが原因で、内耳の物理的な構造と聴覚能力に深刻な損傷が生じうる。そのため、人工内耳を埋め込まれた耳に残っている自然に音を聞く能力は何であれ、手術によって弱まったり、あるいは消え去りさえするかもしれない。

私が明らかにしたいのは次のことだ。デフの親がなす決断と、聴者の親がなす決断、人工内耳についてのこれらの決断はそれぞれ、認識を変容させる要素だけでなく、個人を変容させる要素も含んでいるのである。私の目的は、探究に値するもう一つの次元がこの議論にあると示すことだ。

この事例は、その構造についていくつかの点で、第2章で考察した事例に似ている。それは、味覚を未知の感覚能力と置き換えたいかどうかの決断をしなくてはならないという事例であった。子が重度の難聴である多くの場合、その子の親がデフであれば、聾である自分の子に埋め込み手術を受けさせるべきかどうかを決断する必要があるし、その子の親が生来ずっと耳が聞こえる人であっても、聾である自分の子に埋め込み手術を受けさせるべきかどうかを決断する必要がある。人工内耳を擁護する大事な議論の一つは、その子の主観的な未来、つまりその子の将来のありようや、あるいはその子がこの先実際にする経験のありようは、埋め込み手術を受ければよりよいものになるだろう、というものだ。つまり、その子がこの先する経験の主観的価値は、埋め込み手術を受けない場合よりも受ける場合の方が高いだろうと、人工内耳の支持者たちなら論じるだろう。他方で、埋め込み手術に反対する人々なら、正反対の結論を擁護するだろう。つまり、その子がこの先する経験の主観的価値は、埋め込み手術を受けない場合の方が高いだろう、と。

私の考えはこうだ。こうした経験は根本的に変容的なものであり、そのことは、当の子に生じうる諸帰結を合理的に評価するための人々の能力に影響を及ぼしうるのだが、こうしたことを理解することで、人工内耳をめぐる争点をどう考えるべきかについて、新たな次元が一つ加えられるのである。

とりわけ、当の選択に備わる変容的な性質が明らかになると、子どもの将来の経験の主観的価値をめぐる先ほどの議論を、そもそも親が合理的に評価できるものなのかが疑わしくなる。というのも、そういった議論をするなら、親は、自分が認識的にアクセスできない経験に価値を帰属させ、また同じく認識的にアクセスできない選好の変化を見定めるよう暗に求められるかもしれないからだ。聴者の観点からは、デフであることのありように認識的にアクセスできない。それを踏まえると、これまでデフであったことのない聴者コミュニティのメンバーである親は、デフ・コミュニティに属する聾のメンバーであるとはどういうことかについて、十分にはわかりえない。そのため、聾の子としてその子がこの先なしうる経験に、ひいては、デフ・コミュニティに属する聾のメンバーとしてその子がこの先なしうる経験に、その親は主観的価値を割り当てることができない。デフ・コミュニティに属するデフのメンバーであるという経験が他に類のないものだとすると、デフでない人、とりわけデフ・コミュニティに属する聾のメンバーでない人は、この種のデフ経験をするとはどういうことかがわかりえない。それゆえ、そうした人々は、その経験はこれこれだと自分で考えることをもとにして、そうしたデフ経験に主観的価値を割り当てることはできないし、デフである聾者が経験に基づいて抱く選好を見定めることもできないのである。[14]

しかしこのアクセス不可能性は、反対側でも完全に同じである。これまで耳が聞こえたことのない、あるいは「種に典型的な聴覚」のないデフの親は、聴者コミュニティに属する種に典型的な聴覚をもつメンバーであるとはどういうことかがわかりえない。つまりその親は、種に典型的な聴覚をもつ者として子がこの先なしうる経験に、主観的価値を割り当てることができないし、また、その子が聾のままだった場合の聾の子の選好（はこうなるだろうと、その親が認知的に思い描くもの）を特定して、その選好を、その子が耳の聞こえる者としてもつことになる選好と比べるのに、自分の経験上の知識を用いることはできない、ということなのだ。[15] デフ経験の事例は、普通のメアリーの事例の現実世界版だ。生まれたときから聾の人々と、生まれたときから耳の聞こえる人々は、白黒の部屋にいる普通のメアリーに似ている。メアリーは部屋を出るまで、色を見るとはどういうことかがわかりえず、また、色を見るという変容的な経験をしたら自分の選好がこの先どう展開するのかがわかりえない。まさにそれと同じように、聾の子をもつ親にはわかりえないことがある。というのもその親は、それに必要な経験をしたことがないからだ。

関連する種類のデフ経験に聴者の親が主観的価値を割り当てることができないのなら、その親は、その帰結の価値に認識的にアクセスできず、また、その親はその帰結の価値を、耳が聞こえる経験の主観的価値と合理的に比べることができない。さらに、デフ経験をするとはどういうことかがわからないのだとすれば、その親は、デフであることのありように基づく選好を算出できず、またそういった選好を、聴者であることのありように基づく選好と比べることができないのである。

聴者コミュニティのメンバーの（関連する）聴覚経験にデフの親が価値を割り当てることができないのなら、そのデフの親はその帰結の価値に認識的にアクセスできず、また、その親はその帰結の価値を、デフ経験の主観的価値と合理的に比べることができない。さらに、必要となる経験上の知識がその親には欠けているのだから、その聾の子の耳が聞こえるようになったとしたらその子の新しい価値と選好がどのようなものになるかを特定したり見定めたりすることが、その親にはできない。もしその子が埋め込み手術を受けて、聴者コミュニティのなかの聴者になるという変容的な経験をするならば、このことによってその子の選好は、種に典型的な聴覚をもったことのないデフの親が認知的に表したりモデル化したりできないような仕方で、変わることになるだろう。つまり、聴者の親とまったく同じく、そのデフの親は、いろいろな行為の候補に対する選好を比べることができないのである。

その子に人工内耳手術をするかどうかを決めるのは医療の専門家ではなく親であるべきだという、とても強い文化的・法的な前提があるため、埋め込みの決断は複雑になる。その親がこの困難な決断をするとき、手術をするかどうかの決定は、他の子たちへのそのような手術の成功とその問題を示す経験的データを考慮してなされなければならない。しかしその親はまた、自分の子がこの先得る主観的な福利と実際の経験について、自分自身の個人的な判断に照らしてデータを重みづけることもしなければならない[16]。

一般的には次のように述べられる。

親は子の意思決定者として、リスク、利得、代替治療、特定の子の疼痛耐性、その子の病歴や社会歴といった、あらゆる関連要因の重みづけを行なうはずだ。そして親はあらゆる事情を勘案したうえで、どんな方針であれ、その子に最善の利益をもたらす方針に沿って進めるはずだ。個々の子どもにとって最善の利益になるのは、ある特定の治療方針なのか、それとも治療をしないことなのか。それを決めるには、それぞれの要因の相対的な重要性を見定めなくてはならない。自律尊重の原理を第一とする臨床医と倫理学者は、次のように考える傾向がある。すなわち、その見定めは親に属する主観的なものであり、その親は治療の選択肢を見定めるにあたって、宗教や家族などにまつわる価値を考慮に入れる自由があるのだ、と。言い換えると、自律へのコミットメントは、意思決定者が本人か代理人かにかかわらず、価値中立性、つまり他人の選択に干渉してはならないという義務を通じて表現される。その決断によって将来その子に壊滅的な帰結がもたらされてしまうような稀な状況を除くと、自律へのコミットメントは、親の選択に従うことを求める。親は結局のところ、子にとって何が最善かを知りうる最良の立場にいる。それゆえ臨床医と倫理学者は、親がその子の最善の利益になるよう選択するとみなすだろう。

価値中立性を通じて表現される親の自律へのコミットメントは、多くの訴訟において明らかだ。それらの訴訟で法廷は、子の医療をめぐる親の選択について、それとは別の行為方針が医療的には推奨されるにもかかわらず、その選択に口出しすることを拒絶してきたのである[17]。

それゆえ、人工内耳の決断をとりまく社会規範が大きく変わらないと、その意思決定手続きを、人工内耳の成否をめぐる三人称的事実だけに基づく決断に変えることはとてもできない。だから通常の場合は、幼児に埋め込み手術を受けさせるべきかどうかを決断すべきなのは当の親であり、その親が決断するにあたっては、専門家の助言とデータを考慮しつつも、しかし最終的には自身がその状況に対して下す主観的な評価に依拠するはずである。

一人称的な視座の重要性は実際、多くの人々がインフォームド・コンセントを価値づけるときのやり方に組み込まれている。患者としての私こそが、自分の身体に起きることや自分が受けたい治療についての決断をしなくてはならない、まさにその当人なのである。そうやって、自分にとって何が最善かを決めるのだ。いくつかの説明によれば、私はそういった決断をする際に、次のようなことをしなくてはならない。すなわち、その特定の選択肢を選んだら自分の人生がどうよりよくなるかもしれないのかを踏まえて、それぞれの行為を選ぶことに関連するコストと利得を考察したうえで、自分の未来がどうあってほしいのか、どんなリスクを引き受ける用意があるのかについての自分自身の考えに照らして、ありうる諸帰結を重みづけるのである。その問題に決断を下すにあたって私は、他人の証言から報告される諸状態の確率と諸帰結の価値を用いるわけではない[18]。これはまさに第1章で、ヴァンパイアになるべきかどうかという想像上の、しかし示唆に富んだ決断を考察した際に行なった議論の一形態である。

その決断に伴う変容の認識的な要素と個人的な要素の双方について、同様のことが言える。人工内耳手術に伴う変容的な選択において親は、自分の子にとってまったく別々の可能な未来を生じさせる諸行為から選択することを求められる。そしてここで、それぞれの可能な未来によって表されるその子は、まったく異なる経験と中核的な個人的選好を備えた人物なのである。

埋め込み手術の決断に直面する際、人工内耳の埋め込みによって自分の子がこの先どう変わるのかがデフの親にはわからない。つまり、人工内耳手術を受けた後に自分の子が持つことになる聴覚経験と新たな選好について、それらを持つとどういうことになるのかがそのデフの親にはわからないのである。また、人工内耳の埋め込みによって自分の子がこの先どう変わるのかは、聴者の親にだってわからない。つまり、人工内耳手術を自分の子が受けなかった場合に持つことになるデフ経験とその選好について、それらを持つとどういうことになるのかがその聴者の親にはわからないのである。要するに、その子が人工内耳をして成長するとどういうことになるのか、また人工内耳なしに成長するとどういうことになるのか、これらを比べることで、どちらの経験的視座が好ましく、それに付随して生じる選好の集まりのどちらが好ましいかを決めることは、どちらのタイプの親にもできない、ということである。デフの人物の価値・経験・選好が好ましいのだろうか、それとも、聴者の価値・経験・選好が好ましいのだろうか。デフの親は、デフ経験に関する自分自身の選好と一致するように選択すべきだろうか、それとも、デフの親はとにかく、自分の子が聴者として持つことになる選好を考慮に入れるものなのだろうか。聴者の親は、聴覚経験に関する自分自身の選好と一致するように選択すべきなのだろうか、それとも、その親はとにかく、自分の子がデフとして持つことになる選好を考慮に入れるものなのだろうか。

私たちが自分の主観的な見方でこういった決断をすることを重要だと考えているということを踏まえると、新たな次元が一つ浮き彫りになる。そこでは、聾の子をもつ親は、意思決定にまつわる奥深い困難な苦境に陥っているとみなされうるのだ。子がこの先実際になしうる経験に伴う主観的価値と選好を親が比べるはずだという見通しに大きく基づいて、人工内耳を埋め込む決断がなされるのなら、その場合に合理的に行為するための規範的な手引きはありえない。というのも、親が、自分には認識的にアクセスできない価値と選好を考慮に入れるはずだというのであれば、そういった選択がどうやって合理的に正当化されうるのかが定かでないからである。そして、ありうるなかで最善の帰結が結果としてもたらされるように合理的にこんな選択ができればよいと思われる、そんな選択が何かあるとすれば、それは、その人の子の未来のありようや特徴に、根本から影響を与えるような選択となるであろう。

私の議論は、人工内耳をめぐる論争が、これまで明示的にあるいは完全には認められてこなかった仕方で複雑なものなのかもしれない、ということを浮き彫りにしようとしている。(当の論争が実際にそういった道筋に沿って展開してきたと論じているわけではない。) 変容的な意思決定が伴うという事実が意味するのは、その争点に純粋に認識的な次元があるということ、またそれは人間の心の限界に関する奥深く広範な事実に由来する次元だということである。ここでは単に、デフ・カルチャーの社会的価値と子の人格権を比べているわけではない。またそこでは、決断を下す側、たとえばデフの親の側が「正しい決断をする」よう説得されたり、あるいはそう強いられたりしなくてはならないと言いたいわけではない。

私の議論が示唆するのは、人工内耳をめぐる議論についての私たちの理解は、新たな仕方で展開されうるということなのだ。それ自体に価値のある他に類のない文化のメンバーであることよりも、音を聞く身体能力に優先権を与えるべきなのか、といった問いよりも多くのことが、ここでの争点には含まれている[19]。この議論には、次のような問いが伴うとも理解されうるわけである。つまり、なるべく自然な仕方で争点を設定しようとすると、ある人の子どもが主観的な未来をどのように経験するかを確定するような様々な行為のなかから選択するということになるが、そうすると、親が合理的に物事を進めるのを妨げるような設定になってしまうのではないかという問いである。こう言い換えることもできる。たとえばデフ・コミュニティに属する聾のメンバーである可能性と、聴者コミュニティに属する聴者のメンバーになる可能性のように、それぞれの可能性のもとでその子がこの先実際に経験すると想像されるものを思い描くことによって選択をしたい、そう望む傾向が、私たちには自然にある。しかしこの傾向は、合理的な選択を認めるような決断の構造を、私たちに与えてくれないのである[20]。

人工内耳についての私の議論は、現れに関わる種々の受容能力を基盤としてなしうることの違いをめぐる他の論争にも影響を及ぼす。認知神経科学の近年の研究、たとえば一見別々に見える感覚様相が実際にどう絡み合っているかを示す研究を踏まえると、この争点は、思われているよりもはるかに差し迫ったものだ。

言い換えると、新たな感覚能力を加えることは常に、何らかの類いのトレード・オフ、たいていの場合は感覚のトレード・オフを伴うのである。またそこに間違いなく伴うのは、認知的な現れのなかでも感覚以外の特徴に関わる重大な変化とトレード・オフである。たとえば、ものを目にする経験と音を耳にする経験は、その感覚処理が別個ではないために、完全に分けることはできない。眼球運動はある人が耳にする音に影響を与える。というのも脳は、眼球運動に由来する刺激をはじめ、聴覚刺激を含む数ある刺激を組み合わせて、私たちが耳にする音を構築する（あるいは言い換えると、私たちが経験する音の表象を構築する）からだ。[21]

視覚と聴覚の対応関係は、頭に対する眼球の位置によって左右されるし、また、脳は、別々の感覚経験をただまとめることで全体としての経験を組み立てているわけではない。外部世界への私たちの認知的な反応は、まったく別々の外部刺激に応じる別個のプロセスに従事することで独立した感覚経験が生み出され、そのうえで知覚主体がそれらをただひとまとめにする、という仕組みにはなっていない。むしろ、別々のタイプの刺激が組み合わされたり解釈されたりすることで、全体としての意識経験が生み出されるのである。たとえば、普通に音を耳にしたりものを目にしたりする場合、その人の脳は、単に聴覚刺激を聴覚経験へ、視覚刺激を視覚経験へと処理して働くわけではない。そうではなく、視覚刺激と聴覚刺激はひとまとめに処理・解釈され、そうしてその人の聴覚経験をつくりだすのである。ここからとりわけ含意されるのは、人々の眼球運動は視覚映像に固定させられているわけではないのだから、盲人たちは、ものを見ることのできる人々とは異なるかたちで音を経験する、ということだ。

このことは、特定の感覚能力のある人々とない人々との間に、深刻な経験上の相違がありうることを浮き彫りにする。ただ目を閉じるだけでは、盲目であるとはどういうことかがあなたにはわかりえない。経験が構築されるときの全体論的な性質が意味するのは、別々の感覚能力をした人々の間の経験の違いが、種類における違いだということだ。

意識の最も基本的なレベルでは、生まれつき盲目ないし聾の人の一人称的な経験と、目が見えて耳が聞こえる人の一人称的な経験とは種類においてまったく異なる。経験的に言って、このことに疑問の余地はない。目の見えない人と目の見える人との間の一人称的な経験における違いは、目の見える子どもの認知的な発達において視覚が中心的な役割を果たすことからも明らかだ。

子どもたちは、形を目にしたり、柔らかさを感じたり、音を聞いたりするような諸感覚を通じて世界について学ぶ。……目の見える子どもと違って、目の見えない子どもは、肌の色や顔つきを目にすることはないし、他者の視線を追いかけることもなく、山やゾウ、あるいは揺らめく火を目にすることもない。また、自分のそばで二人の人が抱擁しているという事実に、彼らはほとんどアクセスできない。目の見えない幼児は、物体、行為、他者の知覚状態を観察する機会が限られている。そういった子どもたちは、顔の表情や視線へのアクセスをもたないし、一人称的な視覚経験を、周囲の目の見える人々と共有することもない。[23]

目が見えないというのはどういうことかを理解することは、あなた自身の目が見えないのでないなら、ものを目にするときのありようを自分の経験から想像において差し引いて済む話ではない。聾であるというのはどういうことかを理解することは、あなた自身が聾でないなら、耳が聞こえるときのありようを自分の経験から想像において差し引いて済む話ではない。私たちの経験の種類の違いは、外部刺激に由来する経験が意識にのぼる前に全体論的に構築されることを踏まえると、当該個人の文化的・知的な経験から生まれるだけでなく、当の種類の経験が純粋に現れとして違っていることからも生まれる。これが実情だとすれば、主要な感覚能力が失われるところを想像する私たちの力は、新たな感覚能力が備わるところを想像する力と同じくらい、限られたものかもしれない。

したがって、味覚をまったく新しい感覚様相と交換するという第2章で取り上げた事例は架空のものだったけれど、それは、変容的な決断に伴って実生活において認識に起こりうることをモデル化したものだ。実生活で起こりうることとしては、身体のエンハンスメントを検討している人が直面する決断[24]、目が見えるようになる手術を検討している目の見えない人が直面する決断、あるいは、聴者になる手術を検討しているデフの人が直面する決断がある[25]。

子をもつ選択をすること

ものを見たり音を聞いたりする能力についての事例は、第2章で論じた普通のメアリーの例と明らかにつながりがある。しかし、変容的な選択を伴う大きな決断には、他のタイプのものもある。子をもつ決断を考えてみよう[26]。これは、少なくとも、現代において多くの社会がそう位置づけているように、あらゆる事情を勘案したうえで親になりたいかどうかを熟慮することでアプローチすべき決断である。

以下のシナリオを想像してみよう。あなたには子がいない。しかし、子をもってもよい頃かもしれないと思うようになった。あなたはパートナーとそのことを話し合い、自分たちの選択肢をよく考えてみる。他ならぬ自分の子をもつとしたらどうなるかを思い描き、それを、子がいないままだとしたらこうなると自分に思われることと比べることで、子をもつ選択とそこから生じる帰結をじっくり検討する。慎重に考えた後、あなたは自分の決断を下す。

第2章で私はこの種の熟慮を、認知的なモデル化という観点から説明した。子をもつことから生じる帰結を想像したりシミュレートしたりすることで、子をもつとしたらどうなるかを描き出そうとするのは、とても自然なことだ。またこのときあなたはもしかしたら、重荷なく人生を過ごすとどうなるかを見定めるために、子がいないままでいるときのありようから生じる帰結を想像力をもって描き出すかもしれない。多くの人々は、子をもつと決めるときにこうした手続きを用いているし、子をもたないままでいようと決めるときにもそれを用いている。

上記のシナリオにおいて、あなたの選択の下し方は文化的な規範に則っている。その規範のもとでは、カップルは、子をもとうと決める前に、自分の未来の生活がどうなってほしいかを慎重かつ明確に考えるよう迫られる。これから親になろうとする多くの人々が、子をもちたいと心から思うがゆえに赤ちゃんを産むことを決めるとき、その根元にあるのは、親であるという実際の経験によって自分の人生はより満たされた、より幸福な、より意味あるものになるだろうという（おそらくはボンヤリした）感覚である。自分が決断を下すために、子をもつとしたらどうなるかを思い描くというプロセスは、裕福な中流家庭の親だけが行なうものではない。未婚の母になることを真剣に考えているとても若い母親たちを含む、たくさんの貧しい女性たちもまた、子をもつことをアイデンティティと意味の主要な源泉だとみなしているし、そういった女性たちは同じように、自分が母親であるところを思い描くことで熟慮するのだ。これは証拠のある話だ。「いつ子をもつか、誰と子をもつか、その子はどんな感じか、こうした子をめぐる考えは、しばしば夢と希望をひきつける[27]」。女性たちはさらに、これから父になる人物と今より親しい関係になるところを思い描くかもしれないし、子をもつことでそういった帰結にうまくたどり着くことができると考えるかもしれない。

もちろん、子をもつ選択をする事態にあると気づくような状況は、他にもたくさんありうるだろう。ことによると、その妊娠は予定されたものではなかったのだけれど、今や自分が妊娠しているとわかっているのだから、その妊娠を続けるかどうかを選択しなくてはならないのかもしれない[28]。こんな状況においてあなたが熟慮するとき、その熟慮に当然普通に含まれるのは、次のことだ。すなわち、自分にこの子がいるとしたらどういうことになると思われるか、またそこから生じることを受け入れる用意が自分にあるのかどうかをじっくり検討し、それを、子がいないとしたらこうなると思われることと比べるのである。

本節では、乳児を身体的に産む経験、その直後の時期の経験、さらに時間的に広がりのある、その子を幼少から大人になるまで育てる経験に、議論の焦点を当てることにしよう。もちろん、たとえば養子縁組のように、子を身体的に産むことなく親になる選択をすることもできる。子を身体的に産むことなく親になる経験については、次節で論じることにしよう。

第一子をもつ選択について熟慮するとき、これから親になる人々は、自分の生活がどうなってほしいのか、自分で自分のことをどんな種類の人物だと理解しているのかを、じっくり検討する。これから親になる人々に示される数々の手引きは、すでに幸せな生活が赤ん坊が生まれることでこの先さらに幸せになるかどうかを人々は自問する、ということを示唆している。またその手引きは、これから親になる人々に、たとえば次のようなことをじっくり検討するように迫る。五年十年で自分はどうなると思うのか。望んでこの世に送り出す人間の世話をして育てる準備が自分にはあると感じているか。自分は幸せで満ち足りた母（ないし父）になると思うか。他ならぬ自分の赤ちゃんが生まれることで、人生はもっと意味あるものになるだろうか。親であることにまつわるトレード・オフを受け入れる用意が自分にはあるか。現在のキャリア・プラン、それとも他の個人的な計画を続けたいだろうか、等々。

子をもちたい、だって赤ちゃんは自分たちの生活を愛で満たしてくれるだろうし、また自分とは別の誰かに愛されて必要とされたいのだから、と考える人々がいる。母親であることは、この上ない満足をもたらす使命なのだと考える人々もいる。[29] しかし、親となることを避ける決断に解放を見いだす人々もいる。そういった人々は、子育てを幸福ないし自己実現と同一視する想定を拒絶し、子をもたず幸せに暮らすことに疑いや哀れみの目を向ける人々に対して異議を申し立てる。何かしら意見の一致があるとすれば、これから親になる者として、あなたはこういった争点を極めて慎重に検討すべきだし、この種の人生が自分のためになるかどうかを決断すべきだ、という考えくらいのものである。

もちろん多くの人々は、その選択に自分自身の関心を超える大事な意味があるとわかっている。しかし、その決断には私的な個人的要素が必然的に伴うと考えられ、そのためそれは、これから親になる人々の観点から最もうまく下される決断なのである。親は（普通は）自分たちがもうける子に主たる責任を負うものなので、とりわけ現代では自分自身の子に個人的な責任を負うことが強調されるのを踏まえると、この先起こりうる経験の諸価値を慎重に重みづける選択を個人的にするという観点から、その決断を捉えるのが適切だと思われる。それゆえ、他の非主観的な価値が大事でないわけではないけれど、あなた自身の人生や、子を産む可能性のことになると、自分が進んで引き受けようと思う重責に関わる主観的価値や選好、自分にその意思のあるトレード・オフや犠牲、その他、実際に親になる経験とはこうだと自分でみなしている特徴が、当の熟慮において中心的な役割を果たさなければならないのだ。[30]

意思決定理論の言葉で言うと、あなたは子をもつべきかどうかを決断する際に、自分と自分のパートナーにとってのその行為の期待値を基礎に置いている。子をもつとしたらどうなるのか、それによって自分と自分のパートナーは将来どのように変わるのか、それはあなたの人生の他の部分にどんな影響をもたらすのか、あなたはこういったことについて考えるべきであり、そうすることであなたは、関連する諸帰結の主観的価値を見定められるのだ。その熟考は、完全に合理的な行為主体ができるほどには詳細でも正確でもないが、たとえそうだとしても、だいたいこのようなアプローチによって、この極めて大事な決断に対して、本気で、冷静沈着に、注意深く、合理的な規範のもとでアプローチしようとするときの私たちの普段のやり方がはっきりと示されるのである。

この事例での熟慮に際して、選択は、自分自身の子をもつこととももたないことの間で行われる。自分の子をもつ行為の場合、関連する諸帰結は、あなたが子をもつときのそのありように関する経験である。その経験には、自分の子をもつことから直接間接に生じるような信念・欲求・情動・傾向をもつときのありようが含まれる。そして、関連する主観的価値は、これらの経験によって決まる。子をもたないままでいるという行為の場合、関連する諸帰結は、子のいない人生をあなたが過ごすときのありようによって決まる主観的価値を備えている。子をもたないとはつまり、子をもつ場合に将来あなたに生じる経験とはまったく異なる経験をするだろう、ということだ。そして、子をもたないことで結果的に、他の事情が等しく、子がいないままであれば、あなたはもっと眠れて経済的なコストもかなり少なくて済むといったことが生じるのだ。問題の決断をこのように捉えるのは、常識的な観点からして驚くべきことでも、まれなことでもない。

もちろん、子をもつもたないに伴う価値には、他にも、その土地の人口動勢や環境といったたくさんのものが関わるだろう。しかし、ここでの主たる焦点は、そういった外部要因ないし個人とは関係のない要因からおおむね独立に、自分の子をもちたいと願うかどうかを決断しようとしている行為主体に当てられる。この場合、子をもつことに関わる選択に由来する経験に備わる主観的価値が、子を産む決断において中心的な役割を果たすことになる。

経験上の帰結に備わる主観的価値は、たとえそれよりも広い範囲の価値を考慮するとしても、依然として重要である。というのも、範囲がより広い場合であっても、子をもつ選択の期待値を決定するには、その行為主体が自身の子をもつときのありように備わる主観的価値を評価しなくてはならないからだ。たとえば、あなたが子をもつ選択をするのは、自分のＤＮＡのいくらかを未来の世代に伝えたいと望んでいるからかもしれない。しかし、この欲求を満たすことの価値は、他の帰結の主観的価値と比較検討されなくてはならない。往々にしてあることだけれど、あなたが自分自身で子を産むときのありように備わる主観的価値が十分に肯定的ないし否定的なものだとすれば、その主観的価値が、遺伝的な痕跡を残したいという欲求を満たすことの価値を圧倒することだってありうるだろう。

選択をするときには、いつものように、私たちは規範的な基準を満たすように努めたいと思っている。合理的に選択するにはまず、関連する帰結それぞれのだいたいの価値を定め、それから、世界で関連状態の生じることになる確率を踏まえて、それぞれの帰結の価値を重みづけて特定する。そして、この情報を用いてそれぞれの行為の期待値を見積もって、期待値が最も高い行為を選択するのである。

それゆえこのシナリオだと、第一子をもつべきかどうかについて熟慮するとき、それを合理的に行なうためには（少なくともだいたいのところでは）次のようなことをしなければならない。すなわち、子をもつかもたないままでいるかの選択に由来する諸帰結の主観的価値を見定めて、関連する確率を特定し、期待される自分の主観的価値を最大化するような行為を同定し、そのうえで自分の選好に沿った行為をする。つまり、期待される主観的価値が最も高くなる行為を選択するわけだ。しかし問題は、このようにして問いにアプローチしようとすると、変容的な選択の構造をした決断に自分が直面しているのに気づくことになる、ということだ。

なぜか。ある人が子をもってしまう以前の時点では、その人は、白黒の部屋から出る前の普通のメアリーが置かれていたのと似た認識状況にあるからだ。メアリーが白黒の部屋を出る選択をして初めて色を目にするとき、彼女は認識を変容させる経験をするということを思い出そう。彼女は、部屋を出る前にはわかりえなかったであろうことを学ぶのである。部屋を出て初めて赤色を目にしたときに彼女が学ぶものは、彼女が経験からしか学びえないであろうこと、つまり赤色を目にするときのそのありようなのだ。

彼女の手元にある経験と情報が限られているため、彼女は部屋を出る前の時点で、未来が主観的にまったく予測できない事態に直面する。赤色を目にする前には赤色を目にするとどうなるかがメアリーにはわからない、というだけではなく、自分が赤色を目にするときのそのありようが原因となって、この先どんな情動・信念・欲求・傾向が生じるのかも、彼女にはわからないのだ。もしかしたら彼女は嬉しさや強い喜びを感じるかもしれない。あるいはもしかしたら恐怖や絶望を感じるかもしれない。あるいはもしかしたら……などなど。こういった新たな情動はすべて、それがどんなものであれ、色を目にすることについての彼女の選好を変えてしまうだろう。もしかしたら赤色は彼女の好きな色となるかもしれない。あるいは、彼女は部屋に走って戻って、二度とその部屋を出ようとしないかもしれない。自分の行為から経験上生じる諸帰結に備わる主観的価値が、彼女にはわからない。それゆえ彼女は、その主観的価値を予測することができない。さらに、その経験の結果として自分の選好が将来どう変わるのかもわからないのである。

これから親になる人は、第一子をもつまでは、これと同じ種類の状況にある。メアリーは、白黒の部屋を出るまでは色を目にすることのありようがわからない。そんなメアリーとまったく同じように、これから親になる人は、実際に自分の子をもつまでは、他ならぬ自分自身の子をもつとはどういうことかがわからないのである。

どうしてこんなことが起こりうるのだろう。この先どんな心構えをもつべきかを妊娠女性とそのパートナーに伝えようとする本は、何しろたくさんある。他の親たちやこれから祖父母になる人々は、経験談で楽しませてくれる。地元の病院では出産授業だって提供されているのだ。

しかし、言葉での説明、他人の証言、深呼吸の練習といったものは、助けにならないだろう。それらは、自分の子をもつ経験を実際にするとはこういうことだよと、あなたにうまく教えてくれるわけではない。この点で、あなたが赤色を目にするとはこういうことだよとメアリーに教えようとする説明と大差がない[31]。他の子と接する経験でさえ、自分自身の子をもつとはどういうことかをあなたに教えてくれないだろう。これから親になる人々には姪や甥がいるかもしれないし、そういった人々はおむつを替えて赤ちゃんの世話をしているかもしれない。また、自分よりもはるかに若いきょうだいがいて、そのきょうだいを世話しているかもしれない。しかし多くの親がわかっているように、自分の子については、あなたはそれとは異なる印象をもつのだ。

こういった経験はどれも、小さい子を世話するとはどういうことかについて、あなたに何事かを教えることができるけれども、他ならぬ自分自身の子をもつとはどういうことかを教えてくれることはないだろう。なぜか。自分自身の子を身ごもり、産み、そして愛着を感じるようになるという変容的な経験をするときのありようを、それは教えてくれないからだ。少なくとも通常の場合、あなたが子をもつ女性だとすれば、その子を育み、身ごもり、出産するときに、独自の他に類のない経験をするのである。そしてその過程で、自分の産む実際の新生児に、それに特有で独自の他に類のない愛着を形成するのである[32]。男性も部分的には同じような経験をするけれど、その経験には子を身ごもって産むことが伴わない。どちらの親にとっても、通常の場合、子を育てるにつれてその愛着は深まり、強いものとなる。

なぜそういった経験は他に類のないものなのだろうか。一つには、自分自身の子を身体的に産むことは、人間としてなしうる他のどんな経験とも似ていないからである。通常の妊娠においては、母親として、その子を自分の体内で育み、出産プロセスの一段階としてその赤ちゃんを産むことになる。父親としてあなたは、自分の遺伝物質を提供し、自分のパートナーの体内でその子が育つのを見守ることになる。新生児が生まれると、どちらの親も劇的なホルモンの変化を経験し、別の新たな生理状態に入る。それらすべてに促され、子の誕生に伴って生じる強烈な情動の現れが物理的に実現される。こういった経験は、愛着関係の形成と強化に寄与する。あなたとあなたの子の間に認められる愛着の根本に関わるさらなる特徴は、親であるという経験に劇的な影響を及ぼすものだが、それは、あなたが実際に産む子に固有の性質によって決まる。以上のすべてから、第一子をもつという他に類のない経験が生じるのである。自分自身の子をもつまでにあなたが発見することになる経験には、少なくとも二種類ある。一つは、子をもつことに伴う種類の経験である。もう一つは、あなたが実際にもつことになる当のその子をもつことに伴う種類の経験である。[33]

こういった経験は現れとして劇的なものだと感じること、とりわけ自分の赤ちゃんが誕生し、その生まれたての赤ちゃんと出会う経験がそうだと感じるのは、普通のことだ。それは、母親にとってとりわけ強烈なものかもしれないが、父親にとっても極めて強烈なものでありうる。「気乗りしない父親」でさえ「出産という魔法の瞬間に救済を見いだす。……子は、ひとたび生まれると、その父親の情動を強く引きつけうる[34]」。

子をもつことは、当の子を身ごもり、産み、愛着を感じるようになることだとされており、それは他に類のない種類の経験である。それが意味するのは、第一子をもつ経験は認識を変容させるということだ。[35] あなたとあなたの子の間にある愛着関係は、それに付随する性質やそれができるまでのプロセスと合わさって、新米の親が経験する親の愛情という特別で強烈で独特の気持ちにとっての基盤となり、また、その子を大人になるまで育てるという、時間的な広がりをもつ経験の主観的価値にとって、その基盤になるのである。

その新たな経験が独特の特徴をもつことには、純粋に生物学的な理由があるのかもしれない。身ごもること、出産することなどの生物学的な変化は、その親、とりわけその子を宿す母親に、物理的に新たな状態をもたらす一因となる。そして今度は、その状態が原因となってそうした様々な新たな経験が生じ現実のものとなるのである。出産後であっても、回復するときや、授乳して子の世話をするときには、母親は、ホルモンの変化などの莫大な生物学的変化を経験し続ける。その一方で、新米の父親もまた、大きな物理的変化を被り続ける。進化心理学の愛好者はこう考えるかもしれない。自分の子孫に強烈に感じられる愛着には、それを生み出す生理的な変化と物理的な状態があり、その変化と状態には生物学的な役割があるのだ、と。

　先に述べたように、その新たな経験が他に類のないものであることには別の原因がある。その原因とは、ひとたび子が存在するようになったときの、その子自身である。あなた自身の子を含めて、どんな子にも独自の形質がある。そういった形質は、この子が自分の子だとあなたにわかっているという認識的な事実と一緒になって、あなたが感じる愛着の特質と強さに影響を及ぼしうる。[36]子をもってしまうまでは、親になるとどういうことになるかがあなたにはわかりえないのなら、自分の子がもつことになる、その子に固有の性質があなたにはわかりえないというお馴染みの事実は、それによってはるかに顕著なものとなるだろう。[37]親になるとどういうことになるかがあなたにはわかりえないというのは事実だけれど、それだけでなく、自分が産むことになる、まさにその子の親になるとどういうことになるかが、あなたにはわかりえないのである。[38]それゆえ、親になる選択をするのだとして、その選択をするとき、あなたには一般的な意味で親になるとどういうことになるかがわからないだけではなく、結果として自分がこの先もつことになる当のその子をもつとどういうことになるかも、あなたにはわからないのだ。しかし、未来の自分の子に固有の諸性質、その子の傾向や体質、健康状態や身体能力、認知的・情動的な資質は、親としてのあなたの人生に莫大な影響を及ぼすだろう。[39]あなたが起きて生活する多くの時間のありようは、あなたが産む実際の子の特徴から直接的な影響を受けるような経験から構成されるだろう。

　ともかく、あなたの意識に新たに現れるものの主たる基盤となっているのは、単に子を産むという経験なのだろうか、それとも、他ならぬその子を産むことに特有の経験なのだろうか、それとも、親の愛を初めて経験することなのだろうか、[40]それとも、新たな意識状態を実現するような新たな物理的状態にあることなのだろうか、はたまた、これらすべてを含む、何か複雑に混じり合ったものなのだろうか。それがどうあれ、あなたが親になるとき、あなたはこれまでにしたことのない経験をする。そしてその経験は、認識として他に類のない特徴があり、また通常の場合、長期にわたる強烈な、その子への愛着を生み出すものなのだ[41]。

さて、子をもつことは、根本から新しい経験だということに尽きない。多くの人々にとって、それは人生を変える経験でもある。それは素晴らしいこと、喜びに満ちたこと、あるいは幸せなことかもしれない。いや、そうでないかもしれない。とはいえそれがどうあれ、それは通常とても強烈なものであり、子をもちそのことに普通の反応をする人々は、その子が生まれた後、まったく別の視座や選好をもっている自分に気づくことになる。つまり、多くの人々にとって、子をもつことは、認識を変容させる経験であると同時に、個人を変容させる経験でもあるのだ。あなたの選好は変わることになる。自分の人生をどう過ごすかが、変わることになる。自分の気にかける対象や相手が、変わることになる[42]。

そして厄介なことに、子をもつことは認識を変容させることでもあるのだから、自分の核となる選好の多くがこの先どう展開するか、あなたにはわからない。ひとたび子をもつと、あなたは自分のキャリアや学歴をそれほど気にしなくなるだろうか。あなたの本職の仕事は依然としてあなたのアイデンティティを決定づけるだろうか。あなたは、自分の子の福利を自分自身の福利よりも重視するだろうか。自分のネコを同じくらいかわいがるだろうか。自分のパートナーをもっと愛するだろうか、あまり愛さなくなるだろうか。

そんなことはわかるはずもない。それは、あなたが自分の子をもつときのありように左右される[43]。それゆえ、自分が親になるべきかどうかの選択に直面するとき、親になるとどういうことになるのかあなたにはわかりえないし、自分が親として気にかける物事を経験したりそれを価値づけたりするとどういうことになるのか、あなたにはわかりえない。あるいは最終的には、自分の選好がこの先どうなるのか、少なくとも詳細な形ではわかりえない。自分自身の未来についてあなたが今もっている選好のほとんどは、自分の子の未来について新たに形づくられる選好に負かされて、消え失せさえするかもしれないのである。

第一子をもつというのは、多くの点で、ヴァンパイアになることに似ているというのが、私の結論だ(44)。

以下のことを認めれば、私たちにはこのことが理解できる。第一に、決断を下すに当たっては、その決断から生じうる諸帰結の主観的価値として重みづけられたものに基づいて、つまり、その行為の期待値に基づいて決断したいと、あなたは願っている。第二に、子をもつとは認識を変容させる経験なのだから、実際に子をもつまでは、その子をもつときの将来のありように備わる主観的価値を特定することが、あなたにはできない。そして最後に、自分の子に対して形成する愛着が十分に強いものであれば、その経験は個人を変容させるものであり、したがってあなたの核となる選好が変わることになるが、それがこの先どう変わるかをあなたは認知的にモデル化できない。というのも、自分の子をもつとどういうことになるかがあなたにはわかりえないからだ。

結果として、あなたが子をもつなら、そしてあなたの経験が認識と個人の両方を変容させるなら、あなたの認識状態の多くは、主観的に見積もることのできない仕方で変わることになり、その変化の多くは個人的に強烈で、圧倒的で、人生を変えるようなものとなるだろう。

このことはつまり、あなたや、これまで記してきたような仕方で子をもつことを熟慮するどんな人も、深遠なジレンマに直面する、ということだ。子をもつことであなたは、劇的に新しい種類の経験に、一人称的に通じるようになり、そして、自分が今気にかけているのとはまったく違うことを気にかける人物へと、あなたをおそらくこの先変えてしまうような経験をすることになる。しかしあなたが子をもつまでは、この経験がどんなものになるのか、あるいは、それが将来あなたをどう変えるのかについての本質的な詳細の多くが、一人称的な視座からはわかりえないのである。というのも、その主観的価値は、あなたが自分の子を後戻りできない形でもうけたときに初めて明かされるだろうからだ。

子をもつときのありようを経験しない限り、子をもつべきかどうかを一人称的な視座から選択することに直面する際、あなたは、認識的にまったくの無知の立場から、その選択に直面することになる。あなたは、その意思決定問題の状態空間がどんな形をしているかを、問題にふさわしい仕方で記述したり表したりすることができない。その状態空間を構成する諸帰結についても同様である。十分な情報を得たうえで主観的価値を諸帰結に割り当てるのに必要な仕方では、状態空間のこれらの特徴をあなたは記述することができず、また、これらの諸帰結に必要な状態を特定することもできない。これまでの自分の経験を用いて、自分の選好がこの先どう展開するかを予測することもできないし、「自分の信念と両立可能な確率関数の集合」(representor) からいずれの確率(ないし信憑度)関数を消去することもできない。それゆえあなたは、これまで記述してきたような仕方では決断できない。少なくとも、合理性の規範的基準を満たしたいのであれば、そういった仕方では決断できないのである。これはつまり、その選択を合理的に行ないたいとしても、文化的に承認された通常の主観に基づくアプローチは、子をもつことのためには使えないということだ。親としての実際の経験に伴う諸帰結が生じるとしたらどのようなものになるのかを思い描くことで、子をもつべきかどうかを熟慮するといったアプローチは、あなたには使えないのである。

ここでの教訓は、子をもつ決断を合理的に行なうことは決してできない、ということではない。教訓はこうだ。あなたがこれまでに子をもったことがないのなら、自分の子をもつとしたらこうなるだろうということに基づいて諸帰結を想像し、それらの帰結に主観的価値を割り当て、そのうえでそれに基づいて自分の選好をモデル化することによって、十分な情報に基づいた合理的な決断をすることは不可能なのだ。こういった実際の経験に関する諸帰結を認知的にモデル化し、それらに主観的価値を割り当て、自分の現在や未来の選好を特定して、そのうえで期待される主観的価値を最大化するよう選択することによって事を先に進めていくことはできない。というのも、その経験の変容的な本質によってこのアプローチの行く手が阻まれてしまうからだ。したがって、この問いにアプローチする通常の自然なやり方では、原理的な理由からして、規範的な合理的基準を満たすことができない。というのも、実際のところ、あなたは望まれる諸帰結を評価するための証拠が不十分なままで事を進めているからだ。結果として、あなたは人生最大の決断の一つを、本来こうするものだと自分で思っているような、自然な熟慮を伴うやり方で合理的に下すことができないのである。

それゆえ、子をもつとしたらどういうことになると自分に思われるかに基づいて、子をもつかどうかの決断を合理的に下すことはできない。また、子をもつことで、自分や自分のパートナーに関する選好、さらに自分の人生のそれ以外の部分に関する選好が受ける影響に基づいても、子をもつかどうかの決断を合理的に下すことはできない。こういった決断は、十分な情報に適切に基づいて下せはしない。だからといってあなたは、それを使って、子をもたずにいることを合理的に選択することもできない。それにもかかわらず、あなたはともかく選択しなくてはならないのだ。選択を避けることもまた選択するということなのだから。

ではなぜ一般にここで誤解が生じてしまったのか。子をもつ選択についての一般的な考え方は、選択を通じて個人が心理的に発達するのだという、現代的な理想に由来しているのではないかと私は考えている。つまりこういうことだ。現代の自己実現という考え方に伴うのは、こんなふうに生きたいと願っている類いの人生について反省的で合理的な選択をし、それを通じて最大限の自己達成のようなものを実現するという考えである。そして、子をもつ（もたない）選択は、そういった選択の範型的な事例とみなされるのである。中絶や避妊技術の医療的進歩をめぐる議論に見られるレトリックもまた、子をもつ決断を個人の熟慮を伴う選択として形づくることにおそらく貢献してきた。とはいえ、反省的な選択を通じて個人的な達成と自己実現を行なうという考えは、自分で野菜を育てる選択をするか、どんな音楽を聴くか、ヨガをするかといったことには適切かもしれないが、それは子をもとうとする選択にはふさわしくないのだ。

こうした状況は、これまで考察してきたような、変容の文脈で熟慮を伴う選択をする他の事例と完全に同傾向のものだ。あなたが聾ではなく、これまでもそうでなかったのなら、耳が聞こえるときのありようの方が聾であるときのありようよりもよいという信念に基づいて自分の子に人工内耳手術を受けさせる選択をするとしても、あなたは合理的な意思決定の規範的基準に従うことができない。また、あなたが聾者で、種に典型的な聴覚がなく、これまでもずっとそれがなかったのなら、自分の子が聾であるときのありようの方がその子に耳が聞こえるとしたときのありようよりもよいという信念に基づいてその子に人工内耳手術を受けさせるのを拒絶するとしても、あなたは合理的な意思決定の規範的基準に従うことができない。こういった事例では、正しい種類の証拠にアクセスしないと、十分な情報に基づく合理的決断を下しえないのである。

規範的な基準を満たしうるような変容的な決断の下し方は、他にあるのだろうか。答えはイエスだ。そういった決断の一つのやり方は、主観的な熟慮なしで済ませること、それゆえ主観的価値を伴う決断をまったくなしで済ませてしまうことである。

子をもつ選択の事例を使って、この戦略を見てみよう。かつては、非主観的な事実や状況は、親になるまでの因果プロセスにおいてはるかに大きな役割を果たしていた。避妊具が広く利用される以前は、熟慮は今と同じ役割を果たしていなかった。往々にしてあなたは、ただ子をもつことになったのだ。そして子をもつ選択をあなたが能動的に行なうと言っても、それはたいてい、跡継ぎが自分に必要だったからとか、農場の働き手がもっとほしかったからとか、何であれそういったことが理由だったのである。しかしこれは現代のアプローチではない。あなたが、豊かな現代西洋文化を担う一人として、今日の世界において主観的な熟慮や主観的価値をなしで済ませるとすれば、子をもつ選択についての西洋文化に一般的な考え方の中心的な信条をあなたは否定することになる。[45]

もしかしたら、旧来のやり方の現代版を見いだすべきなのかもしれない。たとえば、そういうものだからという理由で子をもつ決断したり、あるいは、子をもつとしたらこうなると思われることに基づいて決断をしたりするのではなく、科学的な証拠に基づいてそうした決断を下すべきなのかもしれない。あなたが子をもつとどういうことになるかはあなたにはわからない、ということを私たちはもう知っているのだから、ここでは、子をもつとはどういうことかについての個人的な熟慮と一緒に、ただ経験的証拠を念入りに検討すればよいなどとは提案していない。そうではなく、主観的価値を見定めてその価値を自分の熟慮のなかで使おうとする代わりに、利用可能な実証研究だけに基づいて決断を下せばよい、というわけだ。たとえば、子をもつ人々ともたない人々にとっての、人生の満足と福利を比べるような研究がそうである。

ところで、そこで利用できる経験的情報は、あなたに特有の心理的性格と同じ性格をした人がその変化にどう反応するかを正確に教えてくれるほど十分にきめ細かいものではない。けれども、この研究成果は広範な諸個人にあてはまるように思われる。おしなべて言えば、よいことは親にとって実際以上によいものだと思われ、よくないことは実際以上によくないものだと思われる。そして多くの尺度によって示されるように、子が家にいる親、とりわけ幼い子のいる母親は、全体的な主観的福利のレベルが比較的低い。さらに、これまで一度も子がいたことのない人々が報告する人生の満足のレベルは、子が長じて独立した人々と同じくらいのレベルである[46]。

こうした実証研究からは二つの結論が示唆される。第一にその研究は、子をもつことが認識と個人をともに変容させるという主張に証拠を与えてくれる。これから親になる人々はしばしば、子をもつことで将来、自分の幸福と主観的な福利のレベルが文句なく高まるだろうと思って、子をもつ選択をする。先の証拠はそういった想定を覆すのである[47]。

第二に、自分が子をもつとしたらどうなるかについて、主観的に見定められることすべてを無視する覚悟があり、実証研究だけをもとに選択するのだとして、期待される自分の主観的価値を最大化したいのなら、実証研究は

（明白な結果が出ている範囲で）子をもつべきではないと提言する。専門家の出した主流の経験的な結論にただ従うだけであれば、期待される主観的価値を最大化することに基づいて、親になるかどうかの決断を合理的に下したい人は誰でも（その結果について明らかなコンセンサスが欠けている場合は）判断を保留しなくてはならないし、そうでなければ能動的に子をもたないままでいる選択をすべきなのである。

これは言うまでもなく、ひどい解決法である。

なぜひどいかと言うと、一つには、あなたには子をもつ選択が合理的にはできないとそれが示唆するからだ。それがひどいのにはさらに理由がある。すなわち、子をもつべきかどうかを決断するときに、自分の認知に現れるものについての考慮を何であれ除外することがこの決断を合理的に行なう最善のやり方だ、という含みがあるからである。問題の解決法として選択をこのように規定しまうと、そこから暗に示されるのは、何か人生最大の決断を下すときには、未来の実際の経験に関する自分自身の個人的な信念や選好は無視されなくてはならないということになってしまう。

人類がうっかりしている間にロボットが世界を支配してしまったのでもない限り、自分の個人的な目標・希望・計画・夢を伴う選択にアプローチするやり方として、それは私たちの多くにとって擁護できるものではない。言い換えれば、今日の社会では、大事な個人的選択をするときには、自分自身の個人的な選好を参照し、そのうえで、諸帰結に価値を割り当てる一段階として、未来の自分の生活がどうあってほしいかをじっくりと検討したいと思うものなのである。自分の人生をどう生きたいかに関して決断するにはこの種の個人の自律を諦めるのが当然だなどというのは、端的に容認できないことなのだ。

次のようなサリーという人物を想像してみよう。彼女は、子をもつことで自分に幸福と充足がもたらされるであろうと、ずっと信じてきた。しかし経験的な証拠によれば、子をもたないままでいる選択をすると、期待される自分の主観的価値が最大化されることになる、というただそれだけの理由で、彼女は子をもたない決断をする。さて、彼女がこのように、自分の主観的選好を無視して外部の理由だけに頼って選択することは、奇妙なことだと思われる。サリー自身の選好がどうして、彼女の決断にとって大事ではありえないのだろうか。サリーが実際に、自分の決断を専門家に引き渡して、自分の一人称的な見方をまったく考慮しなくなってしまうのだとすれば、彼女は、合理性のために自らの自律を放棄してしまっているように思われる。

次のようなリサという人物を考えてみよう。リサはこれまで子をもちたいと思ったことがないが、彼女はそれとは関係なく経験的な証拠だけに基づいて子をもたない決断をする。だが、リサでさえ、容認できる仕方で選択しているわけではないのだ。彼女の選択は、たとえ合理的であっても、子をもたないことへの自分の個人的な選好と無関係なものだ。親としての自分のありようについて、リサに特別な洞察があるわけではない。そうではなく、彼女はただ運がよいだけだ。彼女の選好はたまたま、証拠が支持するのと同じ選択肢を支持しているというだけなのだ。サリーとリサの事例がともに浮き彫りにするのは、個人とは無関係な「ビッグデータ」に基づく推論を重んじて主観的な視座を否定してしまうことが、どうして魅力的な選択肢でもなければもっともらしい選択肢でもないのか、ということである。

ひょっとすると、経験的なデータを自分自身の「十分な情報に基づく」選択と組み合わせて用いることで、認識と個人がともに変容する問題、および自律を保つ問題を避けることができるのではないか、とあなたは思うかもしれない。自分の置かれた状況について特別な洞察が自分にはあるのだから、なんだかんだで自分自身の信念や選好をそこに組み込むことができるのだと、あなたは思うかもしれない。つまりこういうことだ。実証研究に依拠するにしても、それを自分自身の熟慮に置き換わるものとして用いるのではなく、子をもちたいかどうかを見定める際に情報を与え導き熟慮を補完するものとして用いるのが正しいやり方だと、あなたは考えるかもしれない。もしかしたらあなたはさらに、自分の友人や身内からの証言を手に入れるかもしれない。これらの人々はみんな、親になる選択をして自分はとても嬉しいし、子のいない人生なんて想像もできないと言ってあなたを安心させるかもしれない。もしかしたらこれらの人々はさらに、あなただってひとたび親になればきっとそう感じるだろうと確信していると、あなたに言うかもしれない。そしてあなたは、自分の熟慮を導く証拠としてこれらの人々の証言を用いるべきだと思うかもしれない。

しかしこの戦略を用いると、冒頭で述べたように、あなたはまたもや厄介な問題へと連れ戻されてしまうだろう。すでに見たように、自分が子をもつときのありように関わる諸帰結に主観的価値を割り当てることは、合理的には正当化されない。自分の個人的な判断と、実証研究からもたらされる考察を組み合わせて、それをもとに価値を割り当てても、あなたの個人的な判断に基づく価値がさらに合理的になるわけではない。あなたが割り当てを行なうときの証拠として基盤となるのは、それが正当なものであるときに限られる。ところが今の場合、子をもつことのありように基づく自分の主観的価値やそこで展開する選好について、それらを示す現れとしての証拠は、そうした基盤には含まれないのである。決断を合理的なものにするために、経験的な手引きは、熟慮に「十分な情報を与える」だけではなく、あなたの主観的な熟慮に置き換わるものでなくてはならないのだ。

友人や身内からの証言は、同じような欠陥を抱えている。第一に、そういった証言は知ってのとおり信頼できない。人々は、自分の下した決断を見定めるのがひどく苦手なのだ（科学者はこの問題を回避しようと、洗練された調査方法を用いる）[48]。そして「自分の子がいない人生なんて想像できない」といった主張は、子をもつことに高い主観的価値があるということの証拠ではない。それはただ、子をもつことによって、特定の反事実的なシナリオを思い描く親の心理的能力が損なわれている証拠にすぎない。（関連する論点についてはHarman (2009) を見よ。）

第二に、主観的価値の高い帰結を得るにはあなたがどんな特徴を備えている必要があるかがわからないと、友人や家族からの逸話的な証言をどう評価すべきかがあなたにはわからないだろう。あなたと友人や家族との間にある心理的な類似性や相違のなかのどれが福利や幸福の増加に関連するものなのか、あなたにはわからないのだ。また、子をもった後に特定タイプの人柄と福利や幸福の増加との間に相関関係があるということを示す、十分な裏づけのある実証研究は一つも存在しない。（子ども好きや家庭的であることが幸福や福利の増加に相関するのではないかと思うかもしれないが、しかしこの種の思弁的で素朴な直観を支持してくれるような証拠はまったくない。このことを踏まえると、そういった思弁を弄して子をもつ選択を支持することは、占星術の導きのために星図を参照することと、合理性においてほとんど変わらない。）

友人や身内からの証言に頼ることには、もう一つ別の欠点がある。子をもつことはあなたの視座を変える強烈な経験であり、それによって、新たに核となる選好や信念が生じることになる。往々にして人々はこう証言するだろう。自分の子をもつことからの直接的な結果として、親であることに関わる自分の選好が変わるのだ、と。それゆえ、自分の選好は今、子がいなかった場合の状態よりもよく充足されているのだと、あなたの友人や身内は正直に、誠実に、かつ熱狂的に、あなたに報告できはするだろう。けれども、この人たちの選好は、そもそも自分が子をもったというだけの理由で生じたのかもしれないのだ。

言い換えるとこうだ。そういった証言がともかく証拠を与えるのだとしても、その証拠とは、子をもつことがある仕方であなたを変え、それゆえ、自分の子をもつ結果としてあなたが今後形成することになる選好は充足されるだろう、というものなのだ。しかし、自分が今もっている選好を充足させたいのであれば、これはあなたの参照すべき証拠ではない。これは、あなたが子をもつとすれば、あなたは今後新たな選好を形成し、それはその子を得ることで充足されるだろう、ということの証拠なのだ。（よくあることだけれど、あなたは自分のもとに実際に生まれてきたまさにその子をもちたいという選好を形成する。）充足される選好が、子をもつ結果として新たに形成されるものだとすると、友人や身内からのそういった証言は、あなたがちょうど今もっている選好を保持したまま子をもつべきだ、という証拠を与えてくれるわけではないのだ。

実際、証拠の多くが示唆するところでは、これまでに子をもったことのない人々は、子をもつとはどういうことかがわかっていて、なおかつ子をもつ前の選好を保っていたなら、子をもたないことを選択するであろう、というような選好をもつ。しかし、子をもつプロセスは人々を変えるのであり、結果、子をもってしまったら、ほとんど誰もが子をもつ前の自分に戻りたくないと思うのである。親というのは、私たちが思っている以上にヴァンパイアに似ている。誰だって（部分的には、人間には言いあらわすことのできない理由から）人間としての感情や選好を保ちつつヴァンパイアになりたいとは思わないであろう。そしてヴァンパイアだって、誰も再び人間になりたいとは思わないであろう[49]。

選好が変わりうることへの正しい反応は、子をもつことを選択することなのだと、あなたは考えるかもしれない。結局、子をもつことであなたは、どんなものになるにせよ、自分が子をもつときのありようによって今後充足されることになる選好を形成することになるだろう。それゆえ、何であれ、現時点であなたがもつ一階の選好を無視してしまうのが最善の策だと、あなたは考えるわけだ。

これは第2章で論じた問題、つまり変化前の自分の選好と変化後の自分の（潜在的な）選好のどちらかを合理的に選ぶにはどうすべきかという問題に戻ることになる。標準的な意思決定理論によれば、合理的な意思決定主体は、自分の現時点での選好を踏まえて、自らの期待値を最大化するよう選択しなくてはならない[50]。何らかの高階の選好を採用して、現時点より後の自分の選好を選好することは、この事例であなたが望む結果を与えてくれるかもしれないけれども、それは原則に基づいて従うことのできる規則ではない[51]。一つの問題は、自分の新しい選好がどんなものになるかがあなたにはわからないのだから、そうした選好を選好することの正当化がどういうものなのかがハッキリしない、ということである。問題はもう一つある。自分の選好がどう変わるにせよ、それは今後充足されるだろうと、あなたにはわかっている。しかし、そんな理由から現時点での自分の選好を無視して子をもつことを選択するのは擁護できないことだと思われる。これは、次のような選択が擁護できないのと同じだ。すなわち、知性を劣化させるが、いったん知性が劣化してしまえばその（何もわかっていないけれどおめでたい）状態にあることを選好するようになる、という幸福効果のある薬物を使用したり、あるいは、いったん依存状態になってしまえば、薬物から生じる強い欲望を満たすことを選好するようになるというだけの理由で進んで依存症者になったり、そうした選択をするのと同じことだと思われるのである。

経験的な結果に応じる別のやり方がある。第2章で私たちは、ある経験をするときのありようの発見を私たちが重んじるがゆえに、ある種の主観的価値が当の経験に割り当てられる、と論じた。この価値づけは、当の経験の快さの程度に基づく必要はないし、当の経験の質的な感じに基づく価値である必要もない。そうではなくその価値は、当の経験に伴う啓示に基づくのである。もしかしたら、いくつかの経験の価値は部分的には、それがどんなことを教えてくれるかに由来するのかもしれない。

そこでこう提案しよう。いくつかの経験、とりわけ人間の条件にまつわる奥深い事実に重要な仕方で結びついているように思われる経験、あるいは、道徳的事実や美的事実の本質に関わる情報を教えてくれるように思われる経験には、主観的価値が備わっているが、それは、実際の経験の発見を通じてそうした経験が教えてくれることのおかげである。そしてこの価値は、それらの経験の一階の質的特徴を超えて広がるものだ。第2章で私は、これらの種類の経験を啓示的なもの（ヽヽ）と言い表し、それを経験するときに私たちはその当の経験それ自体に備わる特質についての情報を獲得するのであり、その情報ゆえに私たちはその経験を価値づけるのだ、と示唆した。『形而上学』でのアリストテレスになぞらえておこう。「すべての人間は、生まれつき、知ることを欲する。その証拠としては感官知覚への愛好があげられる。というのは、感覚は、その効用をぬきにしても、すでに感覚することそれ自らのゆえに愛好されるものだからである。[52]」

私たちは、赤を目にするときのありようのような感覚経験そのものに備わる性質を、初めて赤を目にするだけで発見できる。しかし、認知的にさらに豊かな啓示だって生じうる。たとえば、ある種類の人生を生きるとはどういうことかを発見するという啓示がそうだ。この種のより豊かな啓示は、広範な経験、たとえば、苦しみや恐怖を伴う経験、美的経験、私心なく寛容に行為する経験により創造されうる。さらに、偉業やたゆまぬ努力を伴う経験のように、時間的に広がりのある経験をすることにも関わることがある。ある種類の経験をすることには主観的価値があり、その主観的価値は、そういった経験が誰かの一階の幸福や福利に寄与するかどうかとか、そこに快楽や苦痛が伴うかどうかとかいったこととはかけ離れたものだとすると、人は、その種の経験をすることを目的として、当の経験を選択するかもしれない。つまり、その経験をするときのありようが何かしら快かったり楽しかったりするからではなく、その経験に備わる啓示的な性格のために、私たちはその種の経験を選択するかもしれないのだ。

これには正しいところがあると、私は思う。私たちは時に、経験に備わる啓示的な特性だけのために、その経験を選択することが実際あるのだ。また、私たちは同じ理由から経験を避けることを選択することもあるかもしれない。このことは次章で再び論じることにしよう。

親であることや福利について下される社会科学的な結論を評価する文脈において啓示の可能性が示唆するのは、親の経験する幸福や主観的な福利のレベルが相対的に低いことを示す実証研究によっては、私たちに経験の全体像が与えられることはないだろう、ということである。よく用いられる尺度の多くが示すところでは、親になり子を育てる経験は親を不幸せにしその福利を減少させてしまうことになるのだとしても、その経験にはそれ自体に備わる主観的価値、つまり啓示的な価値がありうる。要は、その経験をして生きること、つまり、その経験を通じて生きるという意味で、親であるという時間的に広がりのある経験をすること、そういったものにまつわる何事かが、啓示的なのである。

決断についてこのように考えることは、子をもつことの価値について多くの親が言いたいと直観的に思っていることの一部を捉えているように思われる。またそう考えることによって、少なくとも議論の余地はあるにせよ、これから親になる人々は、科学文献の不穏な研究結果を一笑に付すことができる。そのように考えることは、実証的な研究文献に対して満足のいく応答を与えるにとどまらず、個人的な意思決定において認知的な現れが果たす役割を強固なものにする。そしてそれは、個人的な視座と主観的価値から引き出される留意事項がその決断に含まれなくてはならないということを明らかにするのである。

しかし残念なことに、啓示的な経験をすることに備わる主観的価値に焦点を当てても、子をもつという変容的な選択を伴う意思決定理論上の問題は解決されないだろう。なぜなら、子をもつときのありように備わる未知の主観的価値が、ただ単に、子をもつ経験をして生きることの啓示的な特性に備わる未知の主観的価値（この価値は、幸福や快苦に基づく快楽主義的な価値である必要はないことを思い出そう）として特徴づけられたにすぎないからだ。

あなたは依然として、期待される主観的価値に関わる情報なしに、その決断を下さなくてはならない。その人生の経験がどれほど啓示的か、あるいはその啓示の特徴がどのようなものか、あなたには依然としてわからず、結果として、ありうる主観的価値の範囲があなたにはわからない。さらに、子もちになったときのあなたのような人物の人生を生きるとはどういうことか、あなたには依然としてわからない。したがってあなたは依然として、未知の新たな選好を形成する可能性に直面しているのだし、それゆえどの選好を尊重すべきか（あなたが現時点でもっている選好か、それとも、あなたが親としてもつことになる新しい選好か）についての、より高階での不安が残ってしまうのだ。

時間的に広がりのある自己

これまで私は、ごく短期間での急激な移行が伴う経験を論じてきた。けれども変容的な経験には、一定期間を通じて生じる変化や、行為する決断を下さねばならない時点からずっと先に生じる変化が伴うことだってありうる。結婚の選択、幼い子を養子にして大人になるまで養育することの選択、そしてキャリアの選択。人生を決めるこういった主要な選択に対して通常とられるアプローチは、そのような仕方で変容的な選択を伴いうるのだ。ここであなたは、時間的に広がりのある自己に影響を及ぼす選択をなさなくてはならない。それは、何ヶ月あるいは何年にもわたって続くような経験を開始するという選択である。つまり、あなたの現時点の時間切片において、あなたの遠い未来の時点の時間切片における実際の経験を決めるような選択が行なわれなくてはならないのである。

長年にわたり追い求め、たくさん期待外れのデートをした末に、ようやく自分の魂の伴侶に出会うところを想像してみよう。自分がパートナーに求めてきたあらゆるものを体現するように思われる人物にあなたは出会うのだ。その人のことがわかってくるに連れて、あなたは深く恋に落ち、その人のいない人生が想像できなくなり、また、配偶者になる人にはもっていてほしいとあなたが思うありとあらゆる性格と気質を見いだすことになる。あなたたち二人は結婚の話をし始め、そしてあなたは思い切って結婚すべきかどうかを慎重にじっくり考える。さて、あなたは結婚すべきだろうか。

誰かと結婚すべきかどうかについて考えるとき、自分がこの人を本当に愛しているかどうかを、つまり、この人は「運命の人」なのかどうかをじっくり検討しなければならない。あなたはその人を、本当に、激しく、狂おしいほど愛しているのか。その人はあなたに相応しい人なのか。つまり、人生を共に過ごし、暮らしを一緒に築き、もしかしたら家を買ったり子をもうけたりさえしたい、またその他、結婚したカップルがするようなことをしたいと、あなたが願うような人なのか。もしかしたらあまり重要ではないかもしれないけれど、あなたの友達はその結婚を認めてくれるだろうか。また、ひょっとするともっと重要でないかもしれないけれど、それでも関連することとして、あなたの親や他の家族の人々は結婚を認めているだろうか。

結婚すべきかどうかを熟慮することには、したがって、自分とは別の人物との長期的な、いつまでも続きうる関係性の確立を決断すべきかどうかを、じっくり検討することが伴う。誰かと結婚するとき、あなたはその時点において、あるいはただその週の間だけ結婚することを決断しているわけではない。(もちろんセレブは別だけれど。)あなたは、一定の時間的な広がりのある人生の出来事に、自分の身を委ねるかどうかを決断しているのだ。そのためそれは、一定の時間的な広がりのあるあなた自身の未来の一コマと、一定の時間的な広がりのある別の人物の未来の一コマとの間に、ある関係性を確立する決断なのである。あなたは単に、今ここでその人と結婚するのではなく、長期にわたりこの人と結婚する。その際には、一定の広がりのある期間その人と一緒にいることを決断しているのであり、その人が成長し変化するなかで「よいときも、悪いときも、富めるときも、貧しいときも、病めるときも、健やかなときも、死が二人を分かつまで」その人の人生の一部であることを決断しているのである。言い換えれば、あなたはその人と自分の未来を共有する決断をしているわけだ。二人が結婚の決断をするときには、したがって、一定の広がりのある自分自身の未来の自己についてそれぞれが決断しているのであり、それを、一定の広がりのある別の人物の未来の自己とペアにする決断をしているのだ。

それゆえ結婚すべきかどうかをじっくり検討するとき、それは、一定の広がりのある自分自身の未来の自己を、一定の広がりのある別の人物の未来の自己とペアにすべきかどうかをじっくり検討することなのだ。そして、そこに含まれるのは、人生の浮き沈みを通じて続くよう意図されているその自己のペアが、あなたたちのどちらにとっても幸福と人生の満足を与えるのかどうかということに関する熟慮である。

そういった決断は合理的なのだろうか。今見た類いの熟慮に基づいてなされるとすれば、それは合理的ではないかもしれない。自分がこの人物と人生を築くことがどのようなことなのかを知るためにあなたは、主観的な未来を思い描いてみることで、自分の決断を下している。これから配偶者になる人と、あなたが仮に長年にわたり一緒に生活してきたとするなら、一定の時間的な広がりのある結婚をその人とするとしたらどういうことになるかがわかる程度には、その配偶者がどんな人かがあなたにはおそらく十分わかっているだろうし、それゆえ、自分の未来の実際の経験がどうなるかについても十分わかっているだろう。

しかし今考えている事例では、あなたが十分にわかっているかは明らかではない。この人なら短期的には自分を幸福にしてくれるだろうとわかる程度には、また、この人と結婚すると近い将来こうなるだろうと一般的にわかる程度には、自分の魂の伴侶についてわかっているのかもしれない。でもあなたにわかっていないのは、時間的に広がりのある長期的な結婚生活がこの先どのようなものになるか、ということだ。とりわけあなたがこれまで結婚したことがないとすればそうなのだ。これはなぜかというと、第一に、この関係を築き育むことで、あなたの価値観や個人的な選好が変容し、それによってとりわけ通時的には、あなたが何者であるかが変わってしまうからだ。あなたが自分の配偶者に対してもつ愛着は、あなたが自分のことをどう考えるか、自分の人生のなかで他者にどう応じるか、この先どんなことを気にかけるかを、変えてしまうのだ。(53) 第二に、いろいろな困難、つまりあなたが自分の人間関係のなかで今後経験する浮き沈みは、普通は予見できるものではないし、またそこには、あなたが独身だったときの経験とは異なる新しい種類の経験が伴うけれど、それはあなたの結婚のありように大きな影響を及ぼしうるのだ。

要点はこうだ。自分とは別の人物にこの種の愛着をもつがために、出来事に対するあなたの反応は、その結婚が長期的にこの先どうなるかを予測できなくなるほどにあなたを大きく変えてしまうかもしれない。十年のうちに、あなたの配偶者が癌と診断されるとすれば、あなたはどのように応ずるだろうか。あなたの結婚にどう影響するのだろうか。あなたの配偶者が職を失うとすればどうだろうか。あなたが交通事故でこの先ずっと身体に障害を抱えるようになるとすればどうだろうか。あなたの配偶者が豊かになり成功を収めるようになる一方で、あなたのキャリアは停滞しているとすればどうだろうか。結婚式のポイントはここにある。それはあなたが結婚するとき、自分の未来の人生がこの先どうなるかわかっているから誰かと結婚しているのではないということを浮き彫りにするのである。あなたは、未来の人生をその人と一緒になって発見することへのコミットメントをもとに、その人と結婚している。あなたが結婚するとき、たとえ予期せぬ変化が生じたりたくさんの新しい種類の出来事が人生のなかでもたらされたりしたとしてもそれでもなお相手を支えるということに関するコミットメントを、あなたはもつようになる。そしてあなたはこれらの新しい経験に、独身者としてではなく、特定の相手がいる者として直面する。あなたが結婚を選択するとすれば、たくさんの新しい種類の経験が生じ、それが原因となって、あなたは自分の配偶者との関係を育て築くことになるだろう。特有の心理的特性と選好をもつあなたとその相手が、そうした出来事にどんなふうに応じるにせよ、そうなのである。

　自分が結婚しようとしている人物は気疲れする人生の問題や重大な人生の問題にさしあたりこのように応じるだろうとか、また、そうした様々な状況に対処するための自分自身の能力はこんな感じだろうとか、そうしたことについて、あなたはおそらくいろいろと考えるだろう。しかしとりわけ、人生における新たな種類の大きな出来事があなたの選好を変えるのであれば、そうした出来事は将来のことなのだから、この人と一緒にそうした出来事を実際に経験することがどういうことなのか、あなたにはわかりえないし、また、結婚したカップルとして新しい種類の経験に直面した結果この先実際に生じるような時間的な広がりのある関係を経験することがどういうことなのか、あなたにはわかりえない。したがって、これから配偶者になる人が今もっている傾向や性向のように、結婚前でもあなたにわかりうることはいくつかあるけれど、あなたが実際にしようとしている結婚をするということがどういうことなのか、あなたにはわかりえないのである。そういった場合、結婚とは、時間的な広がりの伴う変容的な経験なのである。

この重要な意味において、結婚の選択は、あなたが選択している未来がこの先どうなるかわからないまま選択するように、あなたに求めるかもしれない。その決断には、配偶者への愛着をもつようになった後の、発見に対するコミットメントが伴う。つまり、あなたが当の経験をどのようなものとして発見するにせよ、あなたは、自分の結婚という時間的に広がりのある出来事に完全に参加する人間となるだろう。それによりあなたは、自分の結婚生活がこの先どのような啓示をもたらすとしても、自分の配偶者と一緒にそれに向き合うことになるのだ。(ときには、発見によって生じる選好の変化が、結果として離婚をもたらすことだってある。)

時間的に広がりのある人生にコミットする際に伴われるような種類の発見が断然はっきりと明らかになるのは、あなたが親になる決断をするとき、つまり、一人の子を幼年から成人、さらにその先まで養育することに本気で取り組もうするときである。ひょっとするとあなたは今、自分が妊娠を願うかどうかを、あるいは、養子縁組をすべきかどうかを決断しようとしているところかもしれない。先に私は、身体的に赤ちゃんを産んで子をもつこと、および、その子を成人になるまで育てることは、認識と個人をともに変容させる経験だ、と論じた。しかし、子を育てるという時間的に広がりのある経験や、生物学上の親と里親とがともに得る種類の経験、そして、一人の人間がその語の十全な意味において親になるという経験は、それ自体で認識と個人をともに変容させるのだ。

あなたが親になるとき、あなたは自分とは別の人物の人生に関わり、支援し、導く決断をする。親になるプロセスにおいてしばしば、あなたは子との長期的な愛情関係を深めていく。それは、新生児にあなたが当初感じるような強烈な愛情よりももっと繊細なものだ。親であるという時間的に広がりのあるプロセスは、新しい種類の、ロマンスとは無縁の思いやりの愛情と、それに応じた傷つきやすさをともに経験するような類いの人物になるということを伴う。

親になる選択をするときにあなたが選択するのは、ある特別な新しい仕方で子に愛着をもつようになることだ。そしてそれは、自分の人生に生じる出来事に対するあなたの反応の仕方と、あなたが直面しなくてはならなくなる出来事の種類をどちらも変えることになる。親にとって最大の恐怖の一つは、自分の子が将来命を奪われたり重傷を負ったりすることだ。親として人は、そこから生じる恐怖と情動的な傷つきやすさとともに生きることを学ばなくてはならない。あなたが自分の子に感じる無私の愛、そして自分の時間やお金やキャリア、さらには、いざとなったら、自分の生活そのものさえも犠牲にすることをいとわない欲求は、多くの人々にとって子を育てることで初めて感じることのできる経験である。親になるときに生じる、あなたの感じ方と生き方のそういった変化は、あなたが実際にする経験、およびあなたの短期・長期の選好に、大きな影響を及ぼす。

未来を前に見据え未来の計画を練るうえで必要だとあなたが考えるはずのもう一つの具体的な方法は、熟慮のうえである職業を選択することである。ある特定の職業への道を歩み出す選択とは、ある特定の種類の人生を歩む選択であり、特定の種類の人物になる選択である。その職業が専門職であったり、かなりの訓練を必要としたりするものなら、その専門職集団の一員となるあなたの選択は、長きにわたり実現されないかもしれない。

医者になる選択を考えてみよう。ただ流されて医療職への道に進み、何となく有機化学の授業をとって、面白半分で解剖学の細かいところを覚えて、そして突然、MCAT（医学部入学試験）を受ける準備ができていることを悟る、なんてことがありうるのだろうか。期せずしてその試験がよくできた後、医学部がどんなものかを見てみるためだけに、結局医学部に進学し、さらにたまたま、あらゆる試験に合格する、なんてことがありうるのだろうか。

あるわけがない。そんな具合にはまったくいかない。医者になるには、運や猛勉強は言うに及ばず、高水準のコミットメントや関心の絞り込み、計画立案も必要だ。入学資格を手に入れるだけでも、大学レベルの科学と数学の一連の厳しい授業を受けなくてはならない。そうすることで、問題解決の能力や科学・医学概念を把握する能力を立証し、医学試験と授業の準備をするのである。さらにあなたは、好成績を修め、課外活動に参加し、入試でよい成績をあげて、人格が高潔で万能である証拠をとにかく示す必要だってある。すべてがうまくいって、賢明な選択をし、さらに幸運でなおかつ猛勉強をして、ようやくあなたは医学部に受かる可能性が出てくるのだ。

医学部に合格することは、始まりにすぎない。そこからあなたは何年も医療の訓練を受けることになり、あなたの専門次第では、数年にわたりインターンと研修医をこなすことがそこに含まれるだろう。医学大学院と研修期間は過酷な経験であり、あなたは、他に求めていることを棚に上げて、専ら訓練と実技に集中しなくてはならない。その仕事にはあらゆるものが含まれており、かなりの個人的な犠牲と経済的な犠牲を求めるものだ。そしてそれはあなたを変えることになるだろう。医者になるプロセスには、かなりの個人的変化が伴う。なお、その変化のいくつかは、個人を社会的な存在に仕立て上げることに一役買っている。(54)

こういった大事なキャリア選択を考えるとき、自分はどんな種類の人間で、どんな種類の人間になりたいかを慎重にじっくり検討すべきだ。あなたは、自分の希望や夢や憧れを評価するはずだ。自分の人生を何に費やしたいか、どんなキャリアならあなたは幸福になり、長続きする人生の満足を与えてくれるだろうか。そういったことについてあなたは考えるべきである。医師としての訓練を受けたり、何か他のかなり専門的で競争の激しい職業のための訓練を受けたりする決断を、人は軽々しくは下さないのである。

あなたはまた、助言を求めるかもしれない。ひょっとすると自分の母は、その問題について思うところ大であろう。進路指導の相談員は、あなたの試みが成功するのに必要とされる特性をあなたが備えているかどうかを、あなたに告げるだろう。そして、そういった厳しいキャリアに必要とされる内的衝動などの個人的な特徴が自分にあるかどうかじっくり検討してみるよう提案するかもしれない。あなたが医者になることを考えているのなら、その相談員はあなたに対して、血を目にしても平気なのか、プレッシャーのもとでストレスや意思決定をどうやって管理するのかを尋ねるかもしれない。

あなたはまた、さらに広い展望を考えるかもしれない。ほとんどの社会では医者は大いに尊敬され、敬意や社会的名声や経済的報酬でもって報われている。医者になる人々はたいてい幸せで、社会の成功者であるように思われる。医者は経済的に満ち足りている。医者は、他の人々を助けることで社会全体のために貢献している。医者は、人々に医療を施すことで、本質的な社会的サービスを遂行している。それはたくさんの肯定的なものを備えた職業であり、少なくとも文化的な視座からすると、医者は自分の個人的な選択にとても満足しているように思われる。(55)それは、人々がひとたび学位を手に入れて訓練を終えたら手を引いてしまう類いの職業ではない。報酬は大きなものだし、あなたの母はあなたを誇りに思い、友人みんなにあなたの成功を自慢するだろう。

しかし当然ながら、これらの事実はあなたの選択に影響を及ぼすかもしれないけれど、医者になれば親が幸福になるだろうとか、たくさんのお金を稼げるだろうという理由だけで、あなたは医者になるべきではない。また、他の人々を助ける一つのやり方だというだけの理由で、あなたは医者になるべきではない。こういった留意事項はどれも、確かに影響力があるかもしれない。でも、同じく大事なのは今の場合、あなたが何を望むかなのだ。

ある職業を選択するとき、本当の自分に合致するもの、自分の人格や傾向に合致し、自分ならそれを楽しんでやれるようなことに合致するものを選択すべきだ。あなたの職業は、あなたのようなタイプの人物にあてはまっていなくてはならないし、最も大事なことなのだが、自分の人生を通じてこの先やりがいを見いだすようなものであるべきだ。あなたは自分の職業について、食べていけるだけのものを与えてくれて社会的な価値があることに加えてさらに、人生の満足とそれに伴う幸福を与えてほしいとも思うのだ。

そのため私たちは、じっくり検討した末に医者になることが自分に向いていないと決断する人物に敬意を表する。みんながみんな医者になるべきというわけではない。もしかしたらあなたは、血を目にするのを考えるだけでたじろいだり、他の人々に触れるのを好まなかったりするかもしれない。もしかしたらあなたはむしろ、教師になる方がよいのかもしれない。もしかしたらむしろ、都会に住んで、演劇や絵画を学ぶ方がよいのかもしれない。もしかしたらあなたの夢は、物理学者や、生物学者や、ヴァイオリン奏者になることかもしれない。

あなたが自分の気持ちを無視して、以下の理由から医者になることを選択するとしてみよう。その理由とは、医者は社会的に高く評価されているとか、医者は人々を助けることに関わる仕事だとか、自分が医者になるのが親の望みだったとか、自分の進路選択に満足していると医者が証言しているのに気づく（もしかしたら進路指導の相談員は、「医者の九九％は自分の職業選択に満足している」といった報告がなされているハンドブックを、あなたにくれるかもしれない）といったものだ。こんな理由から医者になることを選択するとすれば、直観的には、このときあなたは間違いを犯しているように感じられる。

これはなぜかというと、医者になりたいかどうかについての自分自身の考えを検討しないまま医者になる決断をするのは、奇妙なことのように思われるからだ。自分の個人的な選好を参照せずにそういった大事な選択をしてしまうのは、よく言っても、珍しいことだ。こんなとき多くの人々は、あなたが方向を見誤って、間違った理由で決断をしてしまったのだと考えるだろう。多くの人々があなたに医者になるべきだと考えていたとか、あるいは多くの人々にとってそれが正しい選択だからという理由で医者になる選択をするのは、そういったものなのだ。多くの人々にとって正しい選択は、あなたにとって正しい選択ではないかもしれないし、それが正しい選択かどうかを決めるには、自分自身の意向や欲求、未来についての選好を参照しなくてはならないのである。

さらにまずいことに、あなたが内心では医者になることをまったく望んでいないとか、あるいは、医者になることが嫌だとさえ思っていたが、それでも医者になる決断を下したのなら、あなたの選択は、規範的に言って、明らかに間違っている。社会貢献をする裕福で満ち足りた人々の集団に最終的に収まるだろうというだけの理由で何かを選ぶのだとすれば、あなたは自分に正直だとは言えない。あなたが最終的にどんな社会集団に落ち着くかは、おそらくあなたの選択の一つの要因ではあるだろうが、あなたが決心するときに大事になる唯一のものであってはならない。

したがって、医者になる前にあなたは、医療職の道を追求する決断を下す必要があり、そのためには、自分が医者になるときのありようが、自分の望む未来の人生のありようであるかどうかを決めなくてはならない。しかし問題は、医者になる経験は変容的なものであり、それゆえ、医者になるとはどういうことかが、実際にその経験をするまでは主観的つまり一人称的にはわかりえないということである。医者になる選択をするとして、その選択をする時点では、自分が今後何年にもわたって医者であるとはどういうことか、あるいはその新しい状況で展開した自分の選好がこの先どんなものになるかについて、あなたには一般化された一人称的な仕方でわかることさえできない。さらに、よりきめ細かい種類の未来の出来事に自分が参加するとはどういうことか、たとえば、命の危険のあるまさにその状況に応じるとはどういうことかとか、自分以外の人間の命を救おうとする責任を担うとはどういうことかが、あなたにはわかりえない。例を挙げると、緊急治療室で生死の厳然たる事実に直面するとはどういうことか、あるいは、三歳の子の死をその親に伝えなくてはならないとはどういうことなのか。そこに備わる個々の性質は、医者としてのあなたの人生に大きな影響を及ぼすだろう。あなたが起床してから過ごす何時間もの生活の特徴は、自分で選んだ職業のありようが直接的にもたらす諸経験から構成されるだろう。しかしあなたは、ここで必要な認知のモデル化を遂行することができない。なぜなら、そういった様々な実際の経験がどんなものかがわかるのに必要な経験を、あなたはしていないからだ。

職業の選択など、時間的に広がりのある自己や遠い未来の自己に関わる選択が変容的なものでありうるのなら、今後生じうる経験の特徴を思い描くことで主観的価値を割り当てて選好を定めるということによっては、それらの選択を合理的に行なうことはできない。そういったことに基づく選択は、合理的に容認できるものでさえない。というのも、諸帰結の主観的価値それ自体があなたにわかりえないのなら、主観的価値に基づく理由を用いて諸行為間の選択を導くことはできないからだ。たとえばヴァイオリン奏者としてのキャリアを選択することと医者としてのキャリアを選択することとそれぞれの帰結の価値があなたにわかりえないのなら、あなたはそれらを比べることができず、ましてやそれらについて、合理的に容認可能な仕方で選択するのに十分な情報を把握することなどできはしない[56]。こうした事例では、諸帰結に価値を割り当てることはできるけれど、ともかく同じ物差しで測ることができそうにない、ということに問題があるのではない。問題は、そもそも私たちが主観的価値をまったく割り当てることができず、また、その選択に応じて自分の選好がこの先どう展開するかも予測できず、それゆえ、その行為についての自分の選好を意味ある仕方で特定することができない、ということにあるのだ[57]。

子をもつ選択をすること、人工内耳を選択すること、あるいは新たなキャリアを選択することは、結果として個人の選好が根本から変化するような、そういった広範囲に及ぶ大きな個人的変容をもたらす行為についての選択を伴うものだと無理なく理解されよう。しかしこれまで強調してきたように、そういった経験はただ個人を変容させるだけのものではないかもしれない。それはまた、認識も変容させるかもしれないのである。そうだとすれば、そういった経験を伴う選択は変容的な選択である。あなたが生まれてからずっと聾であるとすれば、人工内耳手術を受けると、あなたは劇的に新しい種類の経験をし、個人としての変化をかなり被ることになるだろう。第一子をもつことは根本から新しい経験であり、強烈な愛情と過酷な重責に満ちており、あなたが気にかけるものについても大きく変わることになる。医者になる決断の機会が訪れるのは、命にかかわる状況で責任を負うとはどういうことか、あるいは、激しい痛みにある死にゆく人に応じるとはどういうことかがわかるずっと前の時点であり、また、猛訓練の結果として自分がこの先どんな種類の人間になるのかがわかるずっと前なのだ。

こういった事例や他のたくさんの事例には、変容的な選択をする決断が伴う。人工内耳手術を受けるべきかどうか。子をもつべきかどうか。医療職の道を追求すべきかどうか。こういった選択には、ヴァンパイアになるべきかどうかという選択と、まさに同じ問題構造が埋め込まれている。したがって、「本当に」大事なことに専念するために変容的な選択の諸事例を片隅においやることは、あってはならない。

ここまで私は、変容的な選択には、認識と個人をともに変容させる経験に関わる決断が伴うと論じてきた。それを明確に議論するために私は、当の経験の変容的な性質を簡単に特定することのできる、ごくわずかな特別な事例に焦点を合わせてきた。そういった条件を満たす経験は、他にもたくさんある。特に言及する必要があり、より広範な議論に値するものは、宗教的経験の事例である(58)。

さらに、はっきりと決定的に変容的な経験がある一方で、ある程度だけ変容的な経験だってあるかもしれない。変容的な経験に伴うのが突然の推移にせよ漸次的な推移にせよ、それが程度問題でありうるとすれば、これまで論じてきた様々なタイプの変容的な経験から私が引き出してきた教訓は、日常的な意思決定の多くの事例にあてはまるかもしれない。

変容的な選択についての議論が浮き彫りにするのは、私たちのそれぞれにとって、そういった選択に直面することが、人生を生きるうえで至るところに生じる大事な部分になっているということだ。あなたが自分の人生の進路をしっかり進むにあたっては、新たな経験をする(あるいはそれを避ける)一連の選択をしなくてはならないのであり、また、当の選好を決定づける経験をして初めてあなたに明かされるような選好を発見する一連の選択をしなくてはならないのだ。合理的で思慮深い意思決定主体として、あなたは、こういった選択から生じる困難を認識しなくてはならないのであり、また、その経験によって自分がどのようにして別の種類の人物に、つまり自分が今気にかけているのとはまったく異なることを気にかける人物に変わりうるかを、理解しなくてはならないのである。

第4章　新たなものの衝撃

真正の合理的な行為主体として、あなたは自分自身の運命を引き受けるはずだ。あなたは自分の未来を思い描いて、自分が本当はどんな人間なのか、自分が人生に本当に望んでいるのは何かについて、熟慮してじっくり考える。そしてひとたび自分の選好を特定したら、あなたはそれに従って進むべき道となすべき行為を決めることになる。あなたは自分の選好を忠実にモデル化することで真正の人生を生きるのであり、そういった選好に自分の選択を合致させることで合理的な人生を生きるのである。合理的な真正性とはしたがって、自分の夢・希望・志を最もよく実現してくれるような人生をできるかぎり切り開いていくことなのだ。[1]

自分自身を行為主体として捉えるとき、私たちは自分のことを、時空の一点に位置づけられ、残りの世界をそこから眺めるような、意識を伴う中心的な視点をもつものとして捉えている。この自分を中心とする一人称的な視座から私たちは、自分の過去をふりかえり、今手元にある情報を参考にし、未来へと続く因果的な針路の候補を思い描くことによって、自分になしうる様々な行為の魅力を検討するのである。何か経験が生じるたびに、私たちはこの先に生じうる未来の地図を、自分で絶え間なく更新する。この地図は、自分に生じる知覚や自分が下す決断に応じて、私たちが現在から未来へと進むにつれて、時間をかけて展開していく。それゆえ行為主体の視点とは、主観的な現在に位置する一つの場所、つまり自分を中心とする個人的な視座なのである。行為主体はそういった視座を起点として、自分になしうるいろいろな選択から生じうる様々な未来を、既知の情報からの見通しを通じてモデル化するのである[2]。

したがってこのような視座を起点に、意識をもつ行為主体たるあなたは、どの未来を現実のものにするかを決断する存在として、自分自身を経験することになる。「過去が定まっていて、未来が（文字通りの意味で）決断を待ち構えている、そういった開かれたシステムとして、私たちは世界を経験する[3]。」そして、独自の一人称的な世界への視座を占める行為主体として、あなたは自分の展開していく視座を用いて、自分の人生の針路を、絶え間なく、生まれてから死ぬまで舵取りしていくのだ。過去の記憶、現在の状況についての信念、今後生じうる主観的な未来についての予想を用いて、これから起きることについて、主観的な見通しを未来に向けて時間的に広がりのある仕方で発展させるだけでなく、あなたは、展開しつつある現在の自己を練り上げもする。こうして、それぞれの経験が生じるたびに特定の行為を行なったり避けたりする選択をすることで、自分のありようや自分の展開の道筋をコントロールする力をもった、ある位置を占める意識的な自己として、あなたは自分自身を経験するのである[4]。

あなたが選択をするときはそれゆえ、一人称的な視座からその選択を行なうことになるが、その際あなたは、過去の経験から自分にわかっていることを思い出し、また（科学などの信頼できる情報源からだけでなく）自分自身の経験からもたらされる、世界のありようについての手持ちの情報を利用して、ある特定の未来をもたらすために現在において決断を下すのである。あなたは自分にわかっていることをもとに、自分の選択からもたらされうる様々な主観的な未来を、自分で考察する。つまり、他ならぬある特定の行為を選ぶなら、近い将来、そしておそらく遠い未来におけるあなたの人生は、あなたの現在の観点からして、どうなる可能性が最も高そうかを、あなたは考察するのである。

自分の未来に何が起きそうかを検討するときには、あなたがどんな選択をするにせよ、その選択の帰結として最もありそうな一連の出来事をあなたが今後経験するということが、あなたの観点からしてどんなありようをしているのかということを、想像を通じて熟考することになる。このように、将来の一連の出来事はどのようなものだと自分には思われるのか、つまり、自分はこの先どんな経験を実際にすると思われるのかを熟考することで、自分の未来についての自分の選好を真正のものとして特定し、それゆえ、現時点でどう合理的に行為すべきかを決断するのである。これは、あなたが決断のたびにその主観的価値を特定するやり方として、直観的で通常のものだ。その際には、生じうる様々な帰結と、それらの帰結があなたにとって、つまり、自分の行為の結果を経験する第一主体としての意思決定主体にとって持つ意味を、認知的にモデル化している。こうしたやり方は、責任ある合理的行為主体に関する私たちの哲学的な説明とうまく調和するものだ。

したがって、決断を通じて私たちが手に入れるコントロールと真正性の強力な感覚にも、明確な哲学的基礎がある。そうした感覚を私たちはこんなふうに手に入れる。すなわち、私たちはまず自分たちのいろいろな選択から生じうる様々な主観的未来について個別的かつ具体的に考え、それから、それらの価値を見定めてそれらの未来を注意深く評価・選択し、そのうえで、どの未来を自分が選好するかを特定して、その未来を最ももたらしてくれそうな行為を、ある種の権威のもとで選択する、といった具合である。期待値の異なる諸行為を比べたうえで自分の期待値を最大化するように行為を選択することによって、自分の選好に即して私たちが行為するなら、真正性、行為主体によるコントロール、熟考のうえでの見定めは、規範的な合理的基準によって導かれており、それによって私たちは、熟慮を伴う真正の推論を合理的な選択や合理的な行為と結びつける規範的な図式を手にするのである。

しかし、これまで論じてきたように、私たちの人生における大きな決断の多くは、認識と個人の両方を変容させるような経験に関わっており、その事実は先ほどの図式をズタズタにしてしまいかねない。人生に対して合理的にアプローチする際には、私たちは、自分自身が未来にいると主観的に見越して、今後生じうる主観的な未来を検討しようとすることで、自分の選択を特定の権威のもとでコントロールするわけだが、変容的な選択の諸事例においては、自分の未来の経験や選好のありようがわかることに認識上の限界があるため、そうした人生へのアプローチの合理性は損なわれてしまう。そういった選択に直面するとき現代の私たちは、自分自身の未来を我がものにしたいと思う。そういった欲求は、自分がたどりたい人生の道筋を熟考・熟慮するときのやり方に表される。しかし、そんな欲求を満たすことはできないのである。

変容的な選択からこういった問題が生じるのはなぜだろうか。その理由はこうだ。私たちの個々の意思決定の視座は、私たちの意識的な現在が記憶から期待へと展開していくつながりの只中に位置している。しかし、そうした心の位置から決断を行なうことは、規範的な合理的行為の基準を暗に規定している三人称的な視座とは相容れないものなのである。

自分の一人称的な視座を使って現在から未来へとどう舵取りすべきかについて決断しなくてはならないまさにそのときに、私たちは、未来に生じる帰結に主観的価値を割り当てることができないという事態に直面する。問題はそもそも、行為主体と決断とを合理的なものにするモデルが三人称的な観点から暗に形づくられてきたことに由来する。これによって、現在に埋め込まれ未来へと自己を投射する一人称的視座としての主観的視座がいかにして妨害されることになるのか。それを明らかにするには、今後行なう行為の帰結を捉えるうえであなたがとりうる二つのやり方を区別すればよい。

第一に、あなたはそういった帰結を記述的で因果的な観点から捉えることができ、それは三人称で無時制の視座から記述される。たとえば、あなたが時点t_1において、ヴァンパイアになる選択をするのなら、あなたには、自分は時点t_2において新たな種類の生物、新たな感覚知覚と欲求をもった生物になっているだろう、ということがわかる。あるいは、あなたが時点t_1において重度の聾者であり、人工内耳手術を受ける決断をするなら、あなたには、自分の行為が原因となって、将来の何らかの時点t_2において広範な音を聞くことができるようになるだろう、ということがわかる。あなたが親になる決断をするのだとすれば、あなたには、今後自分は小さい子どもの世話をして、新たな責任感を経験することになるだろう、ということがわかる。

この三人称的な視座からすると、あなたは将来の自分について、自分以外の人と同じくらいしかわからないことになる。たとえば、あなたが人工内耳手術を受ける選択をじっくりと考えているその時点では、自分が今後音が聞こえることになるとわかるとしても、「音が聞こえる」という記述に自分がこの先あてはまるだろうとわかる、という仕方でわかるのである。しかし、この三人称的な記述的知識は、これまで一度も音を聞いたことのない他の重度の聾者が、この先あなたが音を聞くことになるだろうとわかる程度の中身しかない。他の誰であっても、たとえあなたのする経験と似た経験をこれまでしたことのない人であっても、あなたは将来こういった性質を持つことになるだろう、とはわかる。自分は将来その性質を持つだろうと三人称的にわかるときのあり方とは、こういうものなのだ。

これを、一人称的な仕方で帰結を捉えるときと比べてみよう。かつて耳が聞こえていたので、音を聞くときのありようがあなたにはわかっているのならば、人工内耳手術を受ける選択をよくよく考える場合、「音を聞く」という記述にあてはまるときのありようが、あなたにはわかっていることになる。それゆえあなたは、聴者になるという帰結に主観的価値を割り当てることができる。でも、あなたがこれまで一度も音を聞いたことがないとすれば、この帰結に主観的価値を割り当てることができない。こういった経験の違いが、ここでの非対称性の根元にある。音を聞くという性質を自分がこの先もつことになると一人称的にわかるとき、そのわかり方というのは、あなたと似た経験をしたことのある人にしかできないようなものなのだ。

自分自身の個人的な未来について決断するときにあなたが気にかけているのは、自分がこの先これこれの性質を持つだろうという、三人称的な記述的知識ではない。そうではなくあなたが気にかけているのは、自分がその性質を持つとはどういうことかという、経験に基づく一人称的な知識の方だ。言い換えると、あなたは、あなたが自分の未来を経験するとはどういうことかを気にかけているのだ。というのも、あなたは自分の期待する主観的価値の観点から自分の選好を特定したいからだ。たとえば、種に典型的な聴者になることに備わるとあなたが期待する主観的価値を最大化することが、人工内耳手術を受ける決断をするときにあなたが気にかけていることなのだ。

ヴァンパイアになる、子をもつ、ヴァイオリン奏者になるなど、そういった決断に一人称的な視座から直面するときには、経験上の帰結を見定めモデル化する三人称的なやり方は、しばしば実質がなく役に立たない。というのも、そこにはただ経験を記述することが伴うだけで、その主観的価値を特定することが伴うわけではないからだ。自分の選択から生じそうな結果を経験するとはどういうことなのかがあなたにわかるという特別な一人称的感覚は、自分を中心に世界を眺める視座によく馴染み、自分の主観的価値に反映されるような感覚なのである。

関連する主観的価値と選好を特定することがあなたにできないなら、一人の行為主体としてのあなたの意識的な視座から、どの未来を現実のものにしようとすべきかを合理的に見定めてそのうえで選択することは妨げられてしまう。というのは、あなたがこの視座を用いても、自分の期待する主観的価値を最大化するのはどの行為かを決めることはできないからだ。これはつまり、一人称的な意思決定のための手引きとして規範的な合理的基準を用いることができない、ということだ。意思決定理論の暗黙の前提は、私たちが諸帰結を記述しうる限りで、それらに関連する価値を割り当て選好を特定するのに必要な情報を手にする、ということであった。しかし、変容的な経験を伴う一人称的な意思決定では、この前提が成り立たないのである。

したがって変容的な経験のせいであなたは、新たな劇的な変化が生じているなかで自分の主観的な未来が根本的にわからないという事態に直面してしまうし、変容的な意思決定は、そういった認識的な事実からの影響を受ける。どう行為すべきかを選択するにあたって、自分がこの先どんな人間になるかを権威をもってコントロールするのに必要な知識が、あなたが変容的な選択に直面する場合に、ある重要な意味で欠けているのだ。(5) 一歩後ろに下がって、自分に生じうるいろいろな主観的可能性を合理的に評価し、そのうえで、この先実際に生じる自分の経験に期待される主観的価値を最大化するような行為を選択することでこういった決断を舵取りする、といったことはできない。つまり、そうした選択に直面する際、あなたは自分の人生の道案内を得るために自分に生じうる未来を見通しよく描き、それを一人称的に見定めて、さらに自分の視座を未来に向かって合理的に展開させて、そのうえでそれを自分の歩みとともに更新していくことはできないのである。その代わりにあなたは、自分の未来の意識的な生活がこの先どうなるか主観的にまったくわからないなかで、手探りで前に進むのだ。

　ちょっとずつ移行することで、近い将来を経由して未来へと自分の視座を合理的に展開させうる場合でさえ、時間的に広がった期間を過ごした後の自分のありように、認識的にアクセスすることはほとんどできないかもしれない。変容的な選択に伴う主観的な貧困の根深さが明らかになりうるのは、過去の経験をふりかえって、そのときの経験のありようをそれ以前の自分がいかに何もわかっていなかったかを悟るときである。(たとえば、今から一〇年前、そのときのあなたは現時点の自分のありようについて、いかに何もわかっていなかったかを考えてみよ。)

　親たちは四六時中この種のふりかえりをしている。親たちは、自分が親になる前にいかに何も知らなかったかを語るのが大好きだ。自分は我が子を腕で抱きかかえるのだろうとか、その柔らかい肌を感じるのだろうとか、赤ちゃんに特有の匂いをかぐのだろうということは、もしかしたらその親たちにはわかっていたかもしれない。もっと一般的には、自分は我が身を省みずにその子を愛するのだろうとか、その子と一緒にたくさんの眠れない夜を過ごすのだろうといったことは、その親たちにはわかっていたかもしれない。でも、他ならぬまさにその自分の赤ちゃんを抱きかかえてかわいがるということはどんな感じなのか、あるいは親として、我が子への愛着から生じる愛と関心の限りを尽くしてそういった経験をするということはどんな感じなのか、あるいは、自分の人生に関わる自分の選好がそのときどれほど劇的に変わるのか、そういったことが、その親たちにはわからなかったのである。自分の職業の選択をふりかえってみても、同じようなほろ苦い回顧が生じうる。たとえば、緊急救命室の外科で働く外科医になることを選んだ人は、生身の人間の生死に関わる状況に自分がこれから直面することになるだろうということは、何らかの意味でわかっていたかもしれない。しかし、自分以外の人間の命を救おうとするけれどそれに失敗するといった経験を実際にするということはどんな感じなのか、あるいはそういった経験に自分がどう応じるのか、そのことを、緊急救命室で働くまではその人はわかっていなかったのである(6)。

私たちは世界を眺める一人称的な視座をもった個人として実際に自分の人生を生きており、そうした人生は、主観的な未来の自己をどう定めるかがその人生のどの特定の時点からでも自分にわかるような、そういった一連の出来事として生きられるものではまったくない。この事実を結局のところ私たちは受け入れなくてはならない。ある種の経験についてわかるために何が必要で何が求められるのかは、実際にその経験をしないとわかりえないのだ。

事態をこのままにしておくなら、私たちは、生じうる未来を自分の力で十分な知識に基づいて思い描き選択することとして理解されるような、自分の主観的な未来の選択とコントロールを通じた自己実現という理想は妄想だと結論せざるをえない。また、私たちは、規範的な合理的基準、つまり、一人称的な視座からは応じることのできない要求が埋め込まれた基準を、生きていくための手引きとしては用いることができないと結論せざるをえない。常々反省的な熟慮のプロセスに携わり、一定の範囲の行為をそこから生じうる様々な帰結をもとにして検討し、そして未来に対する自分の希望と選好を最も実現してくれる行為を選んで、自分の人生を生きていく、という自然で魅力的な考えは、私たちが何気なくそう考えていたようには合理的なものではありえないのだ。

私たちは自分がサルトル流のジレンマに置かれていることに気づく。変容的な選択をするときは、真正な仕方で選択するか、それとも合理的に選択するか、そのどちらかしかないのだ。

標準的な意思決定理論を好む人なら、一人称的な視座からの選択に基づいて真正性を求めるこうした愚かで空想的な見解など捨てるべきだと主張して応答したくなるかもしれない。一人称を削除して、三人称的な視座から合理的に選択し、その選択の（無時制的に理解される）時点での当の行為主体の選好を常に優先せよ、と。

そういった応答にはまったく魅力がないと私には思われる。確かに私たちは何らかのヴァージョンの意思決定理論を残しておく必要がある。でも、意思決定に対する一人称的な見解を放棄することでそうしたところで、それは、自分自身の意識に備わる価値を自分から断ち切ることでしかない。自分の主観的な未来を熟考して見定め、選択し、計画することに価値があるのは、部分的には、自分がどんな人間で何者なのか、またどんな人間になりたくて何者になりたいのかを考えるからである。私たちはそれぞれ、自分の主観的な自己と主観的な未来の選好がどうなってほしいかを自分でわかっているという意味で、選択を通じて自分が何者になりたいか、このことを実感しているのだ。意味ある人生を生きるには、自分の人生の選択をじっくり考えて、自分の個人的な視座から選択しなくてはならない。そしてその際のやり方は、私たちの最良の道徳的・法的・経験的な基準と一致していなくてはならないが、その一方で自分の意識的な将来の経験のありように関する主観的な選好とも一致していなくてはならない。さらには、そういった選好に従って十分わかったうえで選ぶことを可能にするようなやり方でなくてはならないのである。私たちは、主観的な未来を自分のものとして導くことで、時を通じて自分がどう変わっていくのかを特定したいのだ。

合理性だけでなく真正性も残したいのだとすれば、一人称的な視座からの決断方法について私たちが今考えているものを見直す必要がある。またさらに進んで、意思決定モデルの構造をどう再定式化すべきかについても、考えなくてはならない。

ここには楽観的になる余地があるかもしれない。初めてドリアンを食べてみようとする決断は再設定された方がよい、と論じたことを思い出そう。これからドリアンの味を楽しむことになるか、それとも極めて不快だと思うことになるかという観点から決断を構築するのではなく、それがよいものであろうと悪いものであろうと、ただその経験をすることだけを目的として、ドリアンを食べてみようと決断すべきなのだ。ドリアンを食べてみることから生じる帰結に与えられる主観的価値は、当の経験の何たるかについての情報を獲得することに備わる主観的価値を反映するのであって、その経験が楽しいかそれとも不快かということを反映するわけではない。

言い換えると、ドリアンをめぐる選択の構造を変えるのであれば、結局のところ、その選択を規範的意思決定モデルに合わせることができるのである。これからドリアンの味を楽しむことになるか、それとも不快だと思うことになるかという、そういった観点から決断を構築するのではなく、新たな経験それ自体を目的としてその経験をしたいと思うのか、つまり、そのありようが主観的に良いか悪いかにかかわらず、その経験をすることの価値だけを目的としてその経験をしたいと思うのかどうかに基づいて、ドリアンを食べてみることを選びうるのである。要するに、新たな種類の果物を味わうという経験がもたらす啓示のために、あなたはドリアンを食べてみる決断をするのである。

そうなると、ドリアンを食べる決断に関連する帰結は、ドリアンの味を発見することと、ドリアンの味の発見を避けることとの間の対立関係となる。そして、そこに付される価値は、この発見をする（あるいはそれを避ける）ことの主観的価値を反映するのであって、その経験が楽しいものか不快なものかを反映するわけではない。このような仕方で決断を再設定するのであれば、あなたの選択は、何か新しいことの経験だけを目的として、つまりそこからもたらされる啓示だけを目的として、それをやってみるべきかどうかを選択することとして形づくられることになる。

あなたの決断をそのように再設定することには次の利点がある。新たな経験を発見するという目的からその経験をすることに主観的価値を割り当てうると想定すると、あなたは決断の再設定により、規範的意思決定理論のモデルを使って、意思決定プロセスの構造を描き出し、自分の選択を導くことができるようになる。これが決断の再設定の利点なのである。過去に認識を変容させる経験をしたことがあるのだとすれば、そういった経験から自分にわかっていることに依拠して、認識を変容させる経験をすることの主観的価値を自分で特定することができる。規範的意思決定理論は実際、合理的に推論したいのであれば自分の主観的な未来について熟考のうえどのように推論すべきかを、うまく表している（期待値を最大化することがやるべきことなのだ！）。そして、合理的に選択することは、合理的に選択しないことよりも好ましい。したがって、このタイプの再設定は、認識を変容させる経験を伴った一人称的視座からなされる選択を扱う際に用いるべき戦略として、重要なオルタナティブの一例なのである。

ドリアンを食べてみることのような、認識を変容させる選択に対して、決断を再設定し発見の価値にその焦点を合わせるのだと回答しうるのなら、このことから、変容的な選択にもっと一般的に答えるやり方が示唆されることになる。ヴァンパイアになるべきかどうかを選択する事例に戻ることにしよう。

ドリアンの場合と違ってヴァンパイアの場合、それは大バクチだ。あなたがどう選択するかは、あなたの未来に、切実かつ重大で持続的な影響を及ぼすだろう。新たな経験を発見することだけを目的としてその経験をやってみようと選択するのは、そのリスクが不快な朝食をとるかもしれないという程度のことであれば、まったく問題ないように思われる。しかし、あなたもご存知のように、人生を危うくしかねない発見を選択するというのは、提案としてはまったく別物なのだ。

大バクチの場合、規範的基準を満たすやり方を見つけることははるかに重要となる。ドリアンのときの解決策に従って、私たちは事例を捉え直して、ヴァンパイアになるときのそのありようといった帰結を考えることから、ヴァンパイアであるときのありようを発見することと、そのありようを発見しないことの対立関係といった帰結を考えることへと、視点を変えようとするかもしれない。後者の対立関係では、その主観的価値は、この種の経験をするときのありようを発見することの価値か、あるいは発見しないことの価値となる。そのように決断を再設定すると、ヴァンパイアになるべきかという選択は、それ自体を目的としてその経験をするかという選択として、あらためて形づくられることになる。つまり、あなたがその経験を選択するとすれば、そのときあなたは、ヴァンパイアであるという経験がどのようなものかを発見するという目的から、その経験を選択しているのである。

この決断が合理的になるように設定すべくあらためて留意しておく必要があるのは、それらの帰結の価値は、そこに伴う経験が良いかどうかで決まるわけではなく、ただその経験の何たるかを発見することに備わる主観的価値だけで決まる、ということである。ヴァンパイアになるべきかどうかという決断は、したがって、ヴァンパイア経験を発見することの価値に基づく決断として形づくられうることになるだろう。そのとき私たちは、この根本的に新しい経験の何たるかを発見するというだけの目的で行為することになるだろう。

しかしこの事例では、私たちの関心の対象となるような啓示は、ドリアンを食べてみるとか新たな色を目にするというように、ちょっとした新しい経験をすることで手に入る類いの情報ではないだろう。そうではなく、新たな生き方を経験すること、つまり、ヴァンパイアとして生きるとしたときのありようを経験することからもたらされるような啓示に、私たちは関心を抱くであろう。したがって、そこに伴うような啓示は、ただ感覚的なものではなく、むしろ第3章の終わりで論じたような啓示である。そこで検討したように、親としての人生を発見することに伴う啓示があるという考えは、福利や親であることについての実証研究の標準的な解釈では表しきれないものなのだ。(7)

私たちがこの種の啓示、つまり実際の経験と結びついた啓示を目的として行為したいと思っているなら、さらに、自分の人生についてのまったく新しい発見をもたらす然るべき種類の経験をこれまでにしたことがあるのなら、私たちはもしかしたら、ヴァンパイアとしての人生を生きるとはどういうことかを発見するという啓示的な経験に対して、肯定的な主観的価値を割り当てることができるかもしれない。

しかしこの応答は、正しい方向に向いてはいるけれども、性急すぎる。というのも、ヴァンパイアになるという啓示的な経験は、あなたの中核的な個人的選好をも変えてしまい、そのためあなたは別の種類の意識的存在者になってしまうからだ。

ヴァンパイアになることがあなたにとって根本的に新たな種類の経験でないのであれば、ヴァンパイアになった人物の立場に、ある意味で自分の心を置いてみて、その視座から帰結を評価することで、あなたはこれから先のことをシミュレートできただろう。しかし実際には、ヴァンパイアになるという変化が自分にどう作用するのかがあなたにはわからない（というのもあなたは、ヴァンパイアになるということがどういうことかがわからない）のだから、どんな新たな中核的選好を自分がこの先持つことになるのかがあなたにはわからない。言い換えると、変化が生じた後の帰結の価値を見定めるため、どこに自分の心を置けばよいのかが、あなたにはわからないだろう(8)。

第2章では、これと類比的な事実によって、マイクロチップ事例における決断の再定式化に問題が生じることになった。そこで私たちは、新たな種類の感覚能力を発見することと、ものを味わう能力を保持することとの間の対立関係からの選択に直面した。マイクロチップ事例でそうした問題が生じたのは、新たな感覚様相を獲得する一方でそれとは別の感覚様相を失うという変容的な特性のせいである。そうした場合、感覚経験とそこから生じる結果を伴う中核的な選好が改訂されることになるだろう。ところが、それがどう改訂されることになるのかが私たちにはわからないのである。そしてこれはつまり、関連する自分の選好が自分の意思決定モデルにおいてそのままであり続けるだろうと想定することはできないし、また自分の選好がどう展開するかもわかりえない、ということなのだ。とりわけ、感覚能力を伴う啓示が備える主観的価値についての選好は、啓示そのものが生じることで変化してしまうかもしれない。その行為主体にわかる範囲で言えば、経験が生じる前の自己は発見に低い価値を置きながら、経験が生じた後の自己はそれに高い価値を置くかもしれない。あるいは逆もまた然りである。当該の状況が変容的な特性をもつことを踏まえると、当の経験をするまでは、その行為主体は、選好の変化が自分に起きるのか、またそれはどのように起きるのかを定めるために、信頼に足る未来への見通しをもつことができないのである。

したがって、あなたのヴァンパイアへの決断には二つのレベルがあることになる。第一のレベルだと、ヴァンパイアであることを実際に経験することに備わると期待される主観的価値を定めることはできない。というのも、あなたは然るべき種類の経験をしたことがないからだ。第二のレベルでは、人間であれヴァンパイアであれ、どちらの選好をもつのを自分が好むかを、あなたは端的に選ぶことができない。というのも、そこでの変化は、あなたのヴァンパイアとしての選好がどのようなものかがあなたにはわからないということをその特性とするからだ。

高階の選好の順位づけを用いていろいろな選好から選択するにあたって、それらの選好を比べることはできない。そのためその場面では、自分が意思決定のための規則をもちあわせていないことにあなたは気づく。そうすると、標準的なアプローチでは、現在の（人間の）選好を優先するだろう。というのも、その選択をしているのは現時点のあなたの自己だからだ。しかし第2章で見たように、これがなすべき正しいことかどうかはわからない。というのも結局のところ、あなたは証言を通じて、新たなヴァンパイアたちがほぼ常にヴァンパイアになる決断を下してこの上なく満足だという証拠を手に入れるかもしれないからだ。したがって、ヴァンパイアとしてあなたがもつことになる選好を優先すべきだと思われるかもしれない。もしかしたら、そうした変容に往々にして伴う根本的な選好の変化を踏まえると、ヴァンパイアになるべきかどうかという選択にあなたが直面するときには、現在の人間の選好、たとえばベジタリアンのままでありたいという選好に基づいてヴァンパイアになるのを避けるべきではないかもしれない。というのも、その時あなたは、ヴァンパイアになる決断を下したときに現れる自己の選好を無視していることになるからだ。

第3章で子をもつ選択を考えたときに、まさに同じ争点が浮上したのを私たちは目にした。ここでは、これから親になろうとしているのに、子をもたないままでいることに高い価値を置く人は、はるかに厄介なジレンマに直面する。というのも、友人や親類は親になった後に自分が満足していると証言する傾向があるのに対し、実証研究によると福利が急落するとされるからだ。この場合、友人や親類の証言からもたらされる証拠によると、嫌々ながらこれから親になろうとしている人は、親になった後に自分がもつことになる選好を優先すべきだとされる。他方で科学的な証拠によると、その人は親になる前にもっている選好を優先すべきだとされるのである。したがって問題はこうなる。このレベルだと、現在まさに意思決定をしようとしている、子がいない自己がもつ選好か、それとも、親になってしまった後の未来の自己がもつ選好か、そのどちらの選好の集まりを選好すべきかについて、明らかに正しい意思決定理論上の規則が存在しないということだ。

こういった状況ではしたがって、あなたは以下の選択に直面することになる。一方であなたは変容し、新たな（そして未知の）個人的な選好を受け入れ、様々な新たな種類の経験をすることになるかもしれない。その際の経験から生じる帰結を発見するというのが、一つの選択だ。他方であなたはそうした発見を避けて、もともとの選好と経験を以前とほぼ同じままにしておくかもしれない。その際の経験から生じる帰結を発見することが、もう一つの選択である。

では、あなたはどのように選択すべきなのだろうか。

もしかしたら、啓示が依然として私たちの助けとなりうるかもしれない。レベルをさらに押し上げればよいというだけなのだ。あなたが変容的な経験を選択するなら、そこで合理的に選択をするためには、自分の選好がこの先変わるかどうかを発見すること、そしてどう変わるかを発見することを、あなたは選好しなくてはならない(9)。あなたが変容的な経験を避ける選択をするなら、そこで合理的に選択するためには、自分の選好がこの先変わるかどうかを発見しないこと、そしてどう変わるかを発見しないことを、あなたは選好しなくてはならないのである。

要するに、あなたが啓示を選ぶのであれば、あなたは啓示そのものを目的としてそれを選んでいる、というわけだ。ヴァンパイアであることのありようを発見する際に伴う啓示は、たとえば、洒落た黒マントを身に纏《まと》ったヴァンパイアとして優雅に飛びまわることのありようを発見することだけにとどまらない。それは、ヴァンパイアになるという変容に自分がどう応じるかを発見することが伴うような、そういった啓示なのだ。そしてそこには、その変容的な経験に応じて自分の選好がどう展開するかを発見することも含まれる。ヴァンパイアになることを選ぶのであれば、あなたは新たな種類の人生を選択することになる。そしてその人生においてあなたは、新たな種類の人物となる（ヴァンパイアもまた民であり、人間でないというだけの民なのだ）。したがってあなたは、別の種類の存在者として生きることのありようを発見する際に伴う啓示を選ぶのだ。またさらに進んであなたは、何であれ最終的に自分が持つことになる中核的な選好を発見することに伴う啓示を選ぶのである。あなたが今直面している選択は、ヴァンパイアとして自分がどんな人物になるかを発見することと、自分の人生をこれまでと同じままにしておくこととの間での選択である。あなたは新たな選好を持った新たなアイデンティティを発見することを選ぶか、そうでなければ、現在のアイデンティティと現在の選好をそのままにしておくことを選ぶのである。

同じように、子をもつ決断は、あなたの主観的な福利が増えるかどうかにかかわらず、根本的に新しい生き方と、それに応じた新たな選好とを発見する決断として、理解されうるだろう。そういうわけで、あなたが子をもつ選択をするなら、あなたの選択は、どんなものになろうとも、二人の親の新たな経験と選好を発見するという選択なのである。様々な浮き沈み、幸福や悲しみ、自分が気にかけるものの変化とともに生きる親として人生を経験するという決断を、あなたはするのである（人生の重要な局面を規定するような経験とはそういったものだと多くの人々が考えているという事実は、もしかしたらあなたを後押ししてくれるかもしれない）。それゆえ、親になることを選択するとき、あなたはあるタイプの人物になることを選択するのであり、ある特定の生き方をすることを選択するのである。しかしあなたは、そのありようをわかっているがゆえにそれを選ぶわけではない。自分がどんな人物になるのかを発見するためにそれを選ぶのである。こういった選択をするとき、自分を実際に導いてくれるのは、啓示の主観的価値に関するこれまでの経験を別にすると、以下のような一般的な事実にすぎない。たとえば、親になると時間やお金や他の活動を追い求めるエネルギーが少なくなるだろうという事実。子をもった後に親はその選択に幸福を感じると報告するという事実。子をもつとすれば、あなたの中核的な選好は、ほぼ確実に何らかの重大な変化を被るだろうという事実。こういった一般的な事実にすぎないのだ。

あるいは、あなたが子をもたないことを選択するなら、あなたは特定のタイプの啓示を諦めることを選択しているのだ。子をもつということがどういうことなのかはわからないけれど、あなたはそれを根拠に選択しているわけではない。親として持つことになる新たな選好を自分は生み出したくないし、それを充足したいとも思っていないという事実に基づいて、あなたは選択しているのだ。あなたは、自分の現在の選好、つまり、旅行や、キャリアアップの機会の活用や、拘束されない人生といった、自分にとって貴重な他の経験を追い求める選好に満足しているのである。あなたがそう感じるのはおそらく、あなたが現状の人生を楽しんでいて、今自分に生じている（そしてこれからも生じ続けてほしいと願う）類いの経験が良き人生に特徴的なものだと考えているからなのだ。親になるのを避けることを選択するとき、あなたは特定のタイプの人物であることを選択し、ある特定の生き方をすることを選択する。しかし、親であるとはどういうことかがわかっているからその選択をするわけではない。あなたがそれを選択するのは、この種の啓示を拒絶するからなのだ。あなたは、親になることに伴う新たな選好やアイデンティティを発見したいとは思っていない。そういった発見は、あなたからすると、何の魅力もないものなのだ。

いずれにせよ、子をもつことを選択する、あるいは、子をもたないままであることを選択するとき、合理的に選択するのだとすれば、新たな経験や選好を発見したいと思っているか、それともそういった発見を差し控えたいと思っているかに基づいて、選択することになる。あなたは、自分が啓示を欲するか、それとも欲しないかを選択するのである。親として生きるという経験に何が伴うかを発見することには、ある価値が備わっており、そうした価値ゆえの好機を、啓示をめぐる決断が構成するとみなされるかもしれない。あるいは逆に、そうした決断は、検討されないままなのがいちばんであるような選択肢だとみなされるかもしれない。

それゆえ一般には、こんな解決策が提案される。あなたが変容的な選択の事例において規範的な合理的基準を満たせるとするなら、あなたは、主に啓示を根拠として、変容的な経験をするか、それともそれを避けるかを選ばなくてはならない。新たなタイプの経験のもとで自分の人生がこの先どう展開するかを発見したいのかどうかを、あなたは決めるのだ。変容的な経験とその諸帰結を引き受けることを選ぶなら、たとえそのことから、ストレスや苦しみ、痛みの伴う未来がもたらされるとしても、あなたは、発見そのものを目的としてその経験を選択しているのである。

間違えることもあるだろう。しかし、熟慮して真正に生きることの意味についてよく知られた特徴は、自分の選択から生じる結果を自分でどう受け入れるべきかを学ぶことだ。真正に生きることには、自分の人生に起きる出来事を選んだりそれに応じたりするとはどういうことかの発見が、その一部として含まれる。たとえ自分の選択によって困難が生じたり、あるいは福利が減ったりするとしても、その選択に啓示が伴わないわけではない。というのも、自分の行為の結果として生じる成り行きや選好の展開を経験するときのありようのなかに、啓示が伴い、また、そういった成り行きに応えて人生をやりくりしていくことに結びついた啓示が存在するからだ。

どんな変容的な決断を検討するにせよ、そこに伴う実際の経験に備わる個々の主観的価値の性格に基づいて決断しようとするのとは逆に、そこに伴う啓示を選好の変化についての選好のレベルに引き上げることで、私たちは、規範的な基準に従って、意思決定を行なう現在の自己の選好に優先順位をつけるための意思決定理論の規則を活用することができるようになる。それゆえ、私たちは啓示によって導かれる限り、また、ヴァンパイアになる（あるいは、親になる、新たな感覚能力を持つようになる、医師になる等）ことの実際のありようについての不当な想定を意思決定の手続きに入り込ませない限り、私たちは合理的に選択できる。

これは、私たちのジレンマを解消する魅力的な方法のように思われるかもしれない。しかし厄介なことに、ある人々にとっては、それはまったく満足いくものとならないだろう。なぜだろうか。なぜなら、選好の啓示をもとに、つまり、今後展開することになる選好を発見するのを選好して、変容的な経験をすることを選ぶ他ないのなら、私たちは、結果として自分がこの先持つことになる新たな選好と対立するような現在の一階の選好を、それがどんなものであれ放棄することを選好しなくてはならないからである。しかしこういった一階の選好の多くは、何かしら自分の真の自己を規定すると私たちに思われる選好でありうるのだ(10)。

たとえば、あなたがヴァンパイアになる選択をし、その際、ヴァンパイアになることで選好がどう展開するにせよ、そのように選好を展開させたいという高階の選好を採用する場合には、ひとたび噛まれてしまって、あなたの選好が血の飢えに向けて展開するとすれば、あなたはベジタリアンであるためのいかなる一階の選好も放棄しなくてはならない。あるいはもしかしたら、人間としてあなたは、恵まれない子たちの世話をすることに価値を与えているかもしれない。しかしヴァンパイアになることを選択すれば、あなたは、冷酷な身勝手さに価値を与えることとクモを育てることへと自分の選好が展開する可能性に関与することになる。またそのときあなたは、もはや恵まれない子たちを助けることに何の関心も抱かなくなる。さらに他にもいろいろある。あなたがヴァンパイアになることを選択すれば、自己を規定する一階の選好のほとんどすべてが、簡単に放棄の対象となりうるだろう。

同じように、もしかしたらあなたは親になることを選択し、子をもつときに選好がどう展開するにせよ、そのように自分の選好を展開させたいという高階の選好を意識的に採用するかもしれない。ひとたび親になると、あなたの選好は展開し、結果としてもはやあなたは、本を書いたり、エキゾチックな場所に旅行したり、登山をしたり、週末に踊りに出かけたり、あるいはオフィスで残業したりすることを選好しなくなるかもしれない。つまり、ひとたび親になると、あなたの選好は、あなたを別の種類の人物に、つまり、まったく別の生き方をもたらす新たな人生を受け入れる人物にするよう展開するかもしれない。そうだとすれば、自分の選好を展開させたいという高階の選好を採用することで親になることを選ぶとき、あなたは、自分がもはや、新たな選好を発見することに価値を与えるほどには、この一階の選好に価値を与えないと決断しているのである。

問題はこういうことだ。私たちの多くは、自分の選好がとりうる展開のありようと対立するような一階の選好を持っている。そして私たちは、そういった一階の選好のいくつかが本質的、つまり、自己を規定するものだとみなすかもしれないのである。しかし、変容的な経験をすることを合理的に選択するには、私たちはこの一階の選好を諦めなくてはならない。そして、人生における大事な決断に直面するときには意思決定の規範的基準を満たせるようにありたいと私たちは思うものだが、一階の選好を諦めることはその際の重い負担となるのである。

決断の構造をこの観点から理解すると、やはり先ほどのサルトル流のジレンマには一理あるとわかる。状況は、私たちが人生における大きな選択を合理的にできないというわけでも、合理的な行為主体が一人称的視座から選択できないというわけでもない。そうではなく、ここでのジレンマはこういうことだ。変容的な個人的選択の場合、一方で、啓示を避けたり受け入れたりすることに基づいて選択することで、私たちは合理的な基準を満たそうとすることができる。他方で、未来にまつわる推論や熟慮を導くために、一階の選好や、想像による一階の評価を利用したいと直観的に私たちが思う場合の、そのやり方を正当化する何らかの方法を私たちは見いださなくてはならないのである。

したがって、このままではいかないというのが私の結論だ。

ここまでに扱ってきた事例には、未来に私たちが実際にする経験の主観的価値に認識的にまったくアクセスできないという多くの実生活の文脈が含まれる。そういった事例では、私たちは合理性プラス啓示を選ぶべきだと、私は論じる。変容的な文脈で人生の主要な決断を下すような実生活の事例において、自分にやりくりできることはごくわずかだ、という認識上の事実を私たちは受け入れなくてはならない。私たちの選択が自分の主観的な選好に依存する限り、その選択に伴う新たな選好と経験のありようを発見するか、それとも現状を維持するかという、そういった選択肢から私たちは選ぶことになる(11)。

人生における大きな選択に直面するときにこのような仕方で選択することを決断するなら、そこで私たちが選択しているのは、主に、新たな生き方を発見すべきかどうかだ。親としての人生、聴者としての人生、あるいは神経外科医としての人生など、そういった新たな生き方の発見である。つまり、そういった経験によってこの先自分がそうなるような種類の人物になることを、そういう人物になるとはどういうことなのかはわからないままに、選択するのである。

あるいは、新たな選好の（ただの）発見に与える価値よりも高い価値を、自分の現在の選好に与えているがゆえに、私たちは啓示を拒絶するのだ。つまり、私たちは一階の選好を放棄するのを拒んで、代わりに、ものを味わう能力を保持すること、子をもたない人生を続けること、あるいはデフのままであることを選ぶのだ。

変容的な経験の間で選択が行なわれる場合は、現状のままにしておくことは選択肢に含まれない。たとえば、ヴァイオリン奏者としてのキャリアと、医者としてのキャリアから選択しなければならない場合がそうだ。そういった選択に際して私たちは、一方のタイプの人生ではなく他ならぬそのタイプの人生を生きることのありようを発見しなくてはならない。おそらくその際には、同じように啓示的な選択肢のなかからいずれかを拾い上げることになるだろう。[12]

したがって、変容的な経験からもたらされる教訓はこういうことだ。合理的に選択したいと思うのなら、あなたは、コンラッドの『闇の奥』のなかでアフリカ沿岸を航行するときのマーロウのように、自分の未来に直面することを強いられるのである。「船の横を通り過ぎていく海岸を眺めていると、謎をかけられているような気がしてくるものだ。目の前の陸地が微笑み、眉をひそめ、誘いかける。雄大だったり、醜悪だったり、平凡だったり、荒涼としていたりする風景が、沈黙したまま、〝さあ答えを見つけにおいで〟と囁きかけてくる。[13]」

人生における変容的な選択の一つ一つに直面するとき、あなたはこう自問しなくてはならない。自分は新たな自己という未知のジャングルに突入するのだろうか。それとも、自分は船上にとどまるのだろうか。

刊行案内

＊ 2023. 6 〜 2023. 11 ＊

名古屋大学出版会

〒464-0814　名古屋市千種区不老町一名大内　☎052-781-5353／FAX 052-781-0697／e-mail：info@unp.nagoya-u.ac.jp

トーマス・ラマール著　上野俊哉監訳　大﨑晴美訳

アニメ・エコロジー

―テレビ、アニメーション、ゲームの系譜学―

A5判・454頁・6300円

テレビでアニメを見る――それはどのような経験なのか。ポケモン・ショックから現代のメディアミックスまで、視聴者の脳・身体を巻き込み、テレビ、アニメーション、ゲームが動的に接続されるメディア環境についての思考を拓く。『アニメ・マシーン』の著者による、新たな時代の映像論。

978-4-8158-1128-0

田村美由紀著

口述筆記する文学

―書くことの代行とジェンダー―

A5判・318頁・5800円

谷崎潤一郎をはじめ、口述筆記を行った作家は実は多い。だが、ディスアビリティやケアが絡み合う空間で、筆記者、特に女性の役割は不可視化されてきた。大江健三郎、多和田葉子、桐野夏生らの作品をも取り上げ、書くことの代行に伴う葛藤とジェンダー・ポリティクスを鋭く分析した力作。

978-4-8158-1129-7

冨田絢矢著

道徳はなぜ価値判断の問題になるのか

―ヘアの道徳哲学と好敵手たち―

A5判・334頁・5800円

我々がもつべき生き方の自由と、普遍的規範を求める理性――。価値観の林立する現代において溝を深めるこの二つを、いかに調停すべきか。ヘアの哲学を軸にサールやトゥールミンらの議論も検討し、共同の学びに焦点を置いた倫理を提示、Why-be-moral? 問題に新たな答えを与える。

978-4-8158-1143-3

加藤祐介著

皇室財政の研究

―もう一つの近代日本政治史―

A5判・410頁・6300円

ヴェールに覆われた皇室財政の姿を初めてトータルに解明。御料地経営や証券投資、恩賜などの経済・財政の展開から皇室の公私や民衆との関係を大きく位置づけなおすとともに、国務と並び立つもう一つの国制の体系を浮かび上がらせる。戦後の皇室が抱える葛藤も照らし出した刮目の成果。

978-4-8158-1126-6

佐藤彰一著

フランク史Ⅲ　カロリング朝の達成

A5判・474頁・7200円

西洋史上の画期をなすピピンの即位とカールの皇帝戴冠。彼らの後裔による覇権争いの下、中世世界は本格的に姿を現す。「自由なる民」の興亡を辿る初の通史の最終巻。本巻では、王権の動向を軸に、経済的・軍事的変革やキリスト教規範の浸透、新勢力の台頭を[illegible]

-4-8158-1127-3

羽賀祥二著

軍国の文化［上］

―日清戦争・ナショナリズム・地域社会―

Ａ５判・４７８頁・６３００円

近代初の本格的対外戦争
のもとに遂行され、戦いと病いによる膨大な犠牲を社会はどのように受容したのか。動員体制の確立から、戦闘と占領地統治の様相、葬送・記念や仏教教団の活動まであまねく探究、「大量死の時代」が生んだ戦争協同体の構造を解明する。

978-4-8158-113

羽賀祥二著

軍国の文化［下］

―日清戦争・ナショナリズム・地域社会―

Ａ５判・６４０頁・７３００円

華やかな祝祭や忠勇の伝承、民衆の献身的な恤兵活動、国家・郷里による死者の追悼と遺族支援――。これらが織りなす戦争協同体の総体と、新たに現れた倫理や歴史認識を、国外の動向と共に包括的に検証し、帝国日本が抱き続けた愛国のメンタリティと軍国主義の起源を辿る、泰斗の労作。

978-4-8158-1138-9

伊藤之雄著

維新の政治と明治天皇

―岩倉・大久保・木戸の「公論」主義 1862～1871―

Ａ５判・８３４頁・９８００円

国家の危機を前に、幕末・維新のリーダーたちはいかにして政治的意思決定を行ったのか。そのとき天皇のあり方はどのように変化したのか。岩倉具視・大久保利通・木戸孝允らによる「公論」主義を軸に、倒幕から廃藩までの激動の過程を一貫した視座のもとで捉え、新たな明治維新像を提示。

978-4-8158-1139-6

沢井　実著

日本帝国圏鉄道史

―技術導入から東アジアへ―

Ａ５判・３４０頁・５８００円

帝国日本の「骨格」はいかに形成されたのか。欧米から吸収した最先端の鉄道技術が朝鮮・満洲といった外地において固有の仕方で実践され、戦後へとつながる一大鉄道ネットワークの構築に至る歩みを、技術者など人的資源の移転を軸に隅々まで捉え、比類なきスケールで鉄道史を描き直す。

978-4-8158-1135-8

齊藤　誠著

財政規律とマクロ経済

―規律の棚上げと遵守の対立をこえて―

Ａ５判・４６８頁・４５００円

日本経済の進む隘路を照らす――。現状をどう考えればよいか、この先どうなるか。過去三十年間に陥った不可思議な均衡とその行方を初めて包括的に解明。戦中・敗戦直後の経験も踏まえた透徹した分析から、危機対応の方針を含め、政府・日銀のすべきこと／してはいけないことを明確に提示。

978-4-8158-1136-5

李　昊著

派閥の中国政治

―毛沢東から習近平まで―

A5判・396頁・5800円

公式には存在を否認されながら、権力闘争や政策論争の展開を根本で規定してきた中国共産党の派閥集団。その隠れた実態とダイナミズムをクリアに描出し、建国以前から文化大革命や改革開放を経て現在に至る流れを新たな視点で再解釈する。権威主義体制において派閥が担う真の役割とは？

978-4-8158-1131-0

鄭　黄燕著

都市化の中国政治

―土地取引の展開と多元化する社会―

A5判・268頁・5400円

改革と開放後、独自の不動産市場の展開に伴い都市空間の急拡大をみた中国において、都市と農村で分断された従来の社会構造がいかに変容したのかを、徹底したフィールド調査で解明。土地収用による一方的収奪を超えた農村のしたたかな対応も捉え、今日に及ぶ政治経済の核心的問題に迫る。

978-4-8158-1133-4

茅根由佳著

インドネシア政治とイスラーム主義

―ひとつの現代史―

A5判・282頁・5800円

多様な宗教を包摂する「民主化の成功国」で、「不寛容」とされるイスラーム主義者の系譜がなぜ人々を糾合できたのか。デモクラシーと排他性の間で揺れてきた彼らの活動を軸に、インドネシアにおける政治と宗教のダイナミズムを独立期からSNS時代まで総体的に捉え直した、俊英の力作。

978-4-8158-1134-1

アンドリュー・E・デスラー著　神沢博監訳　石本美智訳

現代気候変動入門

―地球温暖化のメカニズムから政策まで―

菊判・334頁・3500円

「気候とは何か」といった初歩の初歩から、脱炭素に向けて世界がとるべき対策まで、温暖化に関する科学と政治・経済をバランスよく記述。懐疑論への応答も随所に交えながら、問題の全体像を理解に必要な深さまで明快に語る、「文系」「理系」双方へ向けたスタンダードかつ最良の書。

978-4-8158-1130-3

片木　篤著

チョコレート・タウン

―〈食〉が拓いた近代都市―

A5判・440頁・6300円

チョコレート工場を中核として築かれた新たな都市「チョコレート・タウン」。甘くて苦い嗜好品の大量生産・輸送・消費・広告は、どのような空間や生活をもたらしたのか――。欧米の代表的事例から、外来の〈食〉が〈住〉を刷新していく歴史をト[illegible]

4-8158-1132-7

補論　意思決定

本書の中心的な議論はこうだ。個人レベルでの意思決定手続きは、変容的な経験を伴う行為から生じる諸帰結を認知的にモデル化したり思い描いたりすることに基づくことがあるが、変容的な経験には認識と個人をともに変容させるような性質があるために、その手続きにいろいろな問題が生じてしまう。

私の議論は、導き出した答えよりも多くの問いを投げかけており、そして幸いにも、私の議論には幅広い応答が寄せられてきた。この補論では、対話相手からもたらされた、たくさんの素晴らしいコメントや批判のいくつかに取り組むことにしたい。もちろん、この問題について検討されうるすべての次元に取り組んだとは思ってはいないけれど。

以下では、変容的な経験に関わる問題が、いくつかの論点とどうつながっているのかを論じることにしよう。ここで論じられるのは、一人称的な選択、反事実条件法、経験的な見通しへの制約、インフォームド・コンセント、合理的な依存、不確定な効用、あいまいな信憑度、高階の計算モデル、気づかない行為主体、といったものである。

子をもつかどうか、あるいは医者になるかどうかといった大きな決断について、私は極めて主観的な語り口で言い表してきたし、実際そういった決断は一人称的な見方からなされると考えられていると論じてきた。道徳的な要因や社会的な要因などの客観的な要因は、意思決定の見定めに関わるけれど、それらは私の議論の主たる焦点とはならなかった。私がそういった考察を脇に置いたのは、何であれ思慮深く徹底した熟慮と客観的価値が無関係だからではなく、私たちの選択の一人称的要素だけを取り出して吟味したかったからだ。

人生における自分の主観的な未来についての大きな決断は、少なくとも部分的には、一人称的な見方からなされる決断として極めて自然に組み立てられる。私たちは、そうした一人称的な見方のもと、これから実際に生じうるいろいろな経験を心のなかで自力でモデル化し、そのうえでそこから選択するのである。こうした決断には、行為の決断に伴う諸々の経験をすることを選んだときの、自分の主観的な未来のありように関する判断が、消し去ることのできない仕方で伴う、と普通は理解される。道徳的な価値やその他の価値が、ある選択をするための心理的な理由として一人称的に示されるとき、それらの価値は同時に、私たちの割り当てる主観的価値のうちに示されうるのである。

ある選択をするときに私たちがとる一人称的な心理的構えをただ消し去ってしまえばよいと論じることだってできるだろう。でも、そのように組み立て直すと、私たちは当の決断についての通常の考え方を実質的に修正しなくてはならなくなる。(1) 事実上、自分たちの合理性を守るために、自分たちの自律性を諦めなくてはならないことになるだろう。

しかしこれまで明らかにしてきたように、変容的な意思決定の問題の基礎にあるのは、なしうる選択とそこから生じうる帰結が評価されるそのときに、客観的な道徳的留意事項や、社会科学や行動科学における実証研究といった、三人称的な情報源からもたらされる留意事項を決断に含めることはできない、という考えではない。

もちろん、選択の可能性を見定めるときに、個人とは無関係のそういった情報源を参照することはできる。悩みの種は、そうしたことができないとか、あるいはそうすべきでないということではない。むしろ悩みの種は、一人称的な心理的構えを消し去ってしまうことで、私たちの意思決定理論に課せられる規範的制約が実質的に次のことを意味してしまうことにある。すなわち、変容的な選択の文脈において、「〇〇するとはどういうことか」「〇〇することのありよう」の考慮に基づく一人称的な選好はどれも、評価の過程で中心的な役割を果たすことができない、ということになってしまうのだ。そしてこれは大変な事態だ。というのも、私たちは、自分の人生において重要で大きな決断をするときに、人生の選択に直面している個人として、道徳規則や科学的なデータを喜んで考慮に入れはするが、自分の主観的な視座を端的に無視してしまったり、個人的な意思決定に占める中心的な位置からそれを端的に消し去ってしまったりすることを良しとしないし、また、原理的な理由に加えて実践的な理由からもそうすべきではないからである。

自分の主観的な未来について大きな決断をしようとするとき、なぜあなたは、一人称的な心理的評価を保って決断する必要があるのだろうか。（第4章で私が提案した解決を踏まえると、あなたの決断が変容的なものならば、そこであなたがとるべき一人称的な心理的アプローチには、啓示の望ましさを見定めることが伴う。）その理由は二種類ある。

一人称的評価を支持する第一の理由は、実践的なものだ。個人とは無関係の情報源からは、完全な手引きがまったくもたらされないことがある。たとえば、自分の味覚を新しい感覚能力と置き換えてしまうマイクロチップをあなたは埋め込むべきかという問いに対して、道徳規則や法的ルールは、たいして何も述べてはくれない。あるいは、自分の子が種に典型的な仕方で音を聞くことができるとして、そのありようについてのあなたの考えをどう考慮するか、そういった一人称的な考慮次第で、あなたのなすべき道徳的に正しいことが定まることもある。ここでもやはり経験的な手引きは完全ではありえない。これは、第2章でヴァンパイアの事例を議論したときに、ヴァンパイア心理の研究がまだ初期段階だと想定することで明らかになったことだ。こうした実践上の経験的制約は次のような事実に由来する。確かに心理・行動・神経・社会についての専門家は、あるタイプの決断を下すことに人々が一般にどう反応するかを教えてくれる。しかし、この現実世界で実際にたくさんの決断を下すときには、そのような教えだけをもとに自分の主観的な未来について大きな決断を下すことはできない。というのも、一個人としての私たちがこの先どう反応するかを予測できるだけの十分な、然るべき種類の情報を私たちが得ていないからだ。そこには、経験的データに課される実践上の制約がある。（次節では根本的同定問題を論じるが、そこでこのことをもっと詳細に論じる。）

　次のような決断状況に自分が置かれているのに気づくことはよくあるだろう。あなたは、関連する帰結がどのようなものとなりうるかは少なくとも大雑把にわかっているけれど、自分がこの先どの帰結を最も経験しそうか、あるいは実際に生じる帰結に自分がどう反応することになるかについては、十分にはわかっていない。それがわからないのは、あなたのもっている科学的な情報が、正確な個人レベルの予測ができるほどには十分に個人向けになっていないからだ。科学はまだそこまで十分には発達していない。たとえば実証研究によって、あなたが網膜手術の決断をすべきかどうか、あるいは、医者になるよりもヴァイオリン奏者になる方を選好するかどうかを、余すところなく決められるようになることは、少なくとも近い将来のうちにはないだろう。これは、「参照クラス問題」としばしば呼ばれるものに関連している。小さな賭けの場合には、参照クラス問題は無視されうる。しかし大きな賭け、つまりあなたの人生や生き方を賭ける場合には、参照クラス問題ゆえに、あなたの一人称的な評価を経験的なデータと気軽に置き換えることはできないのである。

特定の帰結は自分にとってどれくらい起こりそうなものなのか、そのとき自分はその帰結にどう反応するのかといったことを教えてくれる個人レベルのデータが、もし私たちの手元にあるとしたら、人生における大きな選択は、バスの前に踏み出さないとかサメに食べられないのを選ぶのと同じようになされる、と論じられることになるだろう。バスやサメの場合には、そのときのありようを認知的にモデル化することで帰結を見定める必要はない。なぜなら、結果がどうなるかが私たちにはわかっているからだ。つまり、どんなありようであろうと、それらの帰結はすべて悪いものだと私たちにはわかっているのである。個人レベルの性質によって因果的に決定される結果、および、そういった結果が生じるとしてそのときの私たちの満足の度合いを、実証研究によってあっさりと記述できるとしたら、私たちが普段行なう熟慮に基づく手続きを、そういった結果によって特定される期待値で、すんなり置き換えることができるかもしれない。このとき事実上、自分の個人的な決断を専門家に引き渡してしまえることになる。けれども、私が焦点を当ててきたような人生における大きな決断については、そうできるだけの十分に詳細なデータが私たちにはないし、今後そういったデータがもたらされるかどうかも明らかではない。

意思決定における一人称的な視座の役割を保持する第二の理由は、原理的なものだ。自分の未来について大きな決断をするとき、私たちはそれについて慎重に考えたいと思う。規範的意思決定理論が私たちにとって大事なのは、そのためだ。私たちは自分の個人的な未来と、自分を頼りとする人々の未来の計画を練ろうとするし、また、できるだけ合理的にそうしたいと思っている。しかし他方で、私たちは真正な選択をしたいとも思っている。つまり、自分自身がしっくりくる仕方で、反省し熟慮する人間としての自分の自己を介在させるような仕方で、選択したいと思うのである。未来についての自分の見方や主観的な視座が自分のあり方の典型的な特徴だと考えるのは自然なことだ。そうした視座のもと私たちは、自分の未来がこれからどういうことになるかを定めるような選択をして、自分のあり方をコントロールし、またそれに対する権限をもつのである。

もしかしたらあなたはこのことに同意しないかもしれない。一人称的に見定めることで問題が生じるというのなら、それを捨ててしまえばよいのだ。少なくとも原理的には、もしデータが存在するのであれば、自分の一人称的な視座を経験的な事実と置き換えて、主観的な価値と選好の役割を消し去ってしまうことができるだろう。あるいは、道徳規則がわかっているのなら、ただそれを使って決断を確定してしまえばよい。そのような置き換えが真に合理的な応答だとみなされないなどということがどうしてありえようか。

こういった置き換えをすると、熟慮についての私たちの通常の考え方がどれほど大きく傷つけられることになってしまうのかを理解するのは大事なことだ。ここでもやはり、道徳的・経験的・法的な情報源を手引きとして参照することはできないとか、そういった種類の情報源を用いて一人称的な視座に影響を与える試みは不可能だと論じているわけではない。それどころか、自分の選好がこれからどう展開するかを理解するために、一人称的な啓示に価値を見いだして経験の選択をするときには、自分のもつ最良の道徳的・法的・経験的な基準に合わせてそういった選択をすべきだと私は思っている。

むしろ私の議論はこうだ。経験的に決定された、あるいは道徳的に決定された行動アルゴリズムを私たちの決断に適用するプログラムのようなものが、自分の一人称的な熟慮に取って代わるべきではない。そんなことをしてしまえば、決断に直面する行為主体としての私たちは、初期値を与えたら、あとはただ、どう行為すべきかを教えてくれるコンピュータや科学者（あるいは哲学者）を待っているだけになってしまう。

人生における個人的な選択に直面する個人として、つまり自分の未来についての決断をする生身の人間として、私たちは、帰結の確率や価値について他者が教えてくれることを知りたいとか、自分の個人的な気持ちとは独立に定まった帰結の算定数値がほしいとは思わない。私たちは、自分が何を考えていて、自分が何を気にかけているのかを知りたいのだ。このことが一つの理由となって、個人が合理的であるためには、道徳的あるいは環境的な留意事項といった三人称的な留意事項だけに基づいて、未来の自分の主観的な視座について意思決定しなくてはならないと主張することは誤っているように思われる。少なくとも、他者の人生が賭けられているわけではなく、問題になっているのが個人自身の主観的な未来であるという前提がある場合には、そういった主張は誤りに思われるのだ。専門家の助言に基づいてなされる意思決定を考えるときにも、同じ論点が成り立つ。道徳的な要因、社会的な要因、その他の要因だけに基づいて個人的な決断をすることが合理的に義務づけられていない方がいい事例は、たくさんある。それと同じように、経験的データだけに基づいて個人的な決断をすることが、つまり、自分の意見を他者の専門的な意見と置き換えることが合理的に義務づけられうるかどうかは、明らかではないのである。

合理的であるためには三人称的なデータだけに基づいて自分の主観的価値を特定しなくてはならないとすれば、あなたは自分の特権的な視座、つまり、自分の心的な自己を規定するような意識的な観点を放棄しなくてはならない。そして自分の一人称的な視点を放棄せざるをえないとすれば、あなたは、次のような仕方で熟慮せざるをえない。すなわち、将来自分に生じうる経験を一人称的に見定めることで特定されるあなたの選好が、あなたの合理的な計算にとって大事でないことになってしまうのである。

サリーは、子をもちたいといつも思ってきたが、子をもつかどうかの選択をするときに自分の個人的な価値観と選好を無視してしまう、という第3章で見た奇妙な着想を思い出そう。経験的データと専門家の（大多数の）意見によると、子をもつことで主観的な福利が低下するとされる。それを読んだ彼女は、自分の個人的な選好を無視して、子をもたないままでいることを決断するのである(2)。あるいは、次のような人物、サムを考えてみよう。彼は血を見るのが嫌いで、できる限り重労働を避けるし、医療には何の関心もない。けれども、自分がそうするのは道徳的に価値あることだとわかっているという、ただそれだけの理由で、外科医になる決断をするのである。こうした決断の仕方は、私たちの通常の視座からすると誤っているように思われる。というのも、そうした決断の仕方は、自分の人生の生き方をどう選択すべきかについて慎重かつ徹底的に熟慮するための規範的な規則に反しているように思われるからだ。

主観的な視座を自分の決断から除外することには、さらに問題があり、それは、選択を真正な仕方で責任をもって行なうためには、その選択を一人称的な視座に基づいてなさなくてはならないというサルトル流の論点とつながっている。(3) この点を述べるなら、こうも言える。自分の選択から一人称的な視座を消し去るなら、私たちは、自分で決断することを放棄することになるがゆえに、その決断を真正なものとして有することを放棄することになる。選択において自分自身の理由・価値・動機を考慮しないのだとすれば、私たちは自分の真正性を放棄することになるのだ。合理的であるために一人称的な視座を放棄せざるをえないのであれば、それは、合理的な行為主体であるためにある形式の自己否定に手を染めざるをえないことを意味するだろう。このとき私たちは、個人的な熟慮と真正の選択によって定まる未来というよりむしろ、ビッグデータやビッグモラリティによって定まる未来に直面することになるだろう。(4)

おそらく私たちは、自分自身の自己に対してそれぞれがもっている特権的な視座を、自分の意識的な観点から価値づけているがゆえに、自分の一人称的な観点から自分自身の主観的な選好と態度を検討し、その視座から選択したいと思うのだろう（Moran 2001）。このような仕方で選択しないのだとすれば、ある重要な意味で、私たちは自分自身を自分の選択から遠ざけることになり、それゆえ自分自身を自分自身の未来から遠ざけることになる。言い換えると、自分の未来について自分自身の個人的な観点から選択せずに、代わりに一歩後ろに下がって、何か不偏で中立的な三人称的観点だけに基づいて選択の策定を試みるのなら、あなたは実際には自分自身に対する権限を譲渡しているのだ。

こうした権限の譲渡は二つの意味で成り立つ。まず、あなたが自分の個人的な観点を完全に度外視すれば、このことは成り立つ。しかしそれだけでなく、あたかも自分が何か不偏の観察者であるかのようにして、自分の個人的な観点を組み込んでいるにすぎないとすれば、つまり、意思決定主体の一人称的な見方に対する三人称的な姿勢に、三人称的な経験的情報を組み合わせることで決断しようとするのだとすれば、やはりこのことは成り立つのである。この場合、意思決定主体はたまたまあなた自身であるにすぎない[5]。いずれの姿勢も、真正の責任ある意思決定にふさわしいものではない。というのも、いずれの姿勢も、自分の人生をコントロールし、自分自身の決断の結果を形にするときに私たちがそれぞれに抱くような一人称的なコミットメントを組み込んでいないからだ。

本文での私の議論から導かれうる結論の一つが、個々の意思決定主体はむしろ権限を科学に譲渡すべし、といった結論であるのを私は認めざるをえない。結局のところ、科学とは真理への手引きであり、一人称的な熟慮を保持することに対して私ほど関心のない人々は存在するのだ。けれども、これが結論だとすれば、もっと詳細な哲学的吟味と批判が必要だ。真に合理的であるために一人称的な姿勢を放棄しなくてはならないのだとすると、規範的な合理的基準を満たすことの代償は実に大きなものとなるのである。

根本的同定問題

前節で私はこう論じた。実践的な理由から考えると、大きな賭けから生じる帰結について個人レベルで行なう心理的な見定めを、社会科学や行動科学からもたらされる経験的なデータとすんなり置き換えるべきではない、と。本節では、こうした実践的な懸念のための方法論的な土台を説明しよう[6]。

心理学・経済学・社会学といった経験的な学問分野では、大規模な集団についてのデータを集めて、それらの集団を、外的に規定された尺度に基づいてさらに小さな集団に分割し、人々がそのタイプごとに別々の経験に対してどのように反応するかについての情報をもたらす。この研究の焦点となるのはしばしば、広範な人口学的カテゴリである。たとえば、別々の社会経済的な階級・ジェンダー・人種・文化に属する人々に何をする傾向があるのかが、その焦点となる。そしてここではしばしば、年齢・健康・背景・ライフステージ・余暇・個人の能力・性格特性といった一般的な特徴に基づいて、さらに小さい集団に分割される。そういった情報は、個人とは無関係なレベル、あるいは社会的なレベルでは、意思決定にとって極めて有用だ。たとえば、公共政策や組織の方針を展開したり文化的・経済的なトレンドを見定めたりするのには、とても有用だ。しかし個人的な観点からすると、ある個人が自分で決断を下そうとしているとき、こういった情報はせいぜい部分的に有用であるにすぎない。それというのも、まさに自分とほぼ同じ人物、つまり個人の能力や性格特性、好き嫌い、労働意欲、神経症などがまさに自分と同じように混じり合った人物が、ある特定の経験に対してどのような反応を最もしそうか、ということについて、先のデータはその種のきめ細かい情報を与えてくれないからだ[7]。

個人というのは複雑な存在で、人物ごとに独自の心理的特性や背景をもっている。そのため、一つの出来事に対してもそれぞれに特有の仕方で反応しうる。つまり、大規模集団を調査したときに、たとえ一般的な特性に相関する傾向が顕れたとしても、心理的な性質と能力が個々にどう混じり合っているか次第で、同じ文脈であっても、同じタイプの経験をすることに対して、人によってまったく異なる個人的な心理的反応をなしうるのである[8]。結果として、ある人物が自分の未来について自分で決断をしようとするときに、社会科学的な調査結果を自身の主観的な視座の代わりに用いて申し分のない結果がもたらされると予想することはできない。私たち自身の選択が問題になるときに、経験への自分の反応の仕方に関する予測を立てるうえで、実際に申し分のない仕方できめ細かく自分を導いてくれるのは、自身の自己知であり、個人的な観点についての詳細な把握だけなのである。

もちろん、私たちは、目の粗い経験的な情報と自己知を組み合わせて、情報を提供し手引きを与えることはできる。これら二種類の情報をひとまとめに用いることはできるのだが、しかし、現代科学からもたらされるよりもはるかにきめ細かいデータがない限りは、経験的なデータをきめ細かい主観的な視座と置き換えることはできない。ある特定のタイプの経験をするかどうかを検討するとき、予想して然るべき経験的な帰結に備わる価値への道筋を申し分なくあなたに示すという点では、実証研究の結果は十分ではない。それが十分であるためには、あなたは、自分がいかなるタイプの人物であるか、また、問題となる文脈に関連するタイプのうち自分はどのタイプに該当するかといったことがわかっていなくてはならないし、さらに、そのタイプの人間は事実上誰もが、現在あなたが検討している類いの経験に同じような仕方で反応する、ということがわかっていなくてはならないのだ。この問題は、本質的には、自己位置の問題である。自分がこの先、最終的にどの集団の反応主体に落ち着くかがわかるほどには、きめ細かい詳細が私たちには十分にわかっていない、ということだ(9)。個人とは無関係なデータと個人的な視座との間にあるギャップを埋める試みとして、これから生じうる結果を内省するのが一つのやり方だ。つまり、大きな個人的決断に直面するときには、非個人的なものと個人的なものとの間のギャップを埋めるために、個々の人が、想像を通じた内省と非個人的なデータを結びつけて、いろいろな処置や帰結ごとに、それに対して自分が行なう個人的な応答を評価するのだ。個人向けの公共政策において、インフォームド・コンセントにそういった中心的な役割が与えられているのは、そうしたギャップを埋める必要性が暗黙のうちに認知されているからかもしれない(さらなる点についてはインフォームド・コンセントの節を見よ)。

経験的な情報は本質的に十分にきめ細かいものではないということは、社会科学者によく知られた問題、すなわち根本的同定問題の一種である。根本的同定問題は次の事実から生じる。時点tにおける所与の出来事が今後個人にどう作用するかを測定する理想のモノサシがあるとすれば、実際に作用を受けた後の時点t+1における個人と、実際と異なり作用を受けていないとした場合の時点t+1における個人を比べることが含まれるだろう。

　プログラムを評価するときの根本的な問題は、同一人物が帰結において獲得するものを、両方の状態において同時に直接観察することができないことにある。この争点を扱うにあたって、いくつかの古典的なアプローチは、平均処置パラメータを同定することだけに焦点を当てて、条件的に独立しているという想定に依拠することで、選択の問題を解決する。この領域において、マッチングはとてもポピュラーなものになった……[10]。

ここでの争点は、同一人物が別々の「処置状態」にあるところを同時に観察することは決してできない、ということだ。つまり、ある特定の個人に作用する出来事について、その実際の帰結と、実際とは異なる帰結の両方を観察することはできないのである。明らかに問題は、実際とは異なる帰結を経験的に測定するのは難しい、ということにある。私たちは、現実化されていない可能世界へと赴いて、そこでデータを集めることはできないのだ。

　言い換えると、個人のレベルでいろいろな特徴が観察されるという意味で、科学者は確かに個人レベルのデータを集めることはできる。けれども、根本的同定問題が明らかにするのは、個人としての私たちが人生の大きな選択に直面するときに求める、真に個人的な意味でのデータを集めることはできない、ということである。社会科学者にできることはせいぜい、個人を同定する一定の特徴をもつ集団の成員として個人を評価し、その集団のなかで、問題の出来事を経験する成員と、経験しない成員を比べることとくらいなのだ。

　適切にマッチする複数の個人を見いだして、それらの人々を比べるという問題に、現代の社会科学者がアプローチする方法には、洗練されたものがいろいろある。一般的なアイデアは、ターゲットとなる集団に最もうまく対応するものを現実世界で見つけようとすることだ。たとえば、貧しい地区で生活することの効果が、研究課題に関連しているなら、社会学者は、貧しい地区で生活する個人を、裕福な地区で生活する個人と比べるかもしれない。ただし、これらの個人は、できるかぎりたくさんの特徴に関して、できるかぎり類似していなくてはならない。さらに、それらの特徴は、特定の経済的地位にある地区で生活することの結果もたらされる性質から独立したものでなくてはならない。要するに、複数の個人が重要な点で可能な限り類似しているのなら、そういった複数の個人をペアにして、時間を通じてそれぞれがどのような軌跡をたどるかを観察することで、それらの個人の通時的な性質の違いを比べることができ、そうすることで貧しい地区で生活することの効果を測定できるのだ。実際のところ、そうした個人の間の、探知できないが関連している違いからもたらされる誤謬の可能性を、そうした個人間の類似性が最小にしてくれるだろう、という前提がここにはある。しかしながら、類似する個人をマッチさせることは効果的な研究ツールであり、利用できる戦略としては最善のものかもしれない一方で、そういった方法や他の疑似実験的な方法は明らかに、根本的同定問題を消し去ることができないのである(11)。

現実世界のいろいろなタイプの状況で意思決定を行なうための経験的情報は、異なる物理的・心理的な特性をもつ別々の個人の対比を用いることでしか展開されえない、という物理的事実から、根本的同定問題は生じている。そしてこのことから、経験科学はなぜ特定個人のレベルではなくむしろ集団レベルでの評価に依拠するのか、また、個人についての見通しがなぜこの集団レベルのデータから構築されるのか、といったことが明らかになる。そういった見通しは、集団に属する個人が備える探知可能で測定可能な三人称的な特徴に基づいており、また、集団内の個人間にある重要な違いに応じて可能な限りの修正をするように、洗練された尺度が開発されるのである。

社会科学者によって用いられる諸々の方法は強力なものであり、因果的推論の基本問題に対する感度はますます高まっている。反事実的条件文の意味論、参照クラス問題、合理性の規範的基準の要求といったものから生じるテクニカルな懸念を無視できるような社会政策になると、社会科学者の方法は十分に成功する。しかし、経験科学の文献でとられている視座は、個人の主観的な視座とはまったく異なる。個人は、個人的な状況において自分で大きな決断を下すとき、一人称的な心理的視座から、自分自身の反応が今後どういったものになるかを判断しようとしなくてはならないからである。

変容的な経験によって提起される問題が明らかにするように、個人的な意思決定のレベルで個人の選択と政策上の知識が交わると、これらの視座は緊張関係に立ちうる。人生を決定づけるような変容的な選択に直面する個人の関心は、ある特定の出来事から自分がどんな影響を受けうるか、ということにあるのであって、自分と似ているだけの誰かがそうした出来事から実際にどんな影響を受けているか、ということにあるのではない。したがって、そうした個人は、自分自身が実際に行なう反応と、実際とは異なる場面で行なうであろう反応を気にかけているのだから、自分の心理的な未来を思い描いて、当の出来事に対して自分がなしうる反応をモデル化することで、自分に可能な限り、うまくそれらの反応を測定するのである。こうしたことは、個人が自分の個人的な視座を実証的な視座と置き換えてしまうことに対して深いところで実践的な制約をかける方法論的土台だ。そういった置き換えに常につきまとうリスクは、自分が依拠している社会科学的なデータでは、個人レベルでなされる決断に対してあまりに目が粗すぎるということなのだ。

さらに言うと、変容的な選択の文脈で特別な問題が生じる理由は、ここにある。通常の決断の文脈では、十分な経験的データを利用できるなら、処置に対する誰かの個人的な反応について将来的な見通しを立て、それに基づいて想像上の見定めを行なうことで、その個人は、根本的同定問題によって開いたギャップを埋めることができるかもしれない。これから起こりうることを想像によって見定めることで現実と反事実のギャップを埋めることは、非人称的なデータを個人としてどう利用すべきか決めなくてはならない通常の文脈では、有用で重要な戦略だ。しかし、変容的な選択の文脈では、そういった見通しは正当化されない。要するに、出来事ごとにありうるいろいろな個人的反応を、想像によって見定めたところで、個人にそのギャップを埋めることはできないのである。自分が個人的にどう反応しそうかを内省してみても、変容的な経験のありようには認識的にアクセスできないのだから、自分の助けとはなりえない。しかし、変容的な文脈とはまさに、そのギャップを埋めうることが極めて重要であるような文脈なのだ。というのも、変容的な決断は人生を大きく変える可能性があり、それゆえ極めて重要なものだからだ。まさにこの文脈においてあなたは、特定個人として自分が今後変容的な出来事にどう反応するかを、想像を通じて見通したり見定めたりする自分の能力に頼らずにはいられない。なのにあなたは、少なくとも合理的に正当化される仕方では、そういったものを当てにすることができないのだ。それゆえ、実際の状況に立つ実在する個人が変容的な選択に直面する場合には、根本的同定問題からもたらされる、表面上は実践に無関係に見える抽象的な問いが、その個人の立場を変えてしまい、人生を決定づける文脈で私たちそれぞれが立ち向かうべき中心的で実践的で差し迫った関心事に関わるものとして、そういった問いが焦点化されるのだ。

インフォームド・コンセント

次のような選択に直面しているところを想像してみよう。(12) あなたには障害や慢性痛がまったくなく、これまでずっと健康で体もよく動いた。しかし、ちょうどリタイアして、フロリダの不動産のことを考え始める頃に、自分の命を救うのに手術が必要だということがわかった。主治医があなたに語るところでは、手術がうまくいかなければ死んでしまうだろうが、手術がうまくいけば普通の寿命が期待できる。

あなたは手術の決断をするけれど、さらに考慮しなくてはならない細かな点がある。とりわけ、新たな技術を使って手術をするか、それとも標準的で実証済みの技術を使って手術をするかを選ばなくてはならない。医療的な事実については、入手できるあらゆることがあなたにはわかっている。主治医は今出会えるなかでは最高の人物で、これまで三〇%の成功率で新たな技術を使ってきている。新たな技術を使う手術がうまくいけば、あなたは痛みから解放されて、不治の障害も何ら生じない。けれども三〇%の成功率はあまり高いものではない。厄介なことに、古い技術を使うと主治医は九七%の確率で成功するけれど、その技術を使って手術がうまくいっても、慢性的なひどい痛みと障害があなたには残ってしまう。その手術をするチャンスは一度きりだ。というのも、その手術に伴う外科治療は、関連する臓器に一度以上は耐えられないダメージを与えてしまうからだ。

どちらの技術にするかを、あなたはどうやって決断するだろうか。一つの選択肢は、どちらを選ぶべきか主治医に教えてもらうというものだ。しかし、かかっているのはあなたの生死なのだから、医療の専門家として提供できる情報すべてをその医者が与えてくれたからには自分が決断を下すべきであるような気がする。どっちみち、医者が慢性痛を容認する仕方は、あなたが慢性痛を容認する仕方とはまったく異なるかもしれないのだ。

あなたの最初の仕事は諸帰結の価値を定めることだ。まだ解決されていないのは、ずっと続く慢性痛と障害という帰結に主観的価値を割り当てる、という問題だ(13)。決定的に大事なのは、そのように生きていくことに自分は今後どう反応するとあなたが思うか、つまり、あなたがこの痛みや障害とともに生きていくとしたらそれはどのようなことなのか、ということである。この点に問題があるのは明らかだ。というのも、慢性痛や障害とともに生きていくことが、あなたにとって死と同じくらいかそれ以上に悪いものであるのなら、あなたは新たな技術で手術することを選ぶべきだからだ。しかし、ずっと続く痛みや障害とともに生きていくことが死ぬことよりもマシだとすれば、あなたがそのように生きていく場合の苦しさの詳細次第では、古い技術を用いて手術することを選びたいと、あなたは思うかもしれない。

この状況では、どんなことがわかって、どんなことがわかりえないのか。情報を与えられた患者として、あなたはどうやってこの決断を下すべきであろうか。医者にどちらの技術を使ってほしいかについて、あなたはどうやって決断すべきであろうか。

この問いは、変容的な選択の問題を、インフォームド・コンセントの文脈に埋め込むことになる。私たちは、インフォームド・コンセントでもって自分が何をしていると考えるのだろう。基本的には、あなたは患者として、いろいろな帰結を評価し、結果として自分が許容しうるリスクのレベルを決め、それに合わせて諸帰結の価値を特定し、それをもとに意思決定をコントロールする、と考えられている。しかし決定的に重要なこととして、そのときあなたは、これから生じうるいろいろな経験上の帰結に自分が今後どう反応すると自分で思っているのかをわかっていなくてはならない[14]。

そしてこの文脈では、本来あなたに必要となる情報を手に入れることはできない。言うまでもなく問題は、次のように考える歴とした理由があるということだ。すなわち、深刻な痛みや障害とともに残りの人生を生きることの主観的価値を、あなたはこれまでの人生をもとに評価できないし、あるいは、これから起こりうるシナリオ次第であなたにはいろいろな経験をすることがありうるが、そのとき自分の選好がどう展開しうるのかがわかりえないのである。諸帰結に自分が与える価値と、諸帰結に関わるよく考えたうえでの選好を特定できないとすれば、あなたには期待値が最も高い行為を合理的に決めることはできない。この論点はもちろん一般化されて、そこから次のような問いが生じることになる。インフォームド・コンセントを与えるとき、私たちは何をしているのだろうか。そこで行使されている個人的な能力で、患者のインフォームド・コンセントを重要で価値あるものとするのは、いったい何だろうか。

ここでの事例の構造が重要な点で類似しているのは、次のような事例、たとえば、自分の子に人工内耳手術を受けさせるべきかどうかを決断する親の事例、あるいは、盲目のサクソフォン奏者が網膜手術を受ける選択をしようとしている事例、さらには、ある人物が子をもつ選択をしようとしている事例である。そういった事例において、当の行為の期待値を確定することができないのなら、「インフォームド（情報を与えられたうえでの）」コンセント（同意）がなすべきことをなしていると、なぜ考えられるのだろうか。つまり、その行為主体には、適切に情報が与えられる一方で、選択する機会が本当の意味で与えられていると、なぜ考えられるのだろうか。医療処置を伴う事例のように、いくつかの事例では、自律を放棄して専門家に決定を委ねることが、人になしうる唯一のことなのかもしれない。しかし、妊娠を試みるべきかどうか、妊娠を終わらせるべきかどうか、あるいは自分の赤ちゃんに人工内耳手術を受けさせるのを選択すべきかどうか、そういった選択をなすときには、自律を放棄することは擁護できる選択肢ではない。これから生じうるいろいろな帰結に関する自分の価値と選好を人々が理解できるということに、インフォームド・コンセントの正当化の根拠があるのだとすれば、変容的な選択はこれに深刻な異議を提示するのである[15]。

先に述べたように、不確実な帰結が伴う医療上の決断に直面するとき、患者自らが自律を放棄したいと考える何らかの理由があるかもしれない。さらに関連するものとして、社会学の研究のなかに、患者の意思決定と自律はどう理解されるべきかという問いがある。人間の血液や臓器のやりとりについての研究が示すように、インフォームド・コンセントの役割を、自分が合理的な行為主体であり、諸帰結を合理的にコントロールしているというただのい印象を患者に与えるようデザインされた実践として、理解するというやり方がある。ここでの実践には、決断を主観的に価値づける一つのやり方の提案として、自分の決断からもたらされる架空の帰結を視覚化したり想像したりするよう患者に促すことも含まれうる。架空の帰結を思い描くよう患者に促す理由は、たとえ純粋に架空の「事実」に根拠づけられているとしても、帰結が今後どうなるかがわかっているという印象のもとで選択をする患者は、実際の帰結がどうなるかにかかわらず、その実際の帰結によりうまく反応できる、ということだ[16]。言い換えると、患者の決断と臓器のやりとりについて心理的にどう捉えるかをめぐる極めて実践的な戦略のなかには、変容的な経験を評価するのは認識能力的に不可能だという暗黙の了解が、巧妙に埋め込まれている可能性があるのだ。

合理的な依存

私の考察は、合理的な依存についての議論[17]、および「プレコミットメント装置」や将来割引についての考え[18]と関係している。自分を依存状態に陥らせうる高揚感とはどのようなものとなるのかが、まだ依存症になっていない人にはわかりえないのだとすれば、その人が依存症になることを合理的に選んだり、依存症を避けることを合理的に選んだりすることなど、どうすれば原理的になしうると言うのだろうか。

合理的な依存についての標準的なモデルだと、まだ依存症になっていない人の選好は、生涯の消費パターンを通じて固定されており、変わることがないとされる。その人は、今日の自分の選択の結果として、未来のある時点での自分の選好がどのように変わるのか、完全な見通しをもって予測できるというのである。まだ依存症になっていないその人は、自分の現在の選好よりも依存症者の選好を選好するだろうとわかっているのなら、自分の選択肢を比べることができる。しかし、こうしたモデルにあるそういった特徴が取り除かれると、特定の文脈においては、変容的な意思決定の問題が生じることになる。そういった場合、続けたいと必死に思ってしまうほどに大きな高揚感を楽しむというのはどういうことなのかがわかっていないと、その人は、ドラッグをやる前の自分とやってしまった後の自分を比べられない、という事実が重要となるのである。

また、確かに私たちは、様々な仕方で人々に影響を及ぼすドラッグが絡んだ事例を一つ想像できる。それを試す人の九九％は、初めてやる分には依存症にはならない。しかし一％はなる。言い換えると、このドラッグはとても強力であるため、あなたたちのなかで不幸な一％に含まれる人々にとっては、いったん高揚感を経験すると、それをもっと経験したいという強力で圧倒的な欲求が生じ、他のことは何も気にならなくなるのである。あなたの望みはただ、あのきらびやかで燃えるような、猛烈に美しい高揚感を経験することだけとなる。

さて、このドラッグをこれまで一度も使ったことがないけれど、それを試してみたいと本気で思っている人を想像してみよう。その人はただ、それがどんなものかを知るために、一度やってみたいだけなのだ。（何をそんな大騒ぎをしているのかを知りたいだけなのだ。）その人はこれまで、このドラッグからもたらされるほどの強烈な高揚感を経験したことがなく、実際にはそれがそのドラッグの魅力の一部である。もしかしたらその人は、他の様々なドラッグを手広く経験したことがあるうえ、一度も依存症になったこともなく、複数回試す必要性を感じたことさえないかもしれない。それゆえその人は、自分がちょっとした実験程度のことならうまく扱えると考える。つまり、自分のこれまでの経験を踏まえると、一回で依存症になることはないだろうと考えるわけだ。

厄介なことに、このドラッグからもたらされる、心をわしづかみにするような独特の高揚感をその人が経験するまでは、それがどれほど強烈に自分に作用するかがその人にはわかりえない。自分が今後依存症になってしまうほどにそれが強烈なものかどうかを判断しうるためには、その人は、この種の高揚感を実際に経験しなくてはならないのである。しかし、それが自分に今後どう作用するかがわかってしまったら、それはもう手遅れだろう。問題は単に不確実性の問題ではない。行為主体が関連する内容を把握できないという問題なのだ。白黒の部屋の普通のメアリーと同じように、その人には、その経験がどういうものかがわかりえない。しかし、その高揚感の経験のありようは、その人の未来の選好を決めるので、当の経験を実際にせずにその人が自分の未来の選好をわかることはありえないのだ。

結局のところ、一度やってしまうと、その人はもう一度やりたいと純粋かつ強烈に切望する経験をすることになる。そのような切望は、その人がそれまで経験してきたどれとも異なるものだ。当の高揚感が続いている間その人は、その高揚感そのものが続くこと以外は何も気にかけない。そしてその高揚感が弱まるにつれて、もっとほしいという欲求に襲われて、それを手に入れるために何でもしようと思うようになるだろう。その人の新しい選好の構造が変わらないとすれば、つまり、彼が実際に依存症になっているとすれば、彼は変容的な選択の被害者である。一度だけやりたい（それがどんなものかをただ知りたい）という、依存症になる前の自分の選好を踏まえて合理的に行為したけれど、その高揚感によってその人の選好は、自分では予測できないような仕方で変わってしまったのだ。

そういったドラッグを想像するのにたいした努力はいらない。クラック・コカインは、初めての使用でも依存症になりかねないほどに強力なドラッグだと一般には認識されているのだから。

不確定な価値

アラン・ハジェクとハリス・ノーヴァーによる近年の研究（Hájek and Nover 2004, 2006）では、「パサディナ・ゲーム（Pasadena game）」と彼らが呼ぶギャンブルに基づく事例が提示されている。彼らによると、この事例において私たちは、そのゲームをプレイすることに期待値を割り当てることができない。パサディナ・ゲームでは、そのゲームの構造上、期待効用つまり期待値が不確定なのである。このことからハジェクとノーヴァーは、そのゲームをプレイすることに価値を割り当てることはできないと結論する[19]。

この結果は、意思決定理論上の問題としてよく知られている、「サンクトペテルブルク・ゲーム（St Petersburg game）」のような事例にまつわる難問と関係している。このゲームをプレイすることの期待値は無限大である。このゲームでは、イカサマのないコインを表が出るまで投げ、あなたが受けとる利得は指数関数的に高まっていく。表が出るのに時間がかかればかかるほど、利得は大きなものとなる。そして、利得の増加は指数関数的なのだから、利得はあっという間に増加する。そのゲームの期待値を計算するために、帰結の候補のそれぞれに与えられる確率論的に重みづけられた値を合計すると、そのゲームをプレイすることの期待値が無限に高くなるという数学的な結果がもたらされる。

サンクトペテルブルク・ゲームは、期待効用の理論に対して次のような問題を生じさせる。このゲームをすることの期待値が無限大だとすると、標準的な理論では、あなたはそのゲームをただ一度プレイするだけのために、自分が手にしてきたあらゆるものを（あなたの財産が有限だとして）進んで支払うべきだということになるように思われる。これは間違いだろう。そこからは、無限に価値づけられた帰結を伴う事例を扱うことが標準的な意思決定理論にできるのか、という疑義が生じる。少なくとも、割り当てられた価値と確率から行為主体が期待効用の結果を計算するような意思決定に対して、標準的な意思決定理論から規範的に合理的な基準がもたらされると考えられる場合には、そうした疑義が生じるのだ。

パサディナ・ゲームはサンクトペテルブルク・ゲームとは違うけれど、関連した問題を生じさせる。ハジェクとノーヴァーによると、パサディナ・ゲームでは、そのゲームをプレイすることの期待値は無限大ではない。そうではなく、その値は数学的に不確定なのだとされる。このゲームでは、表が出るまでコインを投げ、受けとることのできる利得は無制限に大きくなるが、初めてコインの表が出たときの利得については、正の値（報酬）と負の値

（コスト）が交互に生じるのである。この不確定性はパサディナ・ゲームに特有の構造に由来するものだ。というのも結局、そのゲームをプレイすることの期待値は、利得表の並びに左右されるからだ。正負の値が交互にあらわれる利得の項目がどう再配置されるか次第で、ある特定のプレイの期待値は無限大になるかもしれないし、その項目が再配置されると、それはマイナス無限大にもなりうる。ハジェクとノーヴァーの結論はこうだ。そのゲームをプレイすることの価値は数学的に不確定であり、それゆえ彼らの見解によると、「パサディナ・ゲームがどれほど良いものかについて、少なくとも期待効用の観点からは、それゆえ標準的な意思決定理論の観点からは、それを確定する事実は何も存在しない」（Hájek and Nover 2006, p. 705）のである。

行為主体が価値（つまり効用）と確率を出発点に選択を評価するような合理的な意思決定に対する一つのアプローチとして標準的な意思決定理論が理解されるのであれば、パサディナ・ゲームやその変形版は、標準的な意思決定理論に深刻な脅威を与える。ハジェクとノーヴァーは、そう結論するのだ。

さて、ハジェクとノーヴァーの結論には議論の余地がある。というのも、その結論は、当のゲームそのものに一貫性があると認めることに依存しているからだ。そして批判者たちは、それに代わるアプローチを示唆してきたのである。[20]

しかし、このゲームに一貫性が実際にあるかどうかにかかわらず、こんな教訓が得られる。すなわち、そのゲームに一貫性があるとすれば、さらに、その期待値が不確定で、値を割り当てられないとすれば、標準的な意思決定理論はある問題に直面する、ということである。期待値が不確定であるような一貫性のあるゲームが存在するとすれば、標準的な意思決定理論は、そういったゲームを扱うことができず、それを扱うために修正される必要があるか、あるいは、そういったゲームがどれほど良いものかについて何も述べることができないか、そのいずれかとなるのである。[21]

なぜゲームが重要なのか。なぜなら、意思決定理論の理論家はゲームを使って、意思決定の問題と、その問題に合理的にアプローチするために私たちが用いるべき戦略をモデル化するからである。それゆえ、パサディナ・ゲームからもたらされる条件つきの教訓は次のように一般化されるはずだ。期待値が不確定であるような意思決定問題が存在するとすれば、標準的な意思決定理論は、そういった意思決定を扱うことができず、それを扱うために修正される必要があるか、あるいは、その意思決定がどれほど合理的かについて何も述べることができないか、そのいずれかとなるのである。

これはあくまでもお遊びのゲームなのだと思われるかもしれない。つまり、そういったゲームについて考えるのは興味深く面白いことだけれど、私たちが実際に気にかけるような事例と重要な点で構造的に類似しているわけではないのだと思われるかもしれない。こういったゲームは、複雑なルールと人為的な文脈から創造される秘教的な数学的可能性に関わっているにすぎず、個人的な決断を下そうとしている行為主体が直面するはずのものではないのだ、と。

しかし実際には、ドリアンを試す選択やヴァンパイアになる選択の事例のように、私たちがこれまで論じてきたまったく数学的でない事例は、今見たゲームと大事な点で類似しているのだ。とりわけ、変容的な経験を伴う意思決定の事例は、同じようなかなり問題含みの特徴を共有している。そしてパサディナ・ゲームだと、そういった特徴からは望ましくない結果がもたらされることになる。つまり、期待値が不確定だということだ。

第2章での主観的な意思決定についての記述を思い出そう。そこであなたは、主観的な視座からある種の認知的なモデル化を行なう。ある選択をなすために、あなたはその状況についての心的なモデルを組み立てて、そこでのいろいろな選択肢について考える。そして、それぞれの選択肢のありようを心のなかでシミュレートし、それに基づいた主観的価値を、その選択肢に割り当てる。そのうえであなたは、自分の選択をするために、これらの価値を見定めて、それらを比べるのである。

変容的な経験は、認識を変容させるものであるために、このプロセスの邪魔をする。ある選択肢に認識を変容させる経験が伴うとすれば、その選択肢をシミュレートするのに必要なパラメータが欠けていることになる。それゆえ、シミュレートのできない理由が、その選択肢をとるとどういうことになるかがわかりえないということにあるとすれば、その選択肢に価値を割り当てることはできないのである。

ドリアン・ゲームを考えてみよう。あなたは初めてタイを訪れており、熟したパイナップルと熟したドリアンのどちらかを朝食に選ぶ必要がある。あなたはこれまでドリアンを食べたことがないし、それに似たものもまったく食べたことがない。そのゲームをプレイするには、あなたは朝食の果物を選んで、それを食べなくてはならない。このゲームに勝つには、あなたが最も欲しい種類の果物を選ばなくてはならない。それゆえ、パイナップルを食べてドリアンを食べずにおくか、ドリアンを食べてパイナップルを食べずにおくかの間から選ばなくてはならない。パイナップルを選んで、その味がドリアンを食べたとしたときの味よりも美味しかったら、あなたの勝ちだ。パイナップルを選んで、その味がドリアンを食べたとしたときの味よりもマズかったら、あなたの負けだ。ドリアンを選んで、その味がパイナップルを食べたとしたときの味よりも美味しかったら、あなたの勝ちだ。ドリアンを選んで、その味がパイナップルを食べたとしたときの味よりもマズかったら、あなたの負けだ。

ドリアンの味はこれこれといったものだろうと考えることをもとに選びたいのであれば、自分がドリアンを味わうとしたらどういうことになるのかがわからない限り、あなたはこのゲームをプレイできない。それは明らかだろう。自分がこの先パイナップルよりドリアンの方を好むのか好まないのかは、ドリアンを味わってみるまであなたにはわからない。要するに、ドリアンを味わうとはどういうことかがわからないとすれば、少なくとも期待値の観点からは、それゆえ標準的な意思決定理論の観点からは、ドリアン・ゲームが自分にとってどれほど良いものかを確定する事実は存在しないのである。

このゲームを少し微調整してみよう。このゲームに勝つことの価値は、その果物を食べる際のあなたの快楽の強度に結びついていて、このゲームに負けることのコストは、その果物を食べる際のあなたの嫌悪の強度に結びついているとしてみよう。これによりこのゲームはさらに複雑になる。なぜなら、原理的に、あなたは大勝ちすることも小勝ちすることもありうるし、大負けすることも小負けすることもありうるからだ。パイナップルを選んで、その味がドリアンを食べるとしたときよりもはるかに美味しいとすれば、あなたは大勝ちをすることになる。では、その勝ちはどれくらい大きいのか。それは、そのパイナップルがドリアンと比べてどれほど美味しいかに左右される。他方、パイナップルを選んで、その味がドリアンを食べたとしたときよりもちょっとしか美味しくないとすれば、あなたは小勝ちをすることになる。パイナップルを選んで、その味がドリアンを食べるとしたときよりもはるかにマズいのだとすれば、あなたは大負けをする。ドリアンを選んで、その味がパイナップルを食べるとしたときよりもはるかに美味しいのだとすれば、あなたは大勝ちをする、などといった具合だ。

ドリアン・ゲームの価値が、関連する帰結においてあなたが経験する快楽ないし嫌悪の相対的な程度と結びつけられている、ということを前にすると、意思決定理論のモデルがこういった事例に対していかに無力かが明らかになる。その理由は、自分がそのゲームをプレイすべきかどうかを判断できないということだけにあるのではない。ドリアンの味を他の何かと比べることを求めるどんな帰結についても、あなたはその価値がどういうものかを判断できないし、さらにその相対的な価値を判断することもできないのだ。それゆえ、そういった帰結がどんなものであれ、あなたがこれまでドリアンを味わったことがないのだとすれば、その帰結にあなたは合理的に価値を割り当てることはできない。つまり、そういった帰結がどんなものであれ、その価値は認識的に不確定なのである。

パサディナ・ゲームを考えるときとまさに同じ問題に自分は直面していると、私たちは気づくことになる。ドリアンを味わうとこんな味がするだろうと考える内容に基づいて選択するゲームプレイヤーには、いかなる意思決定のモデルも利用できない。ちょうど、パサディナ・ゲームにおいてそうであるように、そのプレイヤーはそのゲームをプレイすることの期待値を特定できないからだ。信憑度・主観的価値・認識的効用理論の観点から合理的選択について考えるとき、とりわけその傾向がある。その行為主体がそのゲームをプレイすることの期待値を特定できないのだとすれば、認識的効用の標準的なモデルは適用されない。あるいは、言い方を変えると、そのモデルは、そのゲームの価値について黙り込んでしまうのだ。

パサディナ・ゲームのこの特徴と、認識を変容させる経験の事例との間にある類似性の根拠は、無限の価値をもつ帰結についての数学とは無関係だ。そのような類似性が成り立つのはむしろ、どちらの事例でも、意思決定を行なう人が、認識において不確定な立場に置かれることになるからだ。パサディナ・ゲームの価値が数学的に不確定であることから直接的に、認識的な不確定性がもたらされ、その認識的な不確定性ゆえに、そのゲームをプレイすることに対して価値を合理的に割り当てることはできないことになる。他方、認識を変容させる経験を伴う決断では、経験についての諸事実ゆえに、その決断の構造を踏まえると、関連する帰結の価値は認識的に不確定だということになる。こうした認識的な不確定性の源は、数学的な不確定性ではなく、むしろ経験に基づいた知識のもつ本性に由来する。しかし、大事なのは認識的な不確定性についての事実そのものであって、それが何に由来するかではない。意思決定理論にもたらされる含意はどちらも同じなのである。

今度は赤ちゃんゲームを考えてみよう。あなたにはこれまで子がいない。このゲームをプレイするうえで、あなたは子をもつべきかどうかを選択しなくてはならない。このゲームに勝つには、あなたにとって最も好ましい結果が生じる行為を選択しなくてはならない。それゆえ、子をもち、子のいない生活の楽しみを諦めることか、子のいない生活を送り、親になることの楽しみを諦めることか、そのどちらかを選択しなくてはならない。子をもつことを選択し、さらに、子のいない生活を送ることよりも親であることに高い主観的価値があるとすれば、あなたの勝ちだ。子をもつことを選択し、子のいない生活を送ることよりも親であることに低い主観的価値しかないとすれば、あなたの負けだ。子のいない生活を選択し、親であることよりも子のいないことに高い主観的価値があるとすれば、あなたの勝ちだ。子のいない生活を選択し、親であることよりも子のいないことに低い主観的価値しかないとすれば、あなたの負けだ。

しかし、自分が子をもつとしたらどういうことになるのかがあなたにわからない限り、諸帰結に価値を合理的に与えることができないがゆえに、あなたはこのゲームを合理的にプレイできない。ここで、当の経験には個人を変容させる性質があることを踏まえると、そのゲームをあるやり方でプレイする（子をもつ）か、別のやり方でプレイする（子をもたないまま）かで、自分の価値と選好がどう変わることになるかをモデル化することさえできない。要するに、少なくとも期待される主観的価値の観点からは、赤ちゃんゲームがどれほど良いものかを確定する事実は存在しないのである。

以上のことからもたらされる結論はこうだ。子をもつ（あるいはヴァイオリン奏者になる、新たなドラッグを試す、人工内耳手術を受ける等）べきかどうかといった決断を、ここまで私が組み立ててきたような仕方で、つまり、自分の主観的な未来の特徴に関する熟慮を必然的に伴い主観的な根拠に基づいて下される決断として、維持したいと思うなら、意思決定理論を期待値の理論として理解するのを改めるか、あるいは、その理論をそれに合った意思決定問題に限って適用するか、そのいずれかでなければならない。あるいは、本書で論じてきたように、私たちはそのゲームのプレイの仕方を変えなくてはならない。

フィンク的な選好

パサディナ・ゲームは、変容的な選択に伴う第一の問題、つまり、帰結を主観的に価値づけることの認識的な問題とつながりがある。変容的な経験の第二の問題、つまり、その経験をすることであなたの個人的な選好が変わってしまうという事実は、傾向性に関わるよく知られた難問とつながりがある。[22]

ある経験が個人を変容させるようなもので、それによって自分が個人的にどのように変容するかがわかっているのであれば、自分が実際になしうる様々な経験をどうシミュレートすればよいかがあなたにはわかりうるし、自分の未来の選好を配慮するような仕方でそれらに価値を割り当てることができる。自分を変えてしまうような経験をあなたがする前ですら、そういったことはできるということになる。

しかしその経験が、認識と個人を一度に変容させてしまう場合、自分がこの先どんなシミュレーションをすればよいのか、あなたには予測できない。というのも、当の経験それ自体によってあなたのパラメータが変わってしまい、その経験をするまでは、自分が今後どう変わるのか、あなたにはわかりえないからだ。その行為を遂行する経験をすることと、その経験から直接的にもたらされる帰結によって、自分の行為の期待値についてのあなたの見定めが変わってしまうかもしれない。それゆえ、関連する経験をするまでは、どのシミュレーションをする必要があるのか（あるいはそれをどのように価値づけることになるのか）があなたにはわからないのだ。

ここでの要点は、これから生じうる帰結を認知的にシミュレートする主体として、あなたはフィンク的（finkish）だということである。[23] フィンク的なシミュレート主体とは、当の経験をすると、シミュレートする傾向性としてもともとあったものが消えてしまう、そういったシミュレート主体のことだ。そのような主体は、当の経験がなされるまさにそのときに、その傾向性を変えてしまうのである。フィンク的なシミュレータとして、あなたは、当の経験にさらされると、自分のシミュレート方法を変えてしまう。自分にこれから生じるかもしれないヴァンパイアとしての未来についての選好をあなたがもっていても、あなたが噛まれない限り、その選好は同じままだ。しかし噛まれてしまうと、あなたが何にどう価値を与えるかが変わってしまうので、そのときにあなたが変化をどうシミュレートするかが変わってしまい、それゆえあなたの選好が変わってしまうのである。

ここでの問題はもちろん、そもそも当の経験をすべきかどうかを決断するためにあなたがシミュレートしなければならないということだ。しかし、あなたはフィンク的なのだから、その経験をする前に、その時点であなたが持っている種類の選好ゆえになされるべきある種類のシミュレーションがある。ところが、その経験をするとあなたは変わってしまい、結果として、あなたがなすべきだったシミュレーションは別のものとなってしまう。あなたは、その経験にさらされたというだけで、自分の選好を変化させてしまう。その変化をもたらすのは、当の経験そのものなのである。つまり、あなたにはフィンク的な選好があるのだ。

さて、フィンク性に加えて、自分がこの先どのようにフィンクするかがあなたにわかりえないという事実をとりあげてみよう。第2章で論じたように、その経験をするとどういうことになるかがあなたにはわからないのだから、高階のテクニックを用いても、経験後のあなたの選好を特定してくれるような新たな異なる帰結とその価値を試してシミュレートすることはできない。いわば、その経験をしてしまうまでは、あなたは経験後の人物（経験後のあなた）の立場に自らを置いて、その帰結を実行することができないのである。というのも、経験後の自分が今後割り当てる価値がどういうものかがあなたにはわかりえないからだ。言い換えると、この種の事例において、あなたは変容的にフィンク的なのだ。

それゆえ、その経験が認識と個人を変容させるものである場合、あなたはシミュレート主体として、意思決定理論上の問題に陥ることになる。というのも、あなたはフィンク的なシミュレート主体であるからだ。したがって、変容的な選択に直面するとき、あなたは、自分が変容的にフィンク的なシミュレート主体であるという事実に直面することになる。ある行為主体に変容的にフィンク的な選好があるとすれば、そのときその行為主体はファン＝フラーセンの反省の原理[24]を満たすことができない。

あいまいな信憑度

変容的な選択を啓示の観点から再定式化するのではなく、その代わりに、意思決定の規範的な基準を緩めることで応じることはできないだろうか。[25]規範的な基準を変えなくてはならないと考える理由は、すでに別にある。というのも、正確な信憑度がない事例には特別扱いが必要だと考える理由があるからだ。[26]もしかしたら、変容的な選択が、あいまいな信憑度を伴う決断のクラスに属しているというのが、変容的な選択に関する本当の問題なのかもしれない。

子をもつ選択の事例を使って、このことを見てみよう。その事例では、あなたは子をもつべきかどうかの選択を迫られており、ここでのあなたの決断は、親になるのを選好するか、それとも子のいない人生を送るのを選好するかに依拠している。先ほどの提案に従えば、この変容的な選択は、行為主体が正確な信憑度を割り当てられないことに由来する問題だと理解される。それゆえ、第一子をもつ前にあなたが直面する認識的な困難を理解するために、たとえばこんな解釈が提案される。それによると、子をもつことと結びついた範囲の帰結をもたらすのに必要な諸状態に、信憑度を何か特定の形で割り当てることを保証できるだけの証拠が、端的にあなたにはないのである。少し言い方を変えると、この問題はこう組み立てられる。当の選択に直面するとき、私たちは、子をもつことと結びついた一定範囲の主観的価値の候補に自分が直面していることに気づくが、それでいて、この範囲に収まる帰結が生じるのに必要な世界の状態に対して、どのような信憑度を割り当てるべきなのかが、私たちにはわからない。

このように理解されると、行為とは状態から帰結への関数であり、どの状態にどのような信憑度が伴うのかがあなたにはわからないのだから、子をもつ選択についての問題は、どの行為が今後期待値を最大にするかについて認識的にあいまいであることからもたらされることになる。そのため、このような状況には、いろいろな意思決定理論のモデルが提案されてきた。とりわけ、子をもつとどういうことになるかの証拠があなたの手元にないことに対して応答するとすれば、あなたの信念状態をモデル化するにあたって、諸状態の候補に対して単一の確率測度を使うのではなく、諸状態とそれらに対応する帰結に対して一群の確率割り当てを行なうと考えるのが適切である。

言い換えると、おそらく問題はこうだ。ある心構えのもとでは、たとえば生まれたばかりの赤ちゃんを自分が喜んであやしているところを想像すると、子をもつことのありようの主観的価値がとても高いと自分にはわかるとあなたは考え、かつ、自分の現在の信憑度を踏まえると、主観的価値の高い帰結が成り立つ機会はそれなりにあるとあなたは信じている。それゆえ、子をもつことで、あなたの予想する主観的価値が最大になるようにあなたは信憑度を割り当てるのだ。しかし真夜中になると、あなたは自分が別の心構えになっていることに気づく。もしかしたらあなたは、絶えず夜泣きをする赤ちゃんがいるうえにオムツを替えることは苛酷な重荷で、それに加えて、何ヶ月も眠れない夜を過ごすことを想像するかもしれない。あるいは、ダウン症の子や小人症の子のような障害児をもつという帰結を恐れるかもしれない。このときあなたは、子をもたないままでいることがあなたの予想する主観的価値を最大にするように、信憑度を割り当てる。[27]

このように、世界の諸状態に信憑度を割り当てるうえでは、一群のいろいろなやり方がある。その様々な割り当て方は、あなたの予想する主観的価値をお互いに対立する様々な仕方で最大化することに帰着する。もしかしたら、子をもつことのありようを特定することに関わる問題は、実際には次のようなことなのかもしれない。信憑度の割り当て方としてどれが正しいものなのか、私たちにはろくにわからないし、私たちの手元にある証拠は、どんなものであれ信憑度を決まった仕方で割り当てることを保証するのに十分ではない。それゆえ、あなたが用いる一群の信憑度の割り当て方には、その割り当て方の候補が本当にたくさん含まれざるをえないのである。

これからあなたに生じうる帰結次第でどのような異なる主観的価値が生じるのかが実際あなたにわかりうるのだとすれば、それは、自分の置かれた状況をモデル化する興味深い方法となるだろう。自分が子をもつということのありようがもたらしうる様々な帰結に対して主観的価値を割り当てることがひとたび正当化されると、それに続いて、どの世界の状態にどのような信憑度を付与するかを特定するという問題が生じるだろう。そしておそらくこの問題には、あいまいな信憑度に関わる争点が伴うであろう。実際、子をもったことのない人々のなかには、問題をそのように考えている人もいるように思われる。つまり、そういった人々は、何をなすべきかを決断するために自身の信憑度をどう割り当てるべきか、ということに頭を悩ませているのである。

子をもつべきかどうかの選択に直面するときの状況が仮にこういったものだとすれば、それが人生を規定するような主要な決断であり、その決断に合理的に向き合いたいと一般には思われているのに、あいまいな信憑度をどう扱うべきかについてのコンセンサスはまったくないので、とても深刻で、いくらか興味深い困難に陥ることになるだろうと、やはり思われる。しかし、ここで扱っているのはそういった状況ではない。少なくとも、まっさきに考えるべきものではない。というのも、先に論じたように、自分に生じうる帰結次第で様々に生じる主観的価値がどのようなものとなるのかが、あなたには実際のところわかっていないからだ。あなたがそれらの帰結を今後どのように価値づけるのかは、あなたが我が子への愛着を抱いてそのような関係に立つときの、そのありようによって定まる。さらに、子をもつとはどういうことかがあなたにわかるまでは、主観的価値の範囲さえ、あなたにはわかりえない。つまり、他ならぬ我が子をもち、そこから生じるあらゆる経験をすることがどれほど素晴らしいこととなりうるのか、あるいは、（たとえば、あなたの子がひどい痛みの伴う深刻な障害をもって生まれてきて、数ヶ月しか生きることができないとしたら）それがどれほど大変でありうるのか、胸の痛むことでありうるのかが、あなたにはわからないのである。それはどれほど悪いことでありうるのだろうか。あるいは、どれほど良いことでありうるのだろうか。もしかしたらとても悪いことかもしれないし、とても良いことかもしれない。とはいえ、あなたにわかっていることはせいぜいそれくらいなのである。帰結の範囲が対称的になっているかどうかさえ、つまり、生じうる最善の帰結の度合いと最悪の帰結の度合いは尺度上同じ幅なのかさえ、あなたにはわからないのである。もしかしたら、生じうる最悪の帰結に備わる価値はこの上なく悪いものだけれど、他方で、生じうる最善の帰結に備わる価値はただ単に良いだけだとか、とても良いだけなのかもしれない。さらに本論で論じたように、我が子に愛情を抱いてそうした関係に立つことで、あなたの選好は変わってしまうのだから、経験以前の自己の選好だけに基づいた決断のモデルはどんなものであれ、疑問視されることになる。

主たる問題はしたがって、第2章で行き当たったのと同じ問題だ。そこでは、ヴァンパイアになる可能性や、味覚を消し去ってしまうが普通の五感とはまったく異なる新たな感覚能力を授けるようなチップを脳に埋め込む可能性を議論したのであった。感覚能力の場合、ものを味わう能力の代わりに新たな種類の感覚能力を発見することを選ぶか、あるいは、新たな種類の感覚能力を発見する代わりにものを味わう能力をそのままにしておくか、どちらかを選ばなくてはならない。ここでの問題は、どちらを自分が選好するかを決めるにあたって、新たな感覚能力をもつことを、ものを味わう感覚のありようになぞらえることができない、ということにある。新たな感覚能力の価値がとる範囲を、ものを味わうことの価値がとる範囲になぞらえて決断することさえ、あなたにはできない。というのも、新たな感覚能力をもつとはどういうことかが実際にわかっていないと、その感覚をもつことに備わる価値の範囲は有用な形ではあなたにわかりえないからだ。そして最終的に、あなたは変容的な選択の中心問題に直面することになる。つまり、この新しい感覚経験をすることで自分の選好がいかに変わりうるかが、あなたにはわからないということである。

要するにこういうことだ。新たな感覚能力を経験において実際に用いることでその能力があるとはどういうことかがわかるとは、まさに、その感覚能力をもつことが自分の見方でどれほど主観的に価値あることなのかについてのあなたの判断を定めるものに他ならず、また、自分の選好の変化の仕方を予測する能力をあなたに与えるであろうものに他ならない。さらに広げると、ものを味わう能力を取引に出したいかどうかがあなたにわかるには、新しい感覚能力を実際に用いることでその感覚能力のありようがわかっているのでなくてはならない。新たな感覚をもつ経験は、あなたのこれまでの経験とはあまりに根本から違うものであり、あまりに人生を変えてしまいかねないものであるため、そのありようがわからないと、それを経験することに備わる主観的価値も、自分の選好の展開の仕方もあなたは見定めることができないのである。

まったく新たな感覚能力を獲得する経験と同じように、子をもつことに伴う主観的価値の範囲がどれくらいで、その主観的価値をどう比べるべきで、自分の新たな選好がそのときどういうものとなりうるのかといったことがわかる以前に、あなたは、子をもつとはどういうことかを経験していなくてはならない[28]。諸帰結の主観的価値はどういうものか、それらの価値はどんな範囲に収まるのか、あるいは、自分の選好は今後どう展開するのかがあなたにわかっていないとすれば、あいまいな信憑度を扱う意思決定理論のモデルは役に立たない。というのも、ここでの問題は、少なくともまず第一には、主観的価値と選好における変化の扱い方に関わるのであって、主観的な信念の度合いを割り当てることに関わるわけではないからだ。

しかしこれは要するに、私たちがここで完全に足止めされるということなのだろうか。形式認識論からもたらされるツールはまったく役に立たないのだろうか。一歩後ろに下がって、子をもつ選択にもう一度目を向けてみよう。そして、形式認識論が私たちをどこに連れて行くことができるのかを見ることにしよう。

この状況について私たちにわかっていることで、変容的な選択の問題を前に進めるために活用できることは何かあるだろうか。変容的な経験をする前には、諸帰結に備わる個々の主観的価値が私たちにはわからず、また、そういった価値がとる範囲もわからないし、それらをどうやって比べるべきかもわからず、さらに、私たちの選好の変化をどうやって予測すべきかもわからない。しかし、子をもつ選択の場合、生じうる帰結はとても良いものであるか、とても悪いものであるか、あるいはその中間のものとなりうると、私たちにはわかっているとしてみよう。すると、その価値の範囲がどれくらいで、それらの価値をどう比べたらよいのかが正確にはわかっていないとしても、それらの価値がとても肯定的なものかとても否定的なものかのどちらかでありうるし、それらの価値は比べることができる（とみなしうる）ものだということは、私たちにはわかっている。

これはつまり、情報がちょっと変わるだけで大きな影響がもたらされうる、ということだ。なぜなら、価値の高い帰結についてほんの少し多めにわかるだけでも、期待値の計算に重大な効果をもたらしうるからだ。それらの帰結の価値や、それらに私たちが割り当てるべき信憑度について、ほんの少し情報がもたらされるだけで、結果として、期待される主観的価値に大きな変化が生じるかもしれないのだ。

たとえば、最悪の帰結はとても悪いものだけれど、他方で最善の帰結はそこそこ良いだけだというように、諸価値のとる範囲が非対称的な形をしていることがわかるとして、さらに、それらをどの点で比べることができるかを発見できるとして、そうした場合、現在の選好に優先権を与えるべきだとする規則を採用するのであれば、第2章で論じたような、無知のもとでの意思決定モデルの一形態を活用できるだろう。そういった状況では、価値空間が非対称な形をしていて、否定的な方にとても大きく傾いているがゆえに、あなたが子をもたない選択をすることが合理的に許容されることにもなる。

他方で、おそらく、子をもつことで親に生じる心理的な変化のために、主観的価値の範囲は非対称的な形で肯定的な方に傾いているということがあなたにはわかっているとして、さらに、経験後の選好に優先権を与えるべきだとする規則を採用する（そして、満足した友人や親類の証言に頼る）のだとして、その場合、おそらくあなたは、ただそれだけをもとに子をもつ選択をすることが、合理的に許容されうることになるだろう[29]。

では、価値空間の形について、こういった情報を私たちは持っているのだろうか。とりわけ、選好の変化についての心理的な事実を活用することで（さしあたり、このように自分の選好を変化させることを合理的に選びうるかどうかについての懸念は無視するとして）、子をもつことに対して、その実際のありようがどうあれ、強烈で啓示的で肯定的な主観的価値を自分は見いだすだろうし、それゆえ否定的な帰結は最小化されるということが、私たちにはわかりうるのだろうか。あるいは他方で、最悪の帰結はとても悪いものだが、最善の帰結はそこそこ良いにすぎないということが、私たちにはわかりうるのだろうか。

いや、わかりえない。そしてその理由はまたもや、子をもつことの認知的な現れの基礎にあるものからもたらされる。子をもつことの認知的な現れは、部分的には、親と子の間に形成される愛着に由来する。この愛着を形成することは、当の経験に啓示的な性質があることの根拠の一つであり、それはまた、親が経験する選好の変化の根拠の一つでもある。このような愛着を形成し、そのために選好が改変されることの帰結として直接的にもたらされるのは、新たに生じる情動の根深い脆弱さである。その脆弱さは、幅広い主観的価値を許容する。

ひとたび我が子が現れると、その子とその子に起きることを、あなたはとても気にかけることになる。そしてとりわけ、あなたが我が子に形成する愛着を踏まえると、その子が深刻な障害をもって生まれてきて、ひどい痛みや苦しみを経験したり幼少のうちに死んでしまったりするとすれば、あなたは筆舌に尽くしがたいほどの情動的で心理的な苦悩を経験するだろう。我が子の苦しみや死という不安からは、親にとって最大の恐怖が生じる。個人の話に基づくことだが、親は、子をもつことに大きな喜びを感じると報告し、子をもつことを自分の人生で最も報われる経験の一つとして評定する。しかし、我が子への愛の強さは脆弱さをもたらし、それにはまた、大きなコストが伴いうるのだ。

このことが強く示唆するのは、活用できる非対称性がまったくないか、あるいは、子をもつとしたときのありように基づいて子をもつことを合理的に選べるほど十分には、価値空間に備わる性質やその形が私たちにわかっていないか、そのいずれかである。我が子をもつとしたらどういうことになるかについてもっと情報があれば、あなたは有用な非対称性を見いだして、自分の選好がそのときどう展開するかを特定できるくらいには、価値空間について特定できるかもしれない。あなたがこういった情報をひとたび得れば、いろいろな主観的帰結に必要な諸状態に対して信憑度をどう割り当てるべきかについて、わずかな量の情報しかもっていないとしても、あなたはそれを使って、自分の行為の期待値にある何であれ重大な非対称性を定めることができるかもしれない。大きな賭けの場合、確率が少し非対称的であるだけでも重大なものとなりかねない。しかしほとんどの実生活の事例では、出発点に必要なものをあなたは得ていないのである。

こう述べられるかもしれない。真に変容的な選択に関わる主たる問題は、形式認識論の問題ではない。それは形式現象学の問題なのだ。その問題に着手するためには、認識的に不確定な価値のためのモデルを展開できるかどうかについて考えなくてはならない。そしておそらく、あいまいな価値をモデル化する方法を検討することから始めなくてはならないだろう（ただし、本当の問題は諸価値に認識的にアクセスできないという特別な種類のことなのだから、あいまいな価値のためのモデルはまったく機能しえないだろう）。あいまいな信憑度は、少なくともまっさきに取り組むべき問題ではない。ただし、形式現象学の問題を解決するとしても、依然として、あいまいな信憑度の割り当てに取り組まなくてはならないだろうし、変容的な文脈において時間的に展開する選好をどうやりくりすべきかについての説明を与えなくてはならないだろう。

それゆえ、親であることについて熟慮する際、自分の手元にある確率割り当ての集まりのなかから、既知の主観的帰結に対するどの確率分布をあなたが選好するかについて悩むのは、合理的ではない。なぜなら、この段階では、諸帰結の主観的価値があなたにはわかりさえしないし、それゆえ自分の手元にある集まりのなかにどの確率の割り当てが入っているべきで、どれが排除されるべきかがわからず、結局、その変化を被ると自分の新しい選好がどのようなものになるかがあなたにはわからないからだ[30]。

それでもやはり、悩むことでどの価値を主観的帰結に割り当てるべきかについての情報がもたらされるのであれば、悩むことや熟慮することは合理的であることになるだろう。このとき、そうして悩むことで、私たちはどんな類いの情報を発見しようとしているのだろうか。私たちは、これまでの経験を踏まえて、経験に基づく情報としてどういったものが自分に利用できるのかを発見しようとしているのだろう。そして、親であるという新たな経験を伴う帰結をシミュレートし、それに主観的な現れとしての価値を割り当てる際に、当の情報を使おうとしているのだろう。

このときの私たちに必要な種類の証拠は、他人の証言をまとめるような証拠や、あるいは福利についての統計的な事実をまとめるような証拠ではない。私たちに必要なのは、子をもつことのありようの経験と、これから親になる人が子をもつ決断を下す前にすでにしている、あるいはすることができるであろう経験との間で、どの高階の現象的特徴が共有されているのか、そういったことを語りうるような証拠なのだ。そういった経験は、おむつを替えるような経験ではない[31]。それは、生まれたばかりの自分の赤ちゃんに愛着を抱くとはどういうことかについて、またそれに伴って生じる情動・脆弱性・ストレス・興奮について、何事かをあなたに教えることのできる経験でなくてはならないだろう。ここから興味深い可能性が生じる。おそらく、子をもつことのありようについて部分的な情報を把握するのに必要な類いの経験は、子どもに対して（一階の）関わりをもっている必要はまったくない。関連する経験は、適切な高階の現象的性格を共有してさえすればよいのである。

ここで、経験心理学の研究が大事な洞察を提供しうるだろう。実証研究が助けとなりうる重要なやり方は、親と親でない人たちからさらなる証言を集めて、ありうる主観的価値の範囲を定め、その形が対称的か非対称的かを特定することだ。しかし、潜在的にもっと興味深く価値あるアプローチが、次節で展開されるアイデアに基づいてモデル化されうるだろう。そのアイデアによると、変容的な経験に関わる難問への取り組みを前進させるために、階層ベイズ・モデルの技法を活用して、たとえば、生まれつき目の見えない主体と、目の見える主体がそれぞれにもつ概念の間で共有される高階の現象的性格を明らかにすることができるかもしれないのである。もし認知科学の研究によって、親と親でない人たちの経験の間で共有される高階の現象的性格が明らかになりうるのなら、これから親になる人たちはそういった情報を利用して、関連する帰結の特徴をモデル化してみることで、部分的な主観的価値を定めることができるだろう。もし子をもつことのありように備わる価値について、あなたが部分的な情報を得ることができるのなら、それを利用して価値空間についての事実を定めて、自分の選好がどう変化しうるかを理解する助けとし、そしておそらく、無知のもとでの決断のモデルがあるとして、どのモデルが合理的な選択をするために用いることができるのかを決めることができよう。

信憑度についてはどうだろうか。ここでもまた、実証研究を利用することができる。諸帰結の主観的価値についての情報を、部分的なものであってもひとたび手に入れたら、あなたはそれを利用して、自分の信憑度がどうあるべきかについて、何事かを特定することができる。たとえあなたの特定したことが、確率の割り当てのわずかな移行を示唆するにすぎないとしても、あるいは、自分の手元にある選択肢の集まりから二、三の確率の割り当てを排除するだけだとしても、そうなのである。先に述べたように、大きな賭けの場合、信憑度がわずかに変動するだけでも、私たちがどう行為すべきかを合理的に選択する助けとして十分かもしれない。また、価値のあいまいさを捉えるモデルと、この情報を組み合わせることができるならば、何らかの導きとなる見込みがそれにはあると思われる。ここでこそ、決断について悩むことがより筋の通ったものとなるのだ。

それゆえ大事なのは、どんな類いの認知的情報が重要かを発見することだ。つまり、何かのありようの輪郭を定めるのに必要な情報や能力を誰か特定の人物に与えるためには、その人物のこれまでの経験のどの部分が、その人物の主観的な見方で理解されたうえで、活用されうるのか、ということを実証研究を通じて発見するのが大事なのだ。そういった情報が高階のものであるというのは次のような意味である。つまりその情報は、その人物のこれまでの経験に重要な点で類似した特徴、あるいは同形の特徴であり、その人物はそれを利用することで、これから起こりうる自分の経験に備わる重要な主観的価値の査定を認知的にモデル化したり、あるいは少なくとも、認知的に導いて制約したりできるであろう。次節では、このことをもっと詳細に論じることにしよう。

階層ベイズ・モデル

生まれつき目の見えない大人が、目が見えるようになるために網膜手術を受けるべきかどうかを決断しなくてはならない、そんな場合を想像してみよう。そしてこう想定しよう。そういった大人は、目が見えないことを中心に生活を構築し、キャリアを選択してきたのである（彼はサクソフォン奏者で、その感情のこもった音楽は、彼の体験や高度に訓練された聴覚能力によるものだ）。また、ものに触れたり音を聞いたりすることを通じてもたらされる生き方や世界理解、つまり目が見えないことと根深く結びついた生き方を、その人が選んできたのだとしよう。

彼は手術を受けるべきだろうか。ここで決断をするには、選択に備わる変容的な性質のせいで生じる認識の壁を迂回する道を見つけなくてはならないだろう。つまり、自分の主観的価値を評価し見定めて、さらに選好を展開させるにあたって、自分の一人称的な視座に役割を残すような道を、見つけなくてはならないだろう。そんな方法はあるのだろうか。あるかもしれない。[32] 意思決定から一人称的な視座を簡単に消し去ってしまって、その代わりに三人称的な証言や説明を用いるわけではない。そうではなく、もしかしたらその人は実証研究の助けを借りて、これまでの自分の経験からわかっていることにてこ入れをすることで、手術を受けることが主観的な未来にもたらす可能な選択肢に対して、部分的にはそれらの現れに基づく手引きを組み立てるのかもしれない。

どうやってそれをすべきかについては、学習と表象についての認知科学研究からアイデアを得られる。この研究は、人間が、どうやって新規の状況について、正確で柔軟な予測をなしうるのかを調べるものだ。そこでは、自分がすでに経験している状況と、経験したことのない新規の状況との間にある抽象的ないし高階の類似性に依拠した帰納的な推論が用いられる。このモデルは確率論的な枠組みを用いることで、ベイズ推論の観点から、学習と一般化についての説明を与える。ベイズ推論は、私たちの認知的な現れが一定範囲の異なる仕方で世界を表象し、その表象には、一定種類の構造をもつものとして世界を経験することが部分的に伴うという事実を活用する。私たちは、世界の構造形式の経験を使って、未来の経験についての一人称的な理解を組織化し、それを導く。そしてその際、世界の高階のカテゴリについてこれまで経験してきたことを用いて、それと同じカテゴリによって組織化される新たな状況に自分がどう反応するかを予測するのである。

新たな種類のブドウを食べてみる選択について考えてみよう。あなたはこれまでたくさんの異なる種類のブドウを食べてきており、ブドウ一般が大好きだとしてみよう。ブドウは美味しい、というわけだ。さて、青物市であなたは、鮮やかなオレンジ色をした新たなブドウを食べてみるべきだろうか。過去にあなたが赤いブドウも、緑のブドウも、青いブドウも、黒のブドウも好んできたことを踏まえると、そうすべきだと思われる。つまり、様々な色のブドウを好んできたのだから、あなたはブドウ一般を好んでいる、というわけだ。ブドウの細かなタイプそれぞれに特有の香りをあなたは好んで評価しているけれど、同時にあなたは、ブドウなるものが本当に好きなのである。つまり、ブドウの下位タイプそれぞれに含まれる様々な具体的なブドウが好きなのに加えて、ブドウという一般的なタイプの果物が好きなのである。あるタイプの果物、つまりブドウが好きだというのは、いろいろな下位タイプに含まれるブドウすべてに共通する何かが好きだということだと理解できる。それらは一定の特徴を共有している、つまり、お互いにある点で類似しているのである。このように一定の特徴を共有しているというのは、ある普遍的なブドウ性を共有することとして理解されうるし、私たちの目的からしたらそれと同じ意味なのだが、ある種の抽象的なカテゴリ構造ないし高階のカテゴリ構造を共有することとして理解されうる。あなたは自分の経験を通じて、ブドウというカテゴリに属する事物が自分は好きだと考えるにいたるのである。

自分はこれまでブドウが好きだったのだから、新たな種類のブドウも好きだろうと推論し、そのことをもとに、新たなブドウを食べてみようと決断する場合、あなたは、ブドウを食べることに備わる主観的価値を見定めることによってその決断を下しうる。主観的価値を見定めるためにあなたは、新たなブドウを味わうという帰結に向けて、自分の一人称的な視座を展開させる。そして、そのオレンジ色のブドウがブドウというカテゴリに属しているという理由で、これまで自分が食べてきたブドウと同じ味の性質をオレンジ色のブドウももっているという帰結を、想像を通じて組み立てるのだ。あなたは、これまでの経験を踏まえて、その帰結に対して、そこそこ高い肯定的な期待値を割り当てる。（実生活では、あなたはおそらくこうしたことを明示的にではなく暗黙のうちに行なっているだろう。）このように推論するとき、その推論を計算モデルを使って表すことができる。そこでは高いレベルでのカテゴリ化によって、新たな低レベルの事例（新たな下位タイプに属するブドウ）についてのあなたの推論が導かれている。その際に依拠するのが、新たな事例があなたのこれまでの経験と共有している高レベルの特徴についてあなたがどのように推論するか、ということなのだ[33]。

ブドウの事例が明らかにするのは次のことだ。新たな帰結を認知的に見定めることに関連するのはどの高階の性質なのかを突き止めることができるのなら、あなたは、表向きにはまったく異なる他の状況であっても、そういった高階のカテゴリ上の性質を備えたこれまでの経験に頼ることで、新たな状況についての認知的なモデルを組み立てることができる。先のブドウの事例が明らかにするのはこの組み立て方なのだ。

この組み立て方を使って、変容的な経験を部分的にモデル化するには、次のようなタイプの認知的なモデルについて考えなくてはならない。すなわち、高階の構造についてあなたがもっている知識を利用して、変容的な経験について新たな知識を生成する際に、あなたにとって必要となるようなタイプの認知的なモデルである。これまでの経験の集まりから抽出される高階の構造をあなたが取り上げ、それを用いてこれから生じうる経験の高階の特徴を練り上げる。それはちょうど、ある絵の輪郭をトレースするために、その絵の上に一枚の半紙を敷き、そのうえでそれを使って、形は同じだけれど色や媒体や設定が異なる新たなスケッチを生成するようなものだ。関連する高階の経験的事実とは、お互いにまったく異なる低階ないし一階の経験をモデル化することを通じて同じままであるはずのものだ。

人間の認知についてのこういった事実は、認識を変容させるある特定の事例において活用されうる。第2章でドリアンを食べてみるかどうかの選択をどのように再定式化したかを考えてみよう。ドリアンをこれまで味わったことがないのだとすれば、どんな味がするのかあなたにはわからないし、それに対する反応は人によってまったく異なる。しかしあなたは次のように推論するかもしれない。私は、ブドウのあの味わいが好きなのであり、その事実を踏まえると、私は果物のあの味わいが好きなのだ。そして私は果物が好きなのだから、ドリアンを食べてみるべきなのだ、と。ここであなたは、自分のブドウの経験、つまり、果物であるという性質をもつ何かの経験に頼っている。そして、ドリアンを味わうという新規の帰結は、果物であるという同じ高階の性質をもつ何かを味わうという経験なのだから、経験として似たような性格を備えているだろうと想定したうえで、あなたはドリアンを味わうという帰結を評価しているのである。

この手続きには明らかに正しいところがあるし、主観的な視座を用いて未来の帰結を見定めることの重要性につながるところがある。私たちは未来の帰結について推論を行なうのに自分のこれまでの経験に頼って当然なのだ。その帰結は、一階の性質を備えた経験のレベルでは、たとえばドリアンを味わうことのありようのレベルでは、認識を変容させるかもしれないが、他方で、より高いレベルでは認識を変容させないかもしれないのだ。もしこういった果物の事例が成り立つのなら、果物を味わうことのありようといった、高階の性質を経験することに頼って、ドリアンを味わうという帰結に備わる主観的価値を部分的には見定めることが私たちにはできるはずだ。

もちろん、ブドウを味わう経験とドリアンを味わう経験の間で共有される特徴は、果物を味わう経験に備わる高階の特徴なので、ドリアンを味わうことの全体的な主観的価値をモデル化することに対して果物を味わう経験がなしうる貢献は部分的なものにすぎないだろう。つまり、その経験の細かいところはほとんどわからず、その一般的な性格について何事かがわかるだけだろう。

ドリアンの事例が浮き彫りにする問題の一つは、この種の一般的で高レベルの構造がわかるだけでは、たとえ高いレベルで認識がまったく変容しないとしても、十分には役に立たないかもしれないということである。それというのも、その帰結の高階の構造や特徴は、新規の帰結に備わる全体としての主観的価値に、十分には貢献しないかもしれないからだ。第2章で論じたように、ドリアンの味への反応は、果物が（普通に）大好きな人々の間でさえ、バラツキが大きい。ドリアンの場合、ドリアンに特有の味や匂いの性質に関わる低階の性質の主観的な強烈さは、ドリアン一般に備わる果物としての特徴が経験にもたらす貢献を打ち負かしてしまうように思われるのだ。

　このことは、高階の特徴を経験することが、多くの場合、新規の帰結の主観的価値への有用な手引きとはならないかもしれないのはどうしてかを明らかにする。もしかしたら高階の構造の経験は、新たな経験の主観的価値を見定めるときに気にとめるような経験ではないのかもしれない。もしかしたら気にとめるかもしれないけれど、その価値は、新たな低階の性質の経験の価値に打ち負かされてしまうのかもしれない。もしかしたら、新規の経験が備える別の高階の性質こそが、その新規の経験の主観的価値を定める性質なのかもしれない、等々。新規の経験を見定めるにあたって、高階の特徴を備えた経験として正しいものに頼る場合に限り、そして、そういった高階の特徴を備えた経験が新規の経験の主観的価値にとって大事である場合に限り、認知のこういった特徴を活用して、変容的な選択から生じる帰結のモデルを主観的に有用な仕方で進展させられるのである。

　この問題は、次のような事実に由来する。私たちは、新規の経験に備わる高階の主観的価値を見定めるために、高階の認知モデルを用いることができる。他方で、その経験は認識を変容させるものなので、これまでの経験の主観的価値に貢献してきた高階の特徴の経験のうち、あるとすればいったいどれが、認識を変容させる経験の帰結に割り当てられる価値へと引き継がれるのかは、私たちにはわかりえないのである。（少なくとも、自分の個人的な経験に基づくだけではわかりえない。というのも、その新しい経験のありようが、私たちにはわからないからだ。）

　その経験が高いレベルで変容的であるとすると、とりわけ、予測を混乱させるような仕方で変容的であるとすると、別の争点が浮上することになる。ドリアンの事例は小さな賭けなのだから、個人を変容させるようなものではない。しかし、個々人が認識と個人を同時に変容させるような経験を被るとき、その人々は選好の変化を経験しうる。意思決定主体が、自身の選好の変化に認識的にアクセスできないのなら、今後生じうる帰結の主観的価値を見定めるときに、自分がどの高階の特徴に頼るべきかを決めることがその主体にはできないもう一つの理由が存在することになる。それはつまり、どの高階の特徴がその主体による見定めにとって重要になるかは、その主体が当の経験に対してどう反応するかに左右されうる、ということである。

こういった問題から明らかになるのは次のことだ。変容的な経験のありようが、当の経験をするまではある人にわかりえないのであれば、その人の未来の経験とこれまでの経験の間にある高階の類似性としてどれが重要なのかは、その人の経験だけでは、その人にはわかりえないのである。

とはいえその人にできることもある。これまでの経験からもたらされる知識を用いて、変容的な経験の伴う事例での新規の経験をモデル化できるはずだと原理的には考えられることを踏まえると、その状況でその人にできるのは、次のことだ。すなわち、心理学や認知科学の実証研究を使って、そういった新規の主観的帰結についてトップダウンで推論する際に用いるに相応しい高階の特徴を特定しようとすることだ。

言い換えると、私たちはもしかしたら、一人称的な価値と選好の変化についての実証的知見からその助けを借りることができるのかもしれない。そうすることで、変容的な経験の伴う行為から生じうるいろいろな帰結を個人として認知的にモデル化するときに、私たちは、自分自身のどの経験から得られるどの高階の特徴を用いるべきかを特定することができるかもしれないのだ。その場合私たちは、実証的知見やベイズ・モデルの技法を利用することで、主観的で一人称的な視座を消し去ってしまうのではない。そうではなく、そうした知見や技法を手引きとして、主観的な未来に生じうる帰結を組み立てて評価するためにこれまでのどの経験に依拠すべきかについて理解しようとするのである。

これはどのように機能しうるのだろう。新たな状況についての事実を発見するのに高階の構造がどう適用されるのかを探る帰納的学習モデルはたくさんある。一つの見込みのあるアプローチでは、先に示唆したように、階層ベイズ・モデル[34]を利用することで、これまでの自分の経験から引き出される抽象的特徴として適切なものを見いだして、これから生じる経験を確率論的にモデル化するのである。ごくわずかなデータから強力な帰納的推論を行ない素早く柔軟に学習する方法をモデル化するのに、ベイズ流のアプローチはとても有用だ。関連する類いの変容的な経験をしたことのある個人についての研究から引き出されるデータと、この学習モデルを一緒に用いると、それらが助けとなって、未来をうまく思い描くのに必要な高階の構造を突き止めることができる。[35]帰納学習の認知モデルを用いる際、関連する構造上の類似性を認知的な現れのレベルで見いだすことで、然るべき帰納上の制約が経験的に定められる。そういったモデルを用いることで、変容的な意思決定の規範的な合理的基準を満たす新たな方法を構築するための第一歩がもたらされうるだろう。

大事なのは「超過仮説（overhypothesis）」として正しいものを見つけることだ。つまり、新しい現れを伴う帰結を事前に思い描くために用いるのに相応しい高階の構造を見つけることだ。これは、他のところで浮上した問題、すなわち、実証的情報を利用して変容的な経験への反応の仕方を知りたいと思っていたとき、たとえば、調査データの助けを借りて子をもつ決断を下したいと思っていたときの問題と関係している。この問題は、第3章と、この補論ではインフォームド・コンセントと根本的同定問題を扱った節で現れたものだ。[36]

人間はごくわずかな経験をもとに、どうやって超過仮説を実際に発見したり、あるいは生み出したり、さらに、そういった超過仮説を用いて周りの環境を操作し理解するのだろうか。階層ベイズ・モデル研究の美しいところは、これらの点を示してくれることにある。言い換えると、確率論的な認知・学習モデルに関する認知科学研究では、人間はごくわずかな証拠を一度手にすると、用いるべき仮説を信じられないくらいうまく定めることができることが示されるのである。[37]

つまりこういうことだ。いくらかのデータ、徐々に抽象的になっていく構造の層、わずかなデータから帰納的に学習する私たちの能力、適切なカテゴリに属する経験間に存在する現れのうえでの類似性、これらを組み合わせると、将来の経験を見定めるにあたって、そこに伴う諸レベルの構造ゆえに私たちは重要な超過仮説（高階のレベルから引き出されるような超過仮説）を発見できるかもしれないのだ。さらに高いレベルでの仮説については、依然として憶測が必要だ。けれども、関連するn階の仮説は、一階の経験と正しいn+1階の仮説と帰納推論を組み合わせることで発見されうるだろうという望みがあるのだ。

たとえば、あなたは一つの仮説として、自分は新たな食べ物を食べてみたいと想定するかもしれない。ここで、いろいろなタイプのブドウを好む自分の経験に加えて、いろいろなレストランでの一階の経験と、この仮説を組み合わせると、新たな食べ物ならどんなタイプでも試してみようと思うわけではないことをあなたは発見するかもしれない。たとえば、新たな魚料理を食べてみることを、自分は実際には好んでいないと発見するかもしれないのだ。新たな食べ物を食べてみるというときにあなたが本当に好きなのは、新たな果物を食べてみる経験なのである。このときあなたは、自分は新たな種類の果物を食べてみたいということを超過仮説として捉えることになる。そしてその超過仮説を用いることで、ドリアンを初めて食べてみることから生じる帰結を思い描いてモデル化できるのだ。

それゆえ、ここからわかるのはこういうことだ。少なくともいくつかのタイプの事例については、高階の認知的な現れの類似性を用いて、新たな現れを伴う帰結をモデル化し、部分的に価値づけることができるだろう。またとりわけ、ベイズ流の学習技法を用いて、どの高階の認知的な現れの類似性がこの課題に用いるのに相応しいものなのかを発見できるだろう。では、大きな賭けとなるような変容的な経験の事例だと、そういった戦略はどのようにして助けとなりうるのだろうか。

生まれつき目の見えないサクソフォン奏者のことを再び考えてみよう。網膜手術という選択が利用できるとして、彼はその手術を受けるべきだろうか。彼は目が見えるようになることを選ぶべきだろうか。その選択は確かに、次のような問いについて検討することを部分的に含むにちがいない。それは、こういう問いだ。新しい感覚能力を獲得することと、そこから生じる新たな経験を発見することに備わる主観的価値は、意識への現れをそのままにしておくことの価値よりも高いのかどうか。

目が見えるようになるという帰結の主観的価値を見定めるために、その盲目のサクソフォン奏者は、高階の構造を用いて、自分に馴染みのある感覚状況から、別の馴染みのない感覚状況へと、感覚様相を横断しなくてはならないだろう。確かに目が見えない経験は、目が見える経験とはまったく異なる。しかしたとえそうだとしても、その音楽家がこれまでにしてきた経験には、適切な高階の構造があるかもしれない。そのような構造があるおかげで彼は、自分自身の認知的な現れの視座に基づいて、経験の形をトレースし、またそれを用いて、目が見える経験に伴う帰結の候補をモデル化できるかもしれないのだ。網膜手術の前にその音楽家がしてきた経験と、手術の後に彼がなしうる経験の間で共有されることになる、何らかの高階の構造が実際あるとして、また、彼がその構造を突き止めてわかる方法があるとして、このとき彼は、自分の人生がどう変わりうるかを評価するための部分的な手引きとして、その方法を用いることができるだろう。

ここでの課題は重要だ。第一の課題は次のような問いに関わる。すなわち、目の見えない大人と目の見える大人の実際の経験に共有される、適切な高階の構造や形式として、ものを見ることのありように関連する知識をそのサクソフォン奏者にもたらしうるようなものが、またその結果として、網膜移植を受ける決断から生じうる帰結を彼に評価できるようにするようなものが、実際にあるのだろうか。そういった帰結に与えられる価値のなかには、彼の目が見えるとしたときのありように備わる主観的価値に、決定的な仕方で依存するものがあるかもしれない。さらに、手術を選択することの期待値を彼が特定できるか否かは、当の選択から生じうる帰結を自分ならどう価値づけるかを、それに関連する自分の選好の変化を踏まえたうえで、彼が定めることができるか否かに左右される。この問題は難しい。というのも、彼が用いることのできる高階の構造の候補を特定する手段にどんなものがあるのかが明らかではないからだ。必要な見定めをしたり、自分の選好の候補を思い描いたりするために、彼は、これまでの自分の経験のどんな特徴に頼ることができるというのだろうか。

神経科学の研究が示唆するところでは、目が見える経験は目が見えない経験とは根本から異なる。というのも、目が見えないことが原因で神経の再組織化が生じ、目の見えない人と目の見える人の視覚皮質と後頭皮質の間には、全体としてかなりの違いがあるからだ。また、直観的には次のように思われるかもしれない。生まれつき目の見えない人、少なくとも視覚能力がほとんどないか、まったくない人々は、その人々に支配的な感覚経験の性格において目の見える人々とは異なっている。このことを踏まえると、「紫である」といった色述語はもちろん、「見せること」や「走ること」といった視覚や行為の概念についても、目の見えない人々と目の見える人々には違いがあるにちがいない。多くの理論家たちが、少なくともバークリ以降、この点で一致してきた[38]。目の見えない人と目の見える人が同じような言語的課題を遂行しているとき、これらの人々の神経活動には探知可能な違いがあるということによって、こうした見解が裏づけられると思われるかもしれない[39]。

しかし新たな研究（Bedny and Saxe 2012）が示唆するように、普通に目が見える大人の視覚経験と、生まれつきの盲人を含む目の見えない人の感覚経験は、一階の経験のレベルでは根本的に異なるけれども、それにもかかわらず、高階の認知レベルでは同じように構造化されている。とりわけ、「走ること」といった、一見したところ視覚に基づくように見える概念において、生まれつき目の見えない大人と目の見える大人の間では、高階の概念構造が共有されているように思われる。研究者たちの結論はこうだ。

確かに目の見えない人々と目の見える人々の感覚経験は劇的に異なるけれども、行動データや神経画像のデータは、これら二つの集団の概念的表象が著しく類似していることを示している。私たちの見解だと、目が見えないことの影響を示す最善の候補に含まれると私たちが考える概念的カテゴリにおいて、こうした類似性が成り立つ。具体的な単語を理解し、対象や行為をカテゴリ化し、他者の知覚状態について考えるのに用いられる概念的表象は、感覚経験の像ではない。人間には豊かな抽象的表象のレパートリーがいくつもあり、それらは、出来事や対象、行為主体、また行為主体の心的状態の観点から、周りの環境の高階の構造を捉えるのである。(40)

この研究が示唆するように、感覚様相を横断して、目の見えない経験を目の見える経験に適用する際に利用可能な何らかの類いの高階の構造が実際にあるのかもしれない。諸々の事実が経験的には未だに決定されていないことを踏まえると、明らかに疑問はたくさんある。目の見えない人と目の見える人によって共有される構造の形式とは、正確にはどういうものなのだろうか。私たちは、新たな果物を食べてみることの価値を発見するために、新たな食べ物を食べてみることについての高階の構造を活用するけれど、それとほとんど同じように活用されうるような構造なのだろうか。現れがもつn階の類似性のなかには、ともかくある仕方で経験されるようなすでに共有された概念構造に適切に結びついていて、ものを見ることのありように部分的な主観的価値を割り当てる力を目の見えない人に対してもたらすようなものがあるのだろうか。

関連する構造が存在し、それを発見することができるのなら、盲目のサクソフォン奏者は原理的には、この研究を利用して、重要な点で類似した自分のこれまでの経験を位置づけそれに頼ることで、これから生じうる帰結を見定めるのに相応しい抽象的構造を突き止めることができるし、さらに選好に生じうる変化をモデル化できる。ひとたび適切な帰納のための手引きが確立されると、彼は、そのような高階の構造をした帰結のこれまでの経験に頼ることで、新規の視覚経験における帰結を部分的にモデル化でき、また、適切な抽象的構造をした帰結がどのようなものになるかについて自分にわかっていることに基づいて、そういった帰結に部分的な主観的価値を割り当てることができる。盲目のサクソフォン奏者が新たな感覚様相をもつことの主観的価値を評価しうる限り、おそらく彼は、それに関連して生じる選好の変化を予測できるだろうし、また、自分が新たな感覚様相を経験しつつ、その一方で変化した聴覚能力を経験することのありようを伴う帰結を思い描くことができるだろう。こうしたことによって、根本的に新しい経験に価値を割り当てて、それについて大きな決断を下そうとするときに用いることのできる、経験的に裏づけのある方法が、彼に与えられることになるだろう。

当然ながら、その盲目のサクソフォン奏者が、視覚という新たな感覚様相に備わる主観的価値について、その情報を自分にこの先もたらしてくれるような何事かをモデル化できるとしても、ものを見ることのありように備わる主観的価値には、それが完全に一階のものとして現れる場合、彼は依然としてアクセスできないままである。結果として、新たな戦略が整えられる場合でさえ、私たちは依然として、変容的な選択に含まれる根本的に新たな経験が認識と個人をともに変容させる、という事実に立ち戻ることになる。ものを見るということのありようは、そのサクソフォン奏者に複雑な影響を与えるだろう。というのもそれは、人生の営み方や生き方を変えたり、家族や友人との間柄を変えたりするだけでなく、聴覚や触覚の経験を変えることになるだろうからだ。このことは往々にして、彼の主たる体験の多くを変えてしまうのであり、そこにはサクソフォンを演奏するという経験も含まれるのだ。おそらく、こういった決定的な効果は、彼の選好や、それゆえ目の見える人となることの彼にとっての期待値に、大きな影響をもたらすだろう。したがって目の見えないサクソフォン奏者の場合、うまくいくような部分的なモデルとして今後重宝されるものをもつためには、ものを見ることのありようを見定める際の裏づけとなるような構造を見いださなくてはならない。さらにその構造は、目が見えるようになる結果として自分の新たな選好が今後どうなるかを特定するのに必要な知識を彼にもたらすくらい十分に、深いものでなくてはならない。

それゆえ彼の用いる構造は、ものを見る経験のありようについて十分なことを教えるだけの情報量がなくてはならないだろう。それによって彼は、網膜手術を選択した結果生じる帰結の価値を評価するときに、(目が見えるようになる結果として形づくられることになる) 自分の新しい選好をうまくモデル化できるのである。あるいはその構造は、そういった選好の変化について明示的にわからずともそれを織り込めるほどに十分複雑なものでなくてはならない。それによって、自分に関わる帰結をモデル化するにあたって、その構造は、ものを見ることのありようについての新しい自分の知識と、目が見える個人としての新しい自分の選好の両方を反映するような、帰結に対する価値への手引きを彼に与える。これはつまり、かなり発達した広範囲に適用できる抽象的構造が私たちには必要だということだ。その構造は、個人の大きな変化を通じて恒常的でありうる深い認知構造についての事実に対してのみならず、感覚様相を通じて恒常的でありうる深い認知構造についての事実に対しても高い感度を有していなければならない。

さらに私たちは、経験主体の計算能力の限界にも直面する。つまりこういうことだ。確かに私たちには、未来の帰結をモデル化する目覚ましい能力がある。しかし他方で、根本的に新しい帰結をモデル化するのに私たちが頼らなくてはならない類似性は、その抽象性ゆえに私たちが認知的に複雑な帰結をモデル化しようとする際に計算上の障害をもたらすかもしれないのである。とりわけ、著しく重要だが因果連鎖の下流に位置するいくつかの帰結は、ものを見ることのありように備わる一階の性質が原因で生じるかもしれず、それゆえ、モデル化が特に難しいかもしれない。言い換えると、ものを見ることのありようはたくさんの因果的影響とともにサクソフォン奏者に複雑な因果的効果をもたらすがゆえに、彼の手引きとなる単に抽象的なだけの構造を用いて関連帰結をモデル化するのは、計算能力的に手に負えないかもしれないということだ。さらに、彼がものを見るということのありように備わる一階の質的性格だけを原因として生じるような選好の変化については、効果的に予測することも評価することもできないかもしれない。それゆえ、こういった大きな賭けの場合、変容的な経験の強度とかそういったものによってその人の個人的選好が変わるので、依然として明白な解決が何一つないのである。だからといって、高階の構造を用いることが変容的な選択の助けとならないというわけではない。そういった助けは部分的なものにすぎないかもしれない、ということだ。しかし、部分的な助けであっても、まったく助けがないよりはましなのだ。

目の見えないサクソフォン奏者の事例が浮き彫りにするのは、私たちの推論で用いるのに相応しい高階の構造を明らかにすることがどれほど困難か、ということである。しかし、ベドニーとサックス（Bedny and Saxe 2012）による魅力的な研究はまた、その戦略が少なくとも潜在的には機能しうるように思わせてくれもする。この戦略が機能するのなら、主観的価値が部分的にしかわからないような状況のために設計されたモデルの、変容的な選択における使用法について、具体例が得られるだろう。そのためには、たとえ一人称的な「現場の」経験のありようがわからないとしても、価値の予測と割り当てに着手できるくらいにその経験の抽象的構造がわかってさえすれば、十分なのである。

関連する高階の構造を発見することの価値は、そういった構造が変容的な経験のありようについて何でも教えてくれる、ということにはない。意思決定の問題に取り組むにあたって、経験に裏打ちされた合理的なスタートを切る方法を与えてくれることが、その価値なのだ。ある経験の性格についての根本的に新しい発見を伴う合理的な変容的選択をする際に、大まかなだいたいの方法を展開するにはこんな方向に進めばよい、ということをこの構造は指し示してくれるのだ[41]。変容的な選択を熟考する人々からすると、関連する高階の仮説についての情報を発見するという点で、認知科学は有用なものとなりうる、ということをこの構造は際立たせるのである。

本節で私が行なった議論は、さらなる実証研究のための青写真を提案するものだ。しかし、そういった実証研究がないなかで、私たちのうちで、たとえば子をもつべきかどうかをただちに決断したいと思っている人々は、どのように進めばよいのだろうか。適切な超過仮説をどうやって特定し用いるべきかを指し示してくれる実証研究が完了するまでの間、私たちはどうやって変容的な決断に合理的にアプローチできるというのだろうか。第4章で提案したように、啓示の観点から決断を再定式化することが、最善の選択肢であるように思われる。熟慮の枠組みを設定する一つのやり方は、帰結の価値が私たちにわかっていないことに基づくのである。

もしあなたがベイズ主義者なら、啓示に基づく変容的な選択に対して階層ベイズ・アプローチを採用することができるだろう。その場合、個人的な決断をするときにあなたが用いることのできる啓示の価値について、かなり抽象的な超過仮説を生成することが、目標となるだろう。もしあなたが、自分を取り巻く状況の安全レベルについて適切な証拠を持っているとすれば（これは大きな「もし」ではあるが）、変容的な選択をするときの出発点には、極めて一般的な超過仮説を生成し見定めることが求められるかもしれない。たとえば、自分は変容的な経験を好むといった仮説や、自分は変容的な経験を好まないといった仮説が、そうだ。あなたは、こういった仮説を次のような仕方で見定めることができるかもしれない。すなわち、特定の変容的な経験（根本的に新たな活動を試みることや、大学に行くこと等）についてこれまで経験してきたことを参照し、局所的な状況の安全性と安定性を見定めて、どの仮説が相応しいかを確定するのだ。こうしてあなたは、これまでの経験に依拠して、啓示の望ましさに基づいて自分の変容的な選択を部分的に導くことができるかもしれないのである。

気づきがないこと

変容的な意思決定のためのもう一つの効果的な戦略は、認識が深刻に制約されているなかで合理的に意思決定を行なうための別のモデルに目を向けることだ。極端な無知の条件下での意思決定とは、行為主体がその帰結に気づいていないなかで決断する状況として描写される[42]。そういった状況には、その決断からもたらされうる帰結の価値が行為主体にはわからないようなものが含まれる。そういった意思決定についての研究が、ここでは助けとなるかもしれない[43]。

才能あるチェス・プレイヤーと二流のプレイヤーのゲームを想像してみよう。ちょうど、二流のプレイヤーがコマを動かす順番だとしよう。その二流のプレイヤーは、自分が指すことのできる手で、その帰結が望ましいものと望ましくないものがあるとわかっているのだが、一手二手以上先のゲームを視覚化できず、また、特定の手の結果どんな帰結が生じるかを予測するのに用いることのできる適切な戦術をまったく記憶してこなかった。それゆえ、彼には自分に指すことのできる手があるとわかっているし、その手の結果、たとえば五手十手先の盤面に特定の帰結が生じるだろうということもわかっているけれど、それがどんな帰結なのかがわからない。彼は一手二手以上進んだ後のゲーム・ツリーを、自分では描くことができない。また、どんな帰結が生じるかを自分で決めたり予測したりするのに用いることのできる戦略や戦術プランが、彼にはまったくない。それゆえ彼は、自分が選ぼうとしているいろいろな手から生じる帰結についてわかることができないのだ。

そういうわけで、その二流のチェス・プレイヤーには、自分の手の結果としてゲーム・ツリーを数手下った先に諸々の帰結があるだろうということはわかるけれど、そういった帰結がどういうものかはわからないのである。したがって、次の手からそうした諸帰結へと至りうる様々な道筋を、彼は詳細に描くことができないし、普通のやり方で次の手の期待値を計算しながらゲームを進めることはできない。この状況だと、彼はどうやって手を指すべきだろうか。つまり、計算能力の著しい制約に直面していることを踏まえると、勝利するチャンスを最大のものとするために、彼はどのように手を指すべきだろうか。彼には当てずっぽうしかないのだろうか。

そんなことはない。たとえ自分の行為の成り行きを詳細に描くことができないとしても、自由に利用できる他の事実が彼にはある。たとえば、様々な盤面の利点、自分が守備的なゲームをしたいのか、それとももより攻撃的なアプローチをとりたいのか、また、様々なチェスの駒の重要度（たとえば、クイーンがあることの有効性と、ルークを持つことの有効性の間の違い）について一般的なレベルで彼が知っていることが、そうである。彼は、戦術的というよりむしろ位置取りを考慮したプレイで戦うことができるのだ。

この二流のチェス・プレイヤーと同じような状況に置かれた行為主体はどのようにして、自由に利用できる他のタイプの情報を用いながら、自分の手の合理性を最大化できるのか、ということが、気づきのない意思決定についての研究が議論していることである。[44]それゆえ、たとえばチェスのゲームだと、二流のプレイヤーは、様々な帰結に自分がいかに気づいていないかを正しく理解したうえで行為するのであれば、合理的に行為できる。つまり、重要な意味で自分に「気づいていない」帰結が存在するとわかったうえで行為し、この知識によって制約されるような仕方で手を選択し、その一方で同時に、自分が自由に利用できる正当な戦略上の原理や一般的な証拠を手引きとするのであれば、彼は合理的に行為できるのである。

私たちは、このアプローチを変容的な意思決定の問題に適用できる。二流のチェス・プレイヤーがとらなくてはならない選択を、ものを味わう能力とまったく新しい感覚能力の間であなたが行なうことになる選択になぞらえてみよう。味覚を取引に差し出すべきかどうかの決断にアプローチするとき、主に認めておかねばならないのは、古い感覚の代わりに新たな感覚能力をもつということのありように基づいて、その決断を下すことはできない、ということである。ものを味わう能力が新たな感覚能力と置き換えられるときに生じうる帰結が存在することは、あなたもわかっている。しかし、そういった帰結を経験するとしたらどういうことになるかがあなたにはわからないのだから、自分の一人称的な視座に基づいてそれをシミュレートすることはできない。こういった帰結があなたにはわかりえないのだから、それらを価値づけることもできないし、また、それらに至る状態に確率を割り当てることもできない（としよう）。さらに、自分の手元にある可能な選択肢の集まりから、特定の確率の割り当てを消し去ることもできない。それゆえ、自分の選択肢の期待値を確定することができないのだ。

実証研究を通じて、自分がすでに持っている感覚能力の高階の経験的特徴のうちのどれが、新たな感覚に重要な点で類似しているとわかりうるのなら、あなたはこの情報を活用して、自分の選択の助けとしうるかもしれない。しかし、私たちの想定では、あなたは新型マイクロチップを埋めこまれる最初の人物であり、それゆえ、そういった頼るべき経験的証拠がまったくないのである[45]。

こういった状況において、気づきがないことについての研究は、決断のモデルを発展させる方法を与えてくれるかもしれない。二流のチェス・プレイヤーのように、自分では気づいていない帰結が存在すると、あなたにはわかっている。それゆえあなたはそれに応じて、感覚能力について自分が一般的なレベルでわかっていることに基づいて、自分の決断を制約する。たとえば、もしかしたらその新たな感覚能力には、世界にある新たな二次性質を探知する何らかの特別な能力が伴うのかもしれない。それは嗅覚や視覚のような他の感覚能力を高めたり損なったりするかもしれない。この新たな感覚能力をもつことのありようを教えてくれるようなシナリオを、あなたは想像したり享受したりすることはできないが、他方、感覚能力とはどういったものかについての自分の一般的な知識を用いて、自分の決断の手引きとすることができるのだ。

このように、認識が制約されている発見の文脈では、大まかに言って、あなたを取り巻く環境の安全性や安定性についての事実がとりわけ重要になる。自分が不安定な環境や安全でない環境にいることを示す帰納的証拠や他の証拠をあなたが手にしているのなら、気づきのないなかで決断を下すにあたっては、予防原則に従うべきだ。予防原則が提案するところでは、あなたは既知の価値や選好をもたらす行為を選好すべきだとされる[46]。自分が安定している環境や安全な環境にいることを示す証拠や、誤りを容易に修正できるという証拠があるのなら、探索的な原則に従うべきだ。その原則が提案するところでは、あなたはこれまでにわかっていない新たな価値や選好の発見へと誘いうる行為を選好すべきだとされる[47]。

しかしながら、決断を合理的なものにするためにその決断を再定式化したり制約したりするにはどんなことが必要となるかがひとたびわかると、自分の状況についての認識が貧しいことが顕わになる。ここでの提案は、決断空間の大まかな輪郭や制約でしか決断を導くことはできない、というものだ。つまり、特定の未知の帰結に備わる質的性質についての情報がほとんどない、あるいはそれにまったく気づいていないなかで決断を進めるということなのだ。

感覚能力についてあなたが決断するという文脈でこのことを考えてみよう。ワインや、熟した桃、フランス産チーズを味わうことはないが、根本的に新しい感覚によって世界にアプローチするような人生とはどういったものになるのだろうか。そんなことは誰にもわからない。別の能力を携えて生きる人生がどういったものとなるのかがわかったうえで決断を下すことは、あなたにはできないのだ。あなたが自分の選択において用いることができるのはせいぜい、世界を経験するある種類の能力を失って別のものを獲得するなかで、同時に既存の感覚能力が何らかの仕方で変わる過程についての、ごく一般的な高レベルの事実であり、そうした事実は、啓示を裏づける探索的原則や、啓示を制約する予防原則とあわせて用いられるのだ。

したがって、このことから私たちは、第4章の最後に示した立場に戻ることになる。そこでは決断が、世界を経験する仕方ごとの詳細を比べるという観点ではなく、啓示の価値とコストの観点から枠づけられた。あなたが変容的な決断をするとき、あなたが見定めるのは啓示の価値である。つまり、変容的な変化に含まれる新たな選好と経験を持つとはどういうことかを発見するという選択肢と、自分にわかっている人生をそのまま歩むという選択肢の間であなたは選択するのである。そしてあなたは、ごく一般的でとても抽象的な事実に頼ることでそれを見定めることしかできないのかもしれない。

結論　啓示

変容的な経験から生じる争点は二種類ある。第一に、私たちは一歩後ろに下がって、自分のいろいろな主観的可能性を評価し、想像を通じて帰結をモデル化し、自分の行為に期待される主観的価値を熟考することで、変容的な決断にアプローチするのだと、しばしばそのように語られるけれど、そんなことはできないのである。変容的な選択の状況において、変容的な経験をすることを選択するなら、自分の実際の経験がこの先どうなるか、私たちには十分にはわからないのである。その行為の帰結に主観的価値を割り当てたり、自分の選好がどう展開しうるかを特定したりする能力が、私たちには欠けているのだ。このことは、自分の生き方に哲学的かつ実践的な影響をもたらす。というのも、合理的で真正の人生を生きたい個人として、私たちは、自分の認識上の限界に由来する実存的な影響に直面せざるをえないからだ。

第二に、私たちが合理的な変容的選択の手引きとして規範的意思決定理論を用いたいのだとすれば、新たな意思決定理論のモデルを開発する必要がある。そしてこのことは、研究の新たな方向を切り拓くものだ。

それゆえ、自分の未来をどう計画し、また、合理的な意思決定者として自分の決断をどう設定するかについて、私たちは様々な仕方で考える必要がある。これまで論じてきたように、適切な知見が利用可能であるときには実証的知見に頼るべきだ。また、この補論では、変容的な選択をモデル化するにあたって理論的・経験的な切り込み方としての見込みのあるものをいくつか論じてきた。しかし、決定的なのは次のことだ。より洗練されたモデル化の技法を用いて、意思決定理論上の懸念にうまく対処することだけが、変容的な経験から生じる問題の解決に伴うのではない。それに加えて、経験そのものを価値づけること、つまり、経験からもたらされる啓示に基づいて経験を価値づけることも、そうした問題解決には伴う、ということである。

ここで私たちは、主観的価値の重要さに立ち戻ることになる。そういった価値づけが、ただ幸福や快苦を価値づけることとどのように区別されるのかということに、私たちは立ち戻るのである。変容的な経験をすることを選択するとき、私たちは、そこに喜び、恐怖、平穏さ、幸福、充実、悲しみ、不安、苦しみ、快、あるいは何かそれらが複雑に混じりあったものが伴うかどうかにかかわらず、それに固有の認識的性質を発見することを選択する。もし変容的な経験をすることを選択するのだとすれば、私たちは同時に、新たな選好を創造したり発見したりすることを選択することになる。つまり、私たちの選好のこの先の展開の仕方を経験することを選択するのである。またしばしばその過程で、新たな自己を創造し発見することを選択するのである。他方で、啓示を拒絶するのであれば、私たちは現状維持を選択し、現在の人生と体験を肯定することになる。したがって、合理的で真正な人生とは、大きな決断に出会う度に、自分がこの先どんな人物になるかを発見すべきかどうか、またどうやって発見すべきかについて決断することを伴うものなのである。ある経験に備わる（一階の）快苦とは独立に、その経験から啓示がもたらされるとすれば、ただそういった経験が教えてくれる内容のためだけに、選好と実際の経験がどう展開するかを発見することには価値がありうる。したがって、人生の最も重要なゲームの一つは、「啓示」のゲーム、つまりプレイそのもののためにプレイされるゲームなのである。

謝辞

以下の方々からいただいたコメントと、その議論に心から感謝する。マリリン・アダムズ、ロバート・アダムズ、マーカス・アーヴァン、エリザベス・バーンズ、ティム・ベイン、ヘレン・ビービ、ゴードン・ベロット、テレサ・ブランクマイヤー・バーク、レイチェル・ブリッグズ、サラ・ブローディ、ララ・ブチャック、ジョン・キャンベル、ハーマン・カプラン、デイヴィッド・チャーマーズ、ルース・チャン、ジョン・コリンズ、フィリップ・A・コーワン、ケニー・イーシュワラン、アンディ・エガン、ジョルダン・S・エレンバーグ、オーウェン・エヴァンズ、ブランデン・フィテルソン、ハンナ・ギンズバーグ、フィリップ・ゴフ、アリソン・ゴプニク、トム・グリフィス、ジェニファー・グロー、アラン・ハジェク、ジョー・ハルペン、キーラン・ヒーリー、ジェナン・イスマエル、ジャック・ナイト、マット・コッツェン、ジョナサン・ライヴェングッド、タニア・ロンブローゾ、ビル・ライカン、ジョン・マクファーレン、レイチェル・V・マッキノン、クリスチア・マーサー、ピーター・モンチロフ、リチャード・モラン、サラ・モス、ラム・ニータ、ジョン・クイギン、カーラ・メリノ・ラジム、ジェフリー・セイヤー＝マッコード、ジョナサン・シェイファー、タマル・シャピロ、エリック・シュリーサー、ローラ・シュルツ、デイヴィッド・ソーベル、シンシア・スターク、シャロン・ストリート、マイケル・スティーヴンズ、メーガン・サリヴァン、ジャスティン・システマ、ジョシュ・テネンバウム、ジェイソン・ターナー、ポール・ウェイリック、キャロライン・ウエスト、J・R・G・ウィリアムズ。

いくつかの啓発的な会話を交わしてくれたタイラー・ドゲット、および、草稿全体を読んだうえで広範囲にわたるコメントをしてくれたリチャード・ペティグルーとニール・レヴィには、特別な謝意を表する。本書の研究の一部は、国立人文科学センターおよびジョン・サイモン・グッゲンハイム記念財団からのフェローシップによる支援を受けたものである。

キーラン・ヒーリーにはとりわけ恩を感じている。氏は多大な時間を忍耐強く割いて本書のアイデアを私と議論してくれたし、たくさんの提案もしてくれた。それらの提案は、それを採用できるだけの分別が私にあるときには、本書を大きく改善してくれた。

訳者あとがき

本書はL. A. Paul, *Transformative Experience*, Oxford University Press, 2014の全訳である。原著のタイトルを直訳すると「変容的な経験」となるが、邦題は「今夜ヴァンパイアになる前に——分析的実存哲学入門」とした。ここではまず、本書の副題にあえて、原題にない「分析的実存哲学（analytic existentialism）」という語を入れた狙いについて、少し述べておきたい。

分析的実存哲学。哲学の世界におけるかつての常識で言うならば、「分析」と「実存」が一つの研究領域を示す語として合成されるなどということは理解を絶する事態である。なぜなら、二〇世紀の哲学では、分析哲学、実存主義、現象学の三大勢力がしのぎを削り、三竦み状態のなかでその知的深度を相互に高めてきたからである（ただし実際には、マルクス主義やプラグマティズム、構造主義など様々なアプローチが交錯する百花繚乱の思想状況が展開されており、こんなに単純明快に整理できるわけではもちろんない）。

並び立つはずのない二語が仲良く新たな一語のなかに同居している。この「おかしなふたり」とでも呼びたくなる言葉の組み合わせは、アンソロジー『生・死・意味』（D. Benatar ed., *Life, Death, and Meaning: Key Philosophical Readings on the Big Questions*, 3rd Edition, Rowman & Littlefield, 2016. 初版は二〇〇四年）の編者デイヴィッド・ベネターによるものだ。とはいえ、そこでベネター自身が強調するように、このカップリングが奇妙に感じられるのは、実存主義をサルトルやカミュといった個々の思想家と結びつけて捉えているからにすぎない。彼によると、分析哲学の議論に伴う明晰さと実存主義の扱うテーマの切実さとは決して相反するものではないし、またこれまでの歴史を振り返ってみても、分析哲学は実存的な問いを蔑ろにしてきたわけでもないのである。では「分析」と「実存」の和解とは、いったいどんな事態だと考えればよいのだろうか。

先ほどの（かなり単純化された）三竦みの思想状況を思い出そう。一九六〇年代から七〇年代にかけて一世を風靡した実存主義の哲学は、八〇年代に入ると急速にその勢力を衰微させる。しかし、人間の生の不条理を扱う実存主義の問いそのものが哲学から失われてしまったわけではない。むしろそれは、現象学と分析哲学による浸食を受けることになったと述べるほうが適切だ。では、そのような浸食がなぜ生じたのか。ここでは、その一つの理由として、現象学と分析哲学の有する主題中立的な性格を挙げておきたい。

現象学は「事象そのものに還れ」というスローガンとエポケーというアプローチに特徴づけられるように、私たちの周りのあらゆることをテーマとしうる。この柔らかな、悪く言えば融通無碍な性質は、「〇〇の現象学」の空欄にいかなる語を入れてもそれっぽく響くことからも窺えよう。

分析哲学の陣営からは、自分たちはそんな曖昧な仕事はしていない、という声が聞こえてきそうだが、実は、現象学と同じくらい、分析哲学も融通無碍である。先のベネターの主張からもわかるようにそれは、議論の明晰さを重視し、「言語分析」「概念分析」と呼ばれる作業にしばしば従事するという、テーマに左右されない分析哲学特有の営みに由来する。だからこそ、歴史的に見れば分析哲学を成立せしめた対抗領域であったはずの形而上学すら、「分析形而上学」という名の分析哲学の一領域となりえたのだ。

したがって、「分析的実存哲学」という表現に戸惑いを覚えるのだとすれば、それは時代状況の産物にすぎない。それどころか実質的には、すでに二〇世紀後半に多くの分析的実存哲学の議論が展開されてきたのである。たとえば、本書でも言及されている北米のトマス・ネーゲル、英国のデレク・パーフィットはそれぞれに、不条理を生きる人間の実存的な課題に対して分析的な探究手法を用いて取り組んでいる（実際この二人の論文は先に挙げたアンソロジーにも収められている）。そして、彼らの議論は他の哲学者たちに絶大な影響を与えてきたのである。

ただし、分析哲学の手法がどれほど明晰明快であったとしても、探究の対象とする課題が不条理をその根本にもつ人間の実存である限り、どれほど分析を重ねたところで、明らかになるのは不条理の内実であり、人間としての実存的な悩みがすべて解決されるわけではない。（分析哲学の源流の一つとされる論理実証主義の哲学はまさにそうした全面的解決をネガティブな仕方で図ろうとしたが、結局、問題を先送りしただけだったと言えるだろう。）しかし、分析哲学の手法を駆使することで、不条理がどんな構造をもつのか、その悩ましさの核心はどこにあるのかについて、少なくとも考察を始める前よりは明晰に理解することができるだろう。それは小さな歩みかもしれないが、偉大な一歩だと言えるのではないか。本書は、そうした一歩を踏み出す試みの一つなのである。

本書の著者L・A・ポールは、現在、ノースカロライナ大学チャペルヒル校の哲学教授（二〇一六年からは、ユージーン・フォーク特別教授）を務める哲学者である。プリンストン大学にてデイヴィッド・ルイスの指導のもと哲学で博士号を取得し、その後、形而上学、心の哲学、科学哲学、認知科学の哲学、形式認識論などの領域を中心に精力的に研究成果を世に送り出している。

本書を貫く知的構えは、先の見えない世界で生きる人間がそれでも行なわざるをえない意思決定を、決定者の視点に内在しつつ合理的に捉え抜く、というものである。不確実な状況下での意思決定は行動経済学の主要な研究テーマであり、そこでは三人称的な記述にもとづいた規範的なモデルもいくつか提案されてきた。しかし、人生に伴う実存的な決断において重要なのは、何よりも「この私」が一人称的に与える意味や価値であり、またそのような決断によって意思決定主体たる私たち自身が変容してしまうかもしれない、という不安である。既存のモデルではこの実存的な決断の手引きとなりえないのではないか、というのがポールの問題意識に他ならない。そして、彼女の探究テーマはまさにそういった、この世に生を受けた以上は悔いなく生き抜きたいと願い日々決断を重ね続ける私たち人間の実存的な選択の問題であり、それを観察者ではなく当事者の観点から分析的に捉えることなのである。

ポールは、自らの哲学的洞察を明確にするために、様々な事例を取り上げる。それは、聾の子どもへの人工内耳手術の是非、進学や就職、結婚、出産、育児の問題など、それぞれに切実で論争的なものばかりである。ポールが拾い上げたいのは、そういった多様な事例に通底する実存的な切実さである。

そうした実存的な切実さを拾い上げるための試金石的事例として、本書には繰り返し「ヴァンパイアになる」という決断の事例が登場する。本書の邦題のなかに原題にない「ヴァンパイア」を入れたのは、上述のネーゲルの著作（『コウモリであるとはどのようなことか』永井均訳、勁草書房、一九八九年）の邦題に「コウモリ」が用いられたことへのオマージュであるとともに、ポールが本書で示そうとしたことを集約する事例だと考えたからである。

やや脱線するが、この事例をめぐる議論は、たとえば、漫画家・荒木飛呂彦の代表作『ジョジョの奇妙な冒険』の第一部で、主人公ジョナサン・ジョースターの敵役ディオ・ブランドーが石仮面によって吸血鬼へと変容する場面を想起させるかもしれない。ディオは、自分を吸血鬼へと変える力をもった石仮面を片手にジョナサンに対して「おれは人間をやめるぞ！」と高らかに叫び、まさに、変容的な選択をそこで行なうのである。ディオは極めて怜悧な人物なので、おそらくその選択は彼の一人称的視座からの真正の合理的な意思決定であっただろう。他方、ジョナサンは、石仮面の力を借りず、吸血鬼ではなく人間のままディオに対峙することを選択する。本書を読み込んでから『ジョジョ』を再訪してみればきっと、背景にある、より深い哲学的な含意をつかみとることができるだろう。そんな本書の楽しみ方もあるかもしれない。
さて本書では、あくまでも個人的な経験について、徹底的に一人称的な視座にこだわりながら、細い井戸を掘り下げるかのごとく綿密に論述が進められていく。しかし、その掘り下げの果てにたどり着くのは、すべての人が引き受けざるをえない実存的生に関わるある種の真理である。意思決定理論をはじめ、現代の実証科学的な知見を、そして、選択や価値、認識や判断に関わる現代哲学の知見をも積極的に導入して、合理性の追求を最後まで知的に手放さないまま、実存的な問いに回答する、という実にスリリングな哲学的思索が本書では展開されている。
どのように考えて決断すればよいのかわからなくなるとき、それでも理に適った仕方でその決断に向き合うことを諦める必要はない。このことこそが、本書を通じてポールが私たちに示してくれる大きな哲学的メッセージである。**Post-Truth** という語によって象徴される昨今の諸々の状況を前にして、ポールの取り組んだ、こうした実存的な岐路をめぐる分析哲学的な思考に学ぶべきところは大きいであろう。

なお、本書の翻訳に際して、より通りのよい文章にするため、宮野真生子の助力を得た。彼女は、「実存」という訳語を生み出した日本の哲学者・九鬼周造の研究者であり、実存的な問いに取り組むことのありようを日本語で伝えるうえで、大きな示唆を与えてくれた。ここに感謝の意を表したい。

二〇一七年春

訳者一同

《訳者紹介》

奥《おく》田《だ》太《た》郎《ろう》

1973年生まれ。南山大学人文学部教授。
著書 『倫理学という構え——応用倫理学原論』(ナカニシヤ出版, 2012年)
訳書 H・コリンズ/R・エヴァンズ『専門知を再考する』(監訳, 名古屋大学出版会, 2020年) 他

薄《うす》井《い》尚《なお》樹《き》

1978年生まれ。関西大学文学部教授。
訳書 S・P・スティッチ『断片化する理性——認識論的プラグマティズム』(勁草書房, 2006年)

今夜ヴァンパイアになる前に

2017年5月30日 初版第1刷発行
2024年5月30日 初版第2刷発行

定価はカバーに
表示しています

訳 者 奥 田 太 郎
　　　 薄 井 尚 樹

発行者 西 澤 泰 彦

発行所 一般財団法人 名古屋大学出版会
〒464-0814 名古屋市千種区不老町1名古屋大学構内
電話(052)781-5027/FAX(052)781-0697

印刷・製本 亜細亜印刷㈱ ISBN978-4-8158-0873-0
乱丁・落丁はお取替えいたします。

索　引

ア　行

愛着（親と子の）　attachment between parent and child　83-87, 105, 120, 167, 171-173
アイデンティティ　identity　9, 77, 86, 128, 130
赤ちゃんゲーム　baby game　161-162
アリストテレス　Aristotle　97
アンデッド　undead　1, 46, 47, 50
意思決定　decision-making　21-27, 32-36, 39, 41, 55-56, 60, 70-73, 88, 96, 116, 118-119, 121-123, 125-127, 131, 135-143, 156-162, 191-192
医者　doctor　105-111, 134, 136, 138, 150, 151
依存（合理的依存）　rational addiction　97, 153-155
色の経験　color experience　10-12, 14-16
インフォームド・コンセント　informed consent　71, 145, 149-153, 182
ヴァンパイア　vampires　1-4, 27, 36, 46-56, 71, 87, 96, 111, 116, 118, 123-128, 131-132, 138, 164
エンハンスメント　enhancement　76
親　parent　65-73, 76-79, 82-86, 90-96, 98-99, 104-105, 117, 119-120, 124, 127, 129-130, 132, 161-162, 165, 171-174

カ　行

階層ベイズ・モデル　hierarchical Bayesian modeling　174, 181-182, 190
革命　revolution　61
価値　value　12-14, 23, 27-38, 58-60, 68-73, 79-82, 97-99, 115, 118, 121-126, 136, 160, 167-175, 180, 183, 184, 190, 193-194, 196
　客観的価値　objective value　58, 136
　主観的価値　subjective value　13-16, 18-20, 26-29, 34-37, 39-47, 53, 57-60, 62, 67-69, 72, 79-82, 84, 87-88, 90-94, 97-99, 110, 115-119, 122-126, 129, 133, 136, 141, 150, 151, 162, 166-175, 179-180, 184, 187, 195-196
価値空間　value space　32, 34, 45, 170-172, 174
感覚能力の事例　sensory capacity case　7, 42-44, 62, 67, 74-76, 125, 131, 137, 168-169, 184, 192-194
期待効用理論　expected utility theory　156
期待値　expected value　23, 24, 27, 29, 31, 36, 41, 60, 79-81, 87, 96, 115, 123, 139, 151, 152, 155-159, 161-162, 163, 166, 170, 172, 177, 184, 187, 191, 193
帰納学習　inductive learning　182
規範的意思決定理論　normative decision theory　21, 23, 26, 34, 35, 41, 123, 139, 195
規範的基準　normative standard　22, 88, 90, 123, 132, 147
啓示　revelation　1, 14, 40-42, 44, 45, 97-99, 104, 122-126, 128-131, 133, 134, 137, 140, 165, 171, 190, 194-196
形式現象学　formal phenomenology　172-173
形式認識論　formal epistemology　170, 172
結婚　marriage　100-104
現状維持　status quo　133-134, 196
後悔　regret　50
高階の経験　higher order experience　178
幸福　happiness　58, 77, 79, 91, 92, 95, 97-99, 102, 106-108, 129, 196
コウモリ　bat　7, 55
合理的正当化　rational justification　24, 33, 58, 72, 94, 149
合理的選択　rational choice　43, 161
コカイン　crack cocaine　155
子をもつ選択　choosing to have a child　76-99, 110, 127, 129, 152, 165, 166, 170, 171
根本的同定問題　fundamental identification problem　138, 145-149, 182

サ　行

サルトル，ジャン＝ポール　Jean-Paul Sartre　121, 132, 142
　サルトル流のジレンマ　Sartrean dilemma

121, 132
サンクトペテルブルク・ゲーム　St Petersburg game　156
参照クラス問題　reference class problem　138, 147
ジェンダー　gender　8-9, 144
時間切片　time slice　100
自己　self　19, 45, 53, 79, 89, 100, 101, 110, 114, 116, 120, 121, 126-127, 131-134, 141, 142, 145, 196
　時間的に広がりのある自己　temporally extended self　100, 110
視座　perspective　4-5, 7-9, 11, 13, 18-20, 26, 46, 48, 52, 54, 56, 71, 72, 87-88, 93, 95, 99, 113-114, 116-117, 118-119, 120, 121, 123, 132, 137, 139-142, 144-145, 148, 158, 176, 177, 179, 181, 184, 192
　一人称的な視座　first personal perspective　26, 56, 71, 87-88, 93, 113-114, 116, 118, 120, 121, 123, 132, 139-140, 142, 148, 176, 177, 181, 192
　個人的な視座　personal perspective　4-5, 18-20, 46, 99, 114, 121, 145, 148
　三人称的な視座　third-personal perspective　116-117, 121
実践的理由　practical reason　28, 33
シミュレーション　simulation　28-29, 60-61, 77, 125-126, 158-159, 163-165, 173, 192
ジャクソン，フランク　Frank Jackson　10
宗教　religion　17, 70, 111
出産　childbirth　82-84
主観的な未来　subjective futures　11, 19, 35, 45, 55, 57, 67, 73, 102, 114-116, 118, 120-121, 123, 136, 137-138, 141, 162, 176, 181
証言　testimony　3, 4, 11, 14, 50-52, 54, 71, 82, 94-96, 108, 126-127, 173, 174, 176
職業（キャリア）選択　choosing a career　100, 106, 108, 110
自律　autonomy　70, 92-93, 136, 152
白黒の部屋　black-and-white room　10, 15, 16, 68, 81-82, 154
人工内耳手術　cochlear implant　62-76, 90, 110, 111, 117-118, 151-152, 162
真正性　authenticity　113, 115, 121, 142
人生における重大な決断　big life decisions　2-4
人生の満足　life satisfaction　91, 102, 106, 108
信憑度　credence　24, 35, 88, 135, 161, 165-167, 169, 172-173, 174-175
　あいまいな信憑度　imprecise credence　35, 165, 167, 169, 172-173
推論　inference　15, 21, 22, 93, 115, 123, 133, 147, 176-179, 181-183, 189
選好の変化　preference change　50, 53, 61, 68, 96, 104, 126, 127, 131, 170, 171, 180-181, 187

タ　行

超過仮説　overhypothesis　182-183, 190
デフ　Deaf　63-69, 71-73, 75, 76, 134
デフ・コミュニティ　Deaf community　63-66, 68, 73
道徳　moral　20, 27, 28, 46, 47, 55, 97, 121, 136-138, 140, 141
ドリアン・ゲーム　durian game　159-160
ドリアンの事例　durian example　16-18, 27, 36-45, 122-124, 158-160, 178-180, 183

ナ　行

内在的価値　intrinsic nature　13
二流のチェス・プレイヤー　mediocre chess player　191-193
認知的な現れ　cognitive phenomenology　13, 28, 74, 99, 171, 176, 182-184
ネーゲル，トマス　Thomas Nagel　7

ハ　行

バークリ，ジョージ　George Berkeley　185
ハジェク，アラン & ノーヴァー，ハリス　Alan Hajek and Harris Nover　35, 155-157
パサディナ・ゲーム　Pasadena game　155-158, 160-161, 163
反省の原理　Principle of Reflection　165
ビッグデータ　big date　93, 142
非人称的な意思決定　impersonal decision-making　4
拾い上げる（「選ぶ」と対比された）　picking　134
ファン・フラーセン，バス　Bas van Fraasen　165
フィンク　fink　163-165
不確実性　uncertainty　35, 154
ブドウの事例　grapes example　176-179, 183
プレコミットメント装置　pre-commitment devices　153

変容的な経験　transformative experience　4, 16, 17-20, 32, 33-35, 38-39, 42, 44, 45, 53, 54, 57, 58, 61, 67, 68, 69, 81, 83, 84, 86, 87, 88, 100, 104, 109, 110, 111, 115, 118, 123, 128, 130, 131, 132, 134, 135, 148, 149, 153, 158-159, 161-162, 163-164, 170, 174, 178, 180-181, 182, 189, 190, 195-196
個人を変容させる経験　personally transformative experience　4, 17-18, 20, 53, 57, 86, 87, 104, 110, 111, 115, 162, 163-164, 180
時間的に広がりのある変容的な経験　extended transformative experience　100, 104
認識を変容させる経験　epistemically transformative experiences　16, 18, 20, 38-39, 42, 53, 57, 81, 84, 86, 87, 104, 111, 115, 123, 159, 161, 163-164, 180

マ　行

マイクロチップの事例　microchip case　7, 42-45, 55, 125, 137, 193
無知　ignorance　30-31, 32-35, 38, 46, 53, 88, 170, 174, 191
盲目のサクソフォン奏者　blind saxophonist　152, 184-189

ヤ・ラ行

『闇の奥』　*Heart of Darkness*　134
養子縁組　adoption　78, 104
予防原則　precautionary principle　193-194
リスク回避的／志向的　risk averse / seeking　31, 32
ルイス，デイヴィッド　David Lewis　11, 13

参考文献

Agar, Nick (2010) *Humanity's End: Why We Should Reject Radical Enhancement*. Cambridge, MA: MIT Bradford Press.

Appiah, Kwame Anthony (2008) *Experiments in Ethics*. Cambridge, MA: Harvard University Press.

Aristotle (1923) *Metaphysics*. Trans. W. D. Ross. London: Methuen and Co.［アリストテレス（出隆訳）『形而上学』岩波文庫，1954年。］

Barnes, Elizabeth (2016) *The Minority Body*. Oxford: Oxford University Press.

Battaglia P., Hamrick J., and Tenenbaum J., (2013) "Simulation as an engine of physical scene understanding," *Proceedings of the National Academy of Sciences*, 110 (45): 18327–32.

Bayne, Tim and Montague, Michelle (eds) (2011) *Cognitive Phenomenology*. Oxford: Oxford University Press.

Becker, Gary S. (1998) *Accounting for Tastes*. Cambridge, MA: Harvard University Press.

Becker, Howard S., Geer, Blanche, Hughes, Everett C., and Strauss, Anselm (1961) *Boys in White: Student Culture in Medical School*. Chicago: University of Chicago Press.

Bedny M., and Saxe, R. (2012) "Insights into the origins of knowledge from the cognitive neuroscience of blindness," *Cognitive Neuropsychology*, 29 (1–2): 56–84.

Berkeley, G. (1948–57) "An essay towards a new theory of vision," in *Works* 1: 171–239, *The Works of George Berkeley, Bishop of Cloyne*, ed. A. A. Luce and T. E. Jessop. London: Thomas Nelson and Sons.［ジョージ・バークリ（下條信輔・植村恒一郎・一ノ瀬正樹訳）『視覚新論』勁草書房，1990年。］

Blankmeyer Burke, Teresa (2014) "Armchairs and stares: On the privation of deafness," in *Deaf Gain: Raising the Stakes for Human Diversity*, ed. H. Dirksen, L. Bauman, and J. Murray. Minnesota: University of Minnesota Press, 3–22.

Brase, Gary L. and Brase, Sandra L. (2012) "Emotional regulation of fertility decision making: What is the nature and structure of 'baby fever'?" *Emotion* 12 (5): 1141–54.

Brown, Vincent (2003) "Spiritual terror and sacred authority in Jamaican slave society," *Slavery and Abolition: A Journal of Slave and Post-Slave Studies*, 24 (1): 24–53.

Buchak, Lara (2014) *Risk and Rationality*. Oxford: Oxford University Press.

Buchak, Lara (2016) "Decision theory," in *Oxford Handbook of Probability and Philosophy*, ed. Christopher Hitchcock and Alan Hájek. Oxford: Oxford University Press, 789–814.

Campbell, John (1993) "A Simple View of Colour," in *Reality: Representation and Projection*, ed. John J. Haldane and C. Wright. Oxford: Oxford University Press, 257–68.

Carel, Havi (2014a) "Ill, but well: a phenomenology of wellbeing in chronic illness," in *Disability and the Good Life*, ed. J. Bickenbach, F. Felder, and B. Schmitz. Cambridge: Cambridge University Press, 243–70.

Carel, Havi (2014b) *Phenomenology of Illness*. Oxford: Oxford University Press.

Carr, Jennifer (n.d.) “Epistemic Utility Theory and the Aim of Belief,” unpublished MS.
Chang, Ruth (ed.) (1997) “Introduction,” in *Incommensurability, Incomparability and Practical Reason*, Cambridge, MA : Harvard University Press.
Chang, Ruth (2012) “Are hard choices cases of incomparability?” *Philosophical Issues*, 22 (1) : 106–26.
Colyvan, Mark (2006) “No expectations,” *Mind*, 115 : 695–702.
Conrad, Joseph (1990) *Heart of Darkness* (unabridged). New York : Dover Publications. [コンラッド（黒原敏行訳）『闇の奥』光文社古典新訳文庫，2009 年。]
Cowan, Philip A., and Cowan, Carolyn Pape (1995) “How working with couples fosters children’s development : From prevention science to public policy,” in *Strengthening Couple Relationships for Optimal Child Development : Lessons from Research and Intervention*, ed. M. Schulz, M. Pruett, P. Kerig, and R. Parke. Washington, DC : American Psychological Association, 211–28.
Easwaran, Kenny (2008) “Strong and weak expectations,” *Mind*, 117 : 633–41.
Edin, Kathryn, and Kefalas, Maria J. (2007) *Promises I Can Keep : Why Poor Women Put Motherhood Before Marriage*. Berkeley : University of California Press.
Elga, Adam (2010) “Subjective probabilities should be sharp,” *Philosophers’ Imprint*, 10 (5) : 1–11.
Ellenberg, Jordan (2013). Available online at : 〈http://quomodocumque.wordpress.com/2013/03/12/what-is-it-like-to-be-a-vampire-andor-parent〉 accessed September 22, 2014.
Elster, Jon (1979) *Ulysses and the Sirens : Studies in Rationality and Irrationality*. Cambridge : Cambridge University Press.
Elster, Jon (1997) “More than enough,” review of *Accounting for Tastes, University of Chicago Law Review*, 64 : 749–64.
Evenson, Ranae, and Simon, Robin (2005) “Clarifying the relationship between parenthood and depression,” *Journal of Health and Social Behavior*, 46 (4) : 341–58.
Fantl, Jeremy, and McGrath, Matthew (2002) “Evidence, pragmatics, and justification,” *The Philosophical Review*, 111 (1) : 67–94.
Fine, Terrence (2008) “Evaluating the Pasadena, Altadena, and St. Petersburg gambles,” *Mind*, 117 : 613–32.
Flanagan, Owen (1991) *Varieties of Moral Personality*. Cambridge, MA : Harvard University Press.
Fussell, P. (1989) *Wartime : Understanding and Behavior in the Second World War*. New York : Oxford University Press. [ポール・ファッセル（宮崎尊訳）『誰にも書けなかった戦争の現実』草思社，1997 年。]
Gibbons, John (2010) “Things that make things reasonable,” *Philosophy and Phenomenological Research*, 81 (2) : 335–61.
Gilbert, D. (2007) *Stumbling on Happiness*. New York : Vintage. [ダニエル・ギルバート（熊谷淳子訳）『明日の幸せを科学する』ハヤカワ・ノンフィクション文庫，2013 年。]
Godfrey Smith, Peter (2013) “On being an octopus : Diving deep in search of the human mind,” *Boston Review*, June 3.
Goff, Philip (2011) “A posteriori physicalists get our phenomenal concepts wrong,” *Australasian*

Journal of Philosophy 89 : 191–209.
Grant, S., and Quiggin, J. (2013) "Bounded awareness, heuristics and the precautionary principle," *Journal of Economic Behavior and Organization*, 93 : 17–31.
Griffiths, T. L., Chater, N., Kemp, C., Perfors, A., and Tenenbaum, J. B. (2010) "Probabilistic models of cognition : Exploring representations and inductive biases," *Trends in Cognitive Sciences*, 14 (8) : 357–64.
The Guardian (2014) "Durian, the world's smelliest fruit, goes on sale in Britain," February 3. Available at : 〈http: //www. theguardian. com/lifeandstyle/wordofmouth/2014/feb/03/durian-worlds-smelliest-fruit-sale-britain〉 accessed April 23, 2014.
Haidt, J. (2006) *The Happiness Hypothesis*. New York : Basic Books. [ジョナサン・ハイト（藤澤隆史・藤澤玲子訳）『しあわせ仮説――古代の知恵と現代科学の知恵』新曜社, 2011 年。]
Hájek, Alan (2007) "The reference class problem is your problem too," *Synthese*, 156 : 563–85.
Hájek, Alan, and Nover, Harris (2004) "Vexing expectations," *Mind*, 113 : 237–49.
Hájek, Alan, and Nover, Harris (2006) "Perplexing expectations," *Mind*, 115 : 703–20.
Hájek, Alan, and Nover, Harris (2008) "Complex expectations," *Mind*, 117 : 643–64.
Halpern, J., and Rêgo, L. (2009) "Reasoning about knowledge of unawareness," *Games and Economic Behavior*, 67 (2) : 503–25.
Halpern, J., and Rêgo, L. (2013) "Reasoning about knowledge of unawareness revisited," *Mathematical Social Sciences*, 70 : 10–22.
Harman, Elizabeth (2009) " 'I'll be glad I did it' : Reasoning and the significance of future desires," *Philosophical Perspectives*, 23 : 177–99.
Hawthorne, J., and Stanley, J. (2008) "Knowledge and action," *The Journal of Philosophy*, 105 (10) : 571–90.
Haybron, Daniel M. (2007) "Do we know how happy we are? On some limits of affective introspection and recall," *Noûs*, 41 (3) : 394–428.
Healy, Kieran (2006) *Last Best Gifts*. Chicago : University of Chicago Press.
Heckman, James J., Lopes, Hedibert F., and Piatek, Rémi (2014) "Treatment effects : A Bayesian perspective," *Econometric Reviews*, Special Issue in Honor of Arnold Zellner, 33 (1–4) : 36–67.
Hedden, Brian (2015) "Time-slice rationality," *Mind*, 124 : 449–91.
Heifetz, A., Meier, M., and Schipper, B. (2006) "Interactive unawareness," *Journal of Economic Theory*, 130 (1) : 78–94.
Henderson, L., Goodman, N. D., Tenenbaum, J. B., and Woodward, J. F. (2010) "The structure and dynamics of scientific theories : A hierarchical Bayesian perspective," *Philosophy of Science*, 77 (2) : 172–200.
Horgan, T. and Tienson, J. (2002) "The intentionality of phenomenology and the phenomenology of intentionality," in *Philosophy of Mind : Classical and Contemporary Readings*, ed. D. Chalmers. Oxford : Oxford University Press, 520–32.
Howard Griffin, John (1961) *Black Like Me*. Boston : Houghton Mifflin. [ジョン・ハワード・グリフィン（平井イサク訳）『私のように黒い夜』ブルース・インターアクションズ, 2006 年。]

Hyman, John (1999) "How knowledge works", *The Philosophical Quarterly*, 49 (197) : 433–51.

Ismael, Jenann (2017) "Passage, flow and the logic of temporal perspectives," in *Time of Nature and the Nature of Time*, ed. Christophe Bouton and Philippe Hunemann. Springer.

Jackson, Frank (1982) "Epiphenomenal qualia," *Philosophical Quarterly*, 32 : 127–36.

Johnston, Mark (1992) "How to speak of the colours," *Philosophical Studies*, 68 : 221–63.

Joyce, James (2010) "A defense of imprecise credences in inference and decision-making," *Philosophical Perspectives*, 24 (1) : 281–323.

Kahneman, D. (2013) *Thinking, Fast and Slow*. New York : Farrar, Straus and Giroux. [ダニエル・カーネマン（村井章子訳）『ファスト&スロー――あなたの意思はどのように決まるか？（上・下）』早川書房，2014 年。]

Kahneman, Daniel, and Kreuger, Alan (2006) "Developments in the measurement of subjective well-being," *Journal of Economic Perspectives*, 20 (1) : 3–24.

Kahneman, Daniel, Krueger, Alan, Schkade, David, Schwarz, Norbert, and Stone, Arthur (2004) "A survey method for characterizing daily life experience : The day reconstruction method," *Science*, 306 (5702) : 1776–80.

Keegan, J. (1976) *The Face of Battle*. London : Jonathan Cape.

Kemp, C., Perfors, A., and Tenenbaum, J. B. (2007) "Learning overhypotheses with hierarchical Bayesian models," *Developmental Science*, 10 (3) : 307–21.

Kolodny, Niko (2003) "Love as valuing a relationship," *Philosophical Review*, 112 (2) : 135–89.

Kukla, Rebecca (2005) "Conscientious autonomy : What patients do vs. what is done to them," *Hastings Center Report*, 35 (5) : 4–7.

Levy, Neil (2002) "Reconsidering cochlear implants : The lessons of Martha's Vineyard," *Bioethics*, 16 (2) : 134–53.

Levy, Neil (2014) "Forced to be free? Increasing patient autonomy by constraining it," *Journal of Medical Ethics*, 49 (5) : 293–300.

Lewis, David (1988) "What experience teaches," *Proceedings of the Russellian Society*, University of Sydney, 13 : 29–57.

Lewis, David (1989) "Dispositional theories of value," *Proceedings of the Aristotelian Society*, Supplementary Volume, 63 : 113–37.

Lewis, David (1997) "Finkish dispositions," *Philosophical Quarterly*, 47 (187) : 143–58.

Littlejohn, Clayton (2012) *Justification and the Truth-Connection*. Cambridge : Cambridge University Press.

McClanahan, Sara, and Julia Adams (1989) "The effects of children on adults' psychological wellbeing," *Social Forces*, 68 (1) : 124–46.

Milne, A. A. (1926) *Winnie the Pooh*. London : Methuen. [A・A・ミルン（石井桃子訳）『新版　クマのプーさん』『新版　プー横丁にたった家』岩波少年文庫，2000 年。]

Moran, Richard (2001) *Authority and Estrangement : An Essay on Self-knowledge*. Princeton : Princeton University Press.

Moss, Sarah (2015) "Credal dilemmas," *Noûs*, 49 (4) : 665–83.

Nagel, Thomas (1974) "What is it like to be a bat?" *Philosophical Review*, 83 : 435–50. Oxford : Oxford University Press. [トマス・ネーゲル（永井均訳）『コウモリであるとはどのようなことか』勁草書房，1989 年。]

Nagel, Thomas (1989) *The View From Nowhere*. Oxford : Oxford University Press. [トマス・ネーゲル（中村昇他訳）『どこでもないところからの眺め』春秋社，2009 年。]

Nelson, S. K., Kushlev, K., English, T., Dunn, E. W., and Lyubomirsky, S. (2013) "In defense of parenthood : Children are associated with more joy than misery," *Psychological Science*, 24 (1) : 3–10.

New York Daily News (2013) "World's stinkiest fruit is turned into wine" July. Available online at : 〈http: //www. nydailynews. com/life-style/eats/world-stinkiest-fruit-turned-wine-article-1. 1411504〉 accessed April 23, 2014.

NIDCD (2014). "National Institute on Deafness and Other Communication Disorders : Cochlear Implants." Available online at : 〈http: //www. nidcd. nih. gov/health/hearing/pages/coch. aspx〉 accessed September 22, 2014.

Nomaguchi, Kei, and Milkie, Melissa (2003) "Costs and rewards of children : The effects of becoming a parent on adults' lives," *Journal of Marriage and the Family*, 65 (2) : 356–74.

Ouellette, Alicia (2011) "Hearing the deaf : Cochlear implants, the deaf community, and bioethical analysis," *Valparaiso University Law Review*, 45 : 1247–63.

Parfit, Derek (1984) *Reasons and Persons*. Oxford : Oxford University Press. [デレク・パーフィット（森村進訳）『理由と人格——非人格性の倫理へ』勁草書房，1998 年。]

Paul, L. A. (1997) "The Worm at the Root of the Passions : Poetry and sympathy in Mill's utilitarianism," *Utilitas*, 10 : 83–104.

Paul, L. A. (n.d.) "Transformative religious belief," unpublished MS.

Paul, L. A. (2015) "What you can't expect when you're expecting," *Res Philosophica*, 92 (2) : 149–70.

Pettigrew, Richard (2016) "Accuracy, risk, and the principle of indifference," *Philosophy and Phenomenological Research*, 92 (1) : 35–59.

Quiggin, J., and Grant, S. (2013) "Inductive reasoning about unawareness," *Economic Theory*, 54 : 717–55.

Raz, Joseph (1988) *The Morality of Freedom*. Oxford : Oxford University Press.

Rothman, Joshua (2013) "The impossible decision," *New Yorker*, 23 April. Available at : 〈http: //www.newyorker.com/online/blogs/books/2013/04/graduate-school-advice-impossible-decision.html〉 accessed 24 April 2014.

Rothman, Adam (2014) "The horrors '*12 Years a Slave*' couldn't tell," Al Jazeera January 18.

Sacks, Oliver (1991) *Seeing Voices : A Journey into the World of the Deaf*. London : Picador. [オリバー・サックス（佐野正信訳）『手話の世界へ』晶文社，1996 年。]

Savulescu, Julian, and Kahane, Guy (2009) "The moral obligation to create children with the best chance of the best life," *Bioethics*, 23 (5) : 274–90.

Siegel, Susanna (2012) *The Contents of Visual Experience*. Oxford : Oxford University Press.

Simon, Robin (2008) "Life's greatest joy? The negative emotional effects of children on adults," *Contexts*, 7 : 40–5.

Smith, Adam (1795) "Of the external senses," in *Glasgow Edition of the Works and Correspondence*, iii : *Essays on Philosophical Subjects*. [アダム・スミス（アダム・スミスの会監修，水田洋ほか訳）『アダム・スミス 哲学論文集』名古屋大学出版会，1993 年。]

Solomon, Andrew (2013) *Far from the Tree : Parents, Children and the Search for Identity*. New

York : Scribner.

Spriggs, M. (2002) "Lesbian couple create a child who is deaf like them," *Journal of Medical Ethics*, 28 : 283.

Talk of the Nation (2006) Peter Artinian, interviewed by Neil Conan on NPR, October 12 [radio interview].

Tenenbaum, J. B., Griffiths, T. L., and Kemp, C. (2006) "Theory-based Bayesian models of inductive learning and reasoning," *Trends in Cognitive Sciences*, 10 (7) : 309–18.

Tenenbaum, J. B., Kemp, C., Griffiths, T. L., and Goodman, N. D. (2011) "How to grow a mind : Statistics, structure and abstraction," *Science*, 331 (6022) : 1279–85.

Ullmann-Margalit, Edna (2006) "Big decisions : Opting, converting, drifting," *Royal Institute of Philosophy Supplements*, 58 : 157–72.

Ullmann-Margalit, Edna, and Morgenbesser, Sidney (1977) "Picking and choosing," *Social Research*, 44 (4, Winter) : 757–85.

Unger, Peter (1975) *Ignorance : A Case for Skepticism*. Oxford : Clarendon Press.

van Fraassen, Bas (1984) "Belief and the will," *Journal of Philosophy*, 81 (5) : 235–56.

Wallace, R. Jay (2013) *The View from Here : On Affirmation, Attachment and the Limits of Regret*. New York : Oxford University Press.

Weirich, Paul (2004) *Realistic Decision Theory : Rules for Nonideal Agents in Nonideal Circumstances*. Oxford : Oxford University Press.

Wilentz, C. J. (1988) "In the matter of Baby M," 537 A. 2d 1227 (NJ 1988).

Wilson, Tim (2011) *Redirect : The Surprising New Science of Psychological Change*. New York : Little, Brown.

White, Roger (2010) "Evidential symmetry and mushy credences," in *Oxford Studies in Epistemology*, iii, ed. T. Szabo Gendler and J. Hawthorne. Oxford : Oxford University Press, 161–86.

Wolf, Susan (1982) "Moral saints," *Journal of Philosophy*, 79 (8) : 419–39. [スーザン・ウルフ（佐々木拓訳）「道徳的聖者」加藤尚武・児玉聡編・監訳『徳倫理学基本論文集』勁草書房，2015 年。]

Zelizer, Viviana (1985) *Pricing the Priceless Child : The Changing Social Value of Children*. Princeton : Basic Books.

注

第1章　ヴァンパイアになる

（1）私のテーゼを例示するのにヴァンパイアを使うよう提案してくれたことについて，Jordan S. Ellenberg に感謝する。Ellenberg (2013）を見よ。

（2）本書の補論では，経済学，統計学，心理学における経験的・理論的争点とのつながりを探り，変容を選択する文脈での合理的な意思決定について新たなモデルを構築する方法をいくつか考察する。

第2章　変容的な選択

（1）Godfrey-Smith (2013）は，かなり驚くべきことにこう主張している。タコが何をしそうかを予測できる程度にわかっていれば，タコであるとはどういうことかがわかりうるのだ，と。しかし，これがタコであることのありようについての知識を捉えているとは，私には思われない。それは，獲物の血を飲みそうだとわかっているだけでは，クモ（あるいはヴァンパイア！）であるとはどういうことかが私にわかりえないのと同じである。

（2）Nagel (1974）と Nagel (1978）は，ゴキブリがスクランブル・エッグを味わうとはどういうことか，という例を用いている。

（3）Brown (2003).

（4）関連する経験についての何らかの一人称的な語りに触れれば，経験がどう異なることになるのかについて，何事かが私たちにわかるかもしれない。『私のように黒い夜』(Howard Griffin 1961）は，肌の色を一時的に変えることからどうやって根本的に新しい経験が生じうるのかを語る古典的な証言である。とはいえ，自分の肌に色をつけたり物語を読んだりしても，それが本当のところはどういうことなのかを，依然として私たちに教えてはくれないだろう。では，それは実際にはどんなことを私たちに教えてくれるのだろうか。このことをちゃんと理解するのは難しい問題だ。関係する議論として Paul (1997）を見よ。

（5）Rothman (2014）が，北軍兵士だった John Burrud の 1863 年 3 月 21 日の日記から引用した一節。［訳者注：この引用箇所に登場するソロモンの体験記（Solomon Northup, *Twelve Years a Slave*）は 2013 年に映画化され，日本でも『それでも夜は明ける』という邦題で上映された。］

（6）Jackson (1982).

（7）物理主義は正しい立場なのか。現象的意識のようなものはあるのか。一人称的な視座からしたそのありようは，三人称的な事実によって完全に置き換えることが，原理的にはできないものなのか。これらについて私は態度を明確にはしない。というのもここでは，通常の境遇で生じる経験に関心を抱いているだけだからだ。現代科学は一人称的な経験を説明するには不完全であり，それゆえ現実世界の意思決定者はジャクソンのメアリーではなくむしろ普通のメアリーになぞらえられると，私は理解してい

る。超天才科学者であるメアリーなら，初めて赤を目にしても，なにがしかの新たな能力を手に入れるだけであろうが，たとえそうだとしても，普通のメアリーならそこで新たな知識を手に入れるであろう（いずれにせよその新しい能力は，その種の合理的な評価が考慮に入れられるために必要となる）。

（8）ここでも同じように，メアリーにはそれがどういうものかわかりえなかったという私の主張は，彼女の通常の境遇に紐付けられている。現在の最良の学知と，その時点までに彼女がする経験とを踏まえると，色を目にするとはどういうことになるかはメアリーにはわかりえないであろう。

（9）ここでは，普通のメアリーが把握する新しい情報は物理的情報ではない，と想定しているわけではない。

(10) Lewis (1988). メアリーが赤を目にするとはどういうことかを学習するとき，彼女は現象概念を把握することでそうしているのだと論じる者もいる。議論と批判については，たとえば Goff (2011) を見よ。

(11) 経験をきめ細かく分類して，ほぼどんな経験も「新しい別の」ものとみなされうるようにしてしまうと，たくさんの経験が認識を変容させるものだとみなされうることになる。とはいえそれでは普通，つまらないことになるだろう。たとえば，私が飲もうとしている一杯のコーヒーはおそらく，これまでに私が飲んできたどのコーヒーとも，ごくわずかに異なる。というのも，今飲もうとしているコーヒーは，香りにもう少し酸味があるからだ。明らかにこんな事実はまったくつまらないものだ。特に意思決定理論の文脈では，新しい経験を目の粗い仕方で，おそらく経験の種類として自然なものに区分する方が普通である。そういった区分だと，認識を変容させる経験には，新しい別の，しかも経験の種類としてまずまず自然な経験が含まれることになる。認識を変容させる経験として本書で私が焦点をあてるタイプのものは明らかに変容的なものだけれど，他の場合には，そこでの変化は程度問題かもしれない。

(12) これらの価値は，幸福，不幸，あるいは「快楽（hedon）」が備える一階の価値ではない。そうではなく，経験そのものの特徴に結びつけられるような内在的な一階の価値である。内在的価値についての私の見解は，トマス・ネーゲルの掲げた「死はなぜ個人にとって悪いものでありうるのか」という問いに関係する。死が悪いのは，死んだ人にはもはや経験することそのものに備わる内在的価値を享受することができないからである。（ここでの議論について Tyler Doggett に感謝する。）

(13) デイヴィッド・ルイスは「価値の傾向性理論」（Lewis 1989）で，何かに価値を割り当てるにあたって，想像できることはすべてわかっているという理想的な状況でそれを価値づける観点をとるということを擁護している。

(14) 実際のところ，ある経験がこの種の主観的価値を備えるには，それが正しい表象であったり，あるいはそれが真実でなくてはならないとは私は考えていない（ただしそれは，経験の価値の高低，あるいは経験に備わっている価値の質に，影響するかもしれない）。とはいえここでこの論点を論じてしまうと，あまりに今の話からかけ離れてしまうことになるだろう。

(15) こうした内在的価値はお互いに比べることができない，あるいは一つの物差しで測ることができないと想定しているわけではない。こうした比較不可能性と共約不可能性については Chang (1997) を見よ。また，認知的な現れについての発展的な議論としては，Bayne and Montague (2011) を見よ。さらに，現象と意識的な認知状態との間の

つながりが重要であることを卓越したかたちで擁護したものとしては，Horgan and Tienson (2002) を見よ。

(16) 私たちの経験の内容が十分に豊かなものだとすれば，その内容に主観的価値を結びつけることもできるだろう。そして間違いなく，経験の内容を，主観的価値の根拠に含めることもできるであろう。『視覚経験の内容』(Siegel 2012) を見よ。

(17) ここで私は Campbell (1993) による啓示 (revelation) という考えを自分の目的のために使っている。また，Johnston (1992)「色の語り方」での啓示についての議論も見よ。[訳者注：この背景にあるのは色の概念にまつわる哲学的議論である。たとえばここで言及されている Johnston によれば，色の本性は実際にその色を目にするという視覚経験によって初めて当人に十全に明かされる (reveal)。ここでの revelation は「開示」と訳されることもあるが，Paul が念頭に置いているのは，単なる色の理解にとどまらない，より幅広い文脈での価値判断や人生の決断であり，本書ではその拡張的な用法に沿って revelation を「啓示」と訳した。]

(18) 完全な物理的情報をもっていたら，色の経験をしなくても赤を目にするとはどういうことかがわかるであろうと，アプリオリな物理主義者は考える。私はこの点には納得していない。そういった経験をあなたはしなくてはならないと私は考える。とはいえここで述べている内容は，アプリオリな物理主義者の主張を否定しなくても成り立つ。これまでに明らかにしてきたように，私が気にかけているのは，普通のメアリーに何がわかりうるかであって，ジャクソンの考える科学者のメアリーに何がわかりうるかではない。

(19) それに加えて，新しい「現れとしての事実」を把握できるようになると述べる者もいるだろう。

(20) 個人を変容させる経験についての説明を展開した後，私は「大きな決断——選択・転向・漂流」(Ullmann-Margalit 2006) という素晴らしい論文に出会った。彼女もまたこう指摘している。大きな決断はしばしば主観的選好の実質的な変化を伴い，そのためそういった決断を下す人は，その決断後を生きる人と同じ選好を持つわけではないのだ，と。彼女によると，その選択を合理的なものとするためには，将来の自分に関する二階の選好を表しうる意思決定理論のモデルを見いだす必要があることになる。「私が提起している問いはこうだ。この選択が，二つの別々の合理性に基づく二つの不連続な性格にまたがるものだとして，この選択の合理性を見定めることは可能なのか」(p. 13)。Elster (1979) と Parfit (1984) は同じような事例を記述している。個人を変容させる経験でそこから生じる選好が予測できるようなものなら，この種のモデルが必要となることに私は同意する。しかし本章でのちに論じるように，本当の問題はこれよりもはるかに大変なものだ。というのも，個人と認識のどちらもが変容する場合，将来の個人的な選好として最終的にどのようなものに行き着くことになるのかが私たちにはわかりえず，そのため正しい高階のモデルを定めるのに必要な知識が私たちには欠けているからだ。

(21) 子を失ったり，配偶者や親を失った人々は，「気持ちはわかるよ」といった具合の (そういった喪失を経験したことのない人々からかけられる) コメントに腹立たしさを感じる。その腹立たしさの根底にあるのは，一部には，それがどういうことかに認識的にアクセスできない，ということにあるのかもしれない。

(22)『現実的な意思決定理論——非理想的状況での非理想的行為者のための規則』(Weir-

ich 2004）は素晴らしい議論を提供してくれる。

(23) たとえばGilbert (2007), Wilson (2011), Kahneman (2013) を見よ。

(24) 少なくとも特定の種類の個人的な決断に関しては，以下のことがよく知られている。できる限り合理的に行為しようとする場合に要求される方法に即して決断することが，私たちはあまり得意ではない。また，あらかじめこんな帰結をもたらそうと決めていた場合に，その帰結の価値を見定めることも，あまり得意ではない。さらに，自分の過去の経験を詳細に思い出したり，自分が実際にした行為をなぜ自分が選んだかを覚えていることも，あまり得意ではない。Gilbert (2007), Wilson (2011), Kahneman (2013) はこういった争点をとてもうまく論じている。

(25) 単純にするために，この文脈では，行為主体は自分の価値関数を反映する選好をもつとみなすことにしよう。また，帰結に割り当てられる価値ないし効用は（たとえば，効用が，選好において果たすその役割と部分的には等しいことがわかったとしても）その行為主体にとって心理的に実在的なものだとしよう。Buchak (2016) でなされている，心理的実在論についての議論をみよ。

(26) Paul Weirich が私に示したように，選択をするために行為主体が用いる方法と，選択を評価するためにその行為主体が用いる方法には違いがありうる。単純にするために，私はそういった違いを省いている。

(27) 以下で私はしばしば，確率について話すのではなく，信憑度，つまり信念の主観的な程度について話すことになるだろう。またこの議論の目的に照らして，所与の時点での私たちの信憑度は確率計算の公理を満たすべきだとする確率主義を想定することにしよう。しかし，確率主義をとったり信憑度を語ったりせずとも，私の結論は成り立つ。

(28) 道徳哲学でなされている規範についての議論と比べてみよう。たとえばAppiah (2008, pp. 22–3) はこう論じている。「道徳哲学は，(……) 規範を明確にしてそれを擁護するにあたって，実際の生活にそれらがどう関係するようになりうるのかに注意を払わなくてはならない」。また『道徳的パーソナリティのあれこれ』(Flanagan 1991) では，「最小限の心理的実在論の原理」が擁護されている。この原理によると，道徳理論を構築したり，道徳的な理想を示したりするときには，そこで規定される性格，意思決定プロセス，行動が私たちのような生物にとって可能なものであること，あるいは可能だと［叙実的に］受け取られるものであることを，確かめなくてはならない，とされる。

(29) Hawthorne and Sterelny (2008). 関連する議論がFantl and McGrath (2002) にある。

(30) たとえばUnger (1975), Hyman (1999), Littlejohn (2012) を見よ。

(31) ここでは話を単純にするために，「○○するとはどういうことか」「○○することのありよう」というフレーズは，事実ないし命題を示しているとしよう。

(32) 主観的価値は実際の経験にくっついていること，また，私たちは幻覚を見ているわけではなく，経験を生み出す機械のなかにいるわけでもなく，さもなければひどく欺かれているわけでもないとされていることを思い出そう。

(33) ここでも同じように，その帰結は単に現れとしてあるだけではない。たとえば，ここで考察している事例だと，その帰結が実現されるならば，その現れは，実際にドリアンを味わっているとか，実際にヴァンパイアであるといった関連状態によって根拠づけられる，と私はみなしている。現れは大事な唯一のものではない。でもそれはや

はり大事なのだ！

(34) すでに述べたように，これらの帰結を記述するより伝統的な方法は，私たちの期待，たとえば，ヴァンパイアになる経験について私たちが抱く合理的期待という観点からなされるかもしれない。私の論証は合理的期待の観点から定式化されるとしてもうまくいくだろうが，他の言い回しの方がこの議論では自然だと思われる。

(35) 実践的理由について，私はいかなる特定の見解にも与していない。ただし Gibbons (2010) がもっともらしく論じるところでは，実践的理由はこのように心理的なものとみなされるべきだとされる。しかし，ここでの議論において私は，Gibbons の見解に自分がどんな立場をとるかは示さない。また，道徳的な熟慮は，合理的な熟慮の一形態なのか，その目的は価値を最大化することにあるのかについても，自分の立場は示さない。さらに私は，何が「実践的理由」とみなされるかにもそれほど関心はない。実践的理由への心理的なアプローチをあなたが拒絶するのであれば，私の議論のことを単に，自分の人生についてのあるとても重要な決断にどうアプローチすべきかについての一般的に普及している文化的パラダイムに関わるものとみなしてほしい。

(36) 話を単純にするために，そしてまた，この文脈で私たちは普通の個人（先の普通のメアリーのような個人）を考察しているのだから，本書を通じて私は，知ること，価値割り当てが合理的に正当化されること，見定めること，把握すること，決定することの間の重要でない違いを省くことにしよう。とりわけ，以下で効用の無知を考察するときの要点はこうだ。関連する経験がないと，関連する一人称的で想像的な意味での主観的価値は普通の人物にはわかりえないし，合理的に割り当てることはできないし，把握できないし，見定めることはできないし，決定することもできないのである。

(37) リスクに向けられる行為主体の態度についての素晴らしい議論としては Buchak (2014) を見よ。

(38)『現実的な意思決定理論』(Weirich 2004)。

(39) この箇所および本書を通じて，サメに食べられる事例のようなものは，この議論の射程外だとしている。

(40) Weirich (2004, p. 65).

(41) それゆえ問題はたとえば，価値はわかっているが，それらの価値を順序づけたり，整理したり，あるいは比べたりするやり方がよくわからない，ということにあるわけではない。

(42) ある行為の期待値をあなたが特定できないとすれば，価値に基づいてその行為を選ぶ理由があなたにはありえない。それゆえ，あなたはそういった理由を使って，規範的に見て合理的な意思決定の範囲に収まるようにその行為についての推論を導くことができない。

(43) Joseph Raz はこう論じている。諸帰結に割り当てる価値について十分にわかっているため，それらを比べたり一つの物差しで測ったりできないとわかっている場合でも依然として，ある帰結をそれ以外の帰結よりも好む十分な理由がありうるのだ，と。そういった場合には，たとえば弁護士としてのキャリアとクラリネット奏者としてのキャリアとの間での選択のように，いずれを選んでも合理的に許容可能である。「困難な選択とは比較不可能性の事例なのか」(Chang 2012) ではこのアプローチが批判され，行為と選択が理由によって導かれるためには，価値を比べることができなくてはならないと論じられる。しかし私の場合，問題は，価値を決めたり価値を割り当てたりす

ることさえできない，という事実から生じる（それゆえ，価値を比べることができるかどうか，あるいはどうやって比べることができるのかさえ，私たちにはわかりえない）。Raz (1988, p. 329）の見解は，次のような事例への適用が意図されている。すなわち，帰結に価値を割り当てることはできるが，その価値を比べることができないか，あるいは一つの物差しで測ることができないと，私たちにわかっているような事例である。「一つの物差しで測ることができないという言明，つまり，二つの選択肢のいずれも他方よりよいものではないし，価値において等しいものでもないという言明は，選択肢の価値を比べているわけではない。それらの価値を比べることができるということを否定しているのである。一つの物差しで測ることができないとは，二つの選択肢の相対的なメリットについて，一方の価値のほうが大きいとかとかそれらの価値は等しいというように価値づけることに加えて，さらにもう一つ別の仕方で価値づけることなのではない。それは，当該の選択肢にそういった判断が適用できるということを拒絶しているのである」。これに関連する争点が Ullmann-Margalit and Morgenbesser (1977）で扱われているが，そこでは，期待値の等しい行為から一つを拾い上げることが問題になっている。

(44) *New York Daily News*, "World's stinkiest fruit is tuned into wine," July 2013 ; *The Guardian*, "Durian, the world's smellist fruit, goes on sale in Britain," February 3, 2014.

(45) また思い出してほしいのだが，あなたが将来どんな反応をするかについて現代科学が意見を述べることはないし，経験のバラツキが大きいために証言に頼ることもできない（また，あなたの完全な複製がドリアンを食べてみて，どんな主観的価値が割り当てられるべきかなどをあなたに教えてくれる，といった SF 事例を今は脇に置いている)。

(46) いくつかの意思決定の文脈では，私たちはかなり微細な種類に関心を抱くこともありうるだろう。言うまでもなく，この事実に疑いを差し挟むものではない。

(47) 補論では，一人称的な選択，根本的同定問題，インフォームド・コンセントを扱う節において，これに関連する争点を論じる。

(48) ここでは John Collins, Alison Gopnik, Joseph Halpern, Tania Lombrozo, Richard Pettigrew にお世話になった。これらの人々はそれぞれ別々に，私の見解のこの部分を読者にもっとはっきり示すよう勧めてくれた。

(49) 高階の意思決定を目的とする場合，そのありようがあなたにわかっている必要がないときもある。たとえばあなたは，ある規則をただ適用するだけで，正しい結果を決めてしまうかもしれない。〈よりスマートな方がいつだってよい〉という規則がそうだ。そういった規則を適用することであなたは，自分を愚かだが幸せにしてくれるようなドラッグの使用を避けることを，合理的に選ぶことになるかもしれない。ただし，そういった規則は普遍的なものでなくてはならない。もっとも，そういった普遍的な規則があるというのはまったく明らかなことではない。たとえば，〈よりスマートな方がいつだってよい〉がそういった規則であるというのは明らかではない。あまりにスマートであるために悲惨な目に遭うことだって，どこかの時点でありうるだろう。周囲の人たちが全員，自分とは対照的に我慢ならないほど愚かであるならそうなる。そのときにあなたが経験することになる疎外感や感情的な孤立は深刻なものだろう。

(50) 選好を変える決断に関する争点は，ベイズ主義者にそれと同じような問いとして，主観的確率についての判断を変えてしまう決断にまつわる問いを生じさせる。

(51) そういった選択に，道徳的指針や法令だけでは正しい選択が決まらないようなものが含まれるのは明らかだと，私は考えている。

第3章　人生の選択

(1) 水泳オリンピック選手のイアン・ソープは2012年に，金メダルを獲るとはどういうことか，さらに金メダルを防衛するとはどういうことかについて，それは実際に経験しないとあなたには理解できない経験だと述べた。

(2) 私たちのなかでそういった経験をしていない人々にとって，文学作品や映画は，そういった経験の本性や強烈さについて自分に把握できないことがたくさんあるに違いないとわかるための，少なくとも手助けにはなるかもしれない。たとえば，『プライベート・ライアン（*Saving Private Ryan*）』の冒頭場面におけるオマハ・ビーチの上陸作戦はそういったものだ。個々の兵士のゾッとするような経験について，目を見張る議論をしているものとしてはKeegan (1976) とFussell (1989) も見よ。

(3) Keegan (1976) ; Fussell (1989).

(4) Carel (2014b) ; Barnes (2016) を見よ。

(5) 議論を単純にするため，人工内耳を片耳で使用するものとして，その埋め込みの決断について議論しているとしておこう。ただし両耳に埋め込む選択肢もある。

(6) 人工内耳技術とその利用法についての簡単な概要としてはNIDCD (2014) を見よ。

(7) 英語では，大文字を使用した“Deaf”は，デフ・コミュニティとデフ・カルチャーそのもの，あるいはその一員であることを指している。他方“deaf”は聴覚が大きく損なわれた人を表すのに用いられる生物学的用語ないし，単なる身体についての用語である。聾の子に人工内耳を与える決断をめぐる，道徳的な問いと政治的な論争についての興味深い議論としてはHarman (2009) を見よ。これは，人工内耳と選好をめぐる議論を，本書とは別の形で組み立てるものだ。

(8) かなり話題になった事例では，デフのカップルは聴覚障害の子をもつことを熟慮のうえで選んだ（Spriggs 2002)。

(9) これと類似した議論が，黒人であることとブラック・カルチャーに参加することについてなされることがある。

(10) *Talk of the Nation* (2006).

(11) Sacks (1991, p. 74).

(12) さらにBlankmeyer Burke (2014) も見よ。

(13) Levy (2002, p. 153) はこれらの争点を詳細に論じたうえで，こう結論づけている。「おそらくデフ・カルチャーそれ自体に価値があるのだろうが，残念ながら私の結論は，それを維持するとしてそのときに求められる種類の対策は容認できるものではないということである」。

(14) 聴者が正しくデフ・コミュニティと一体になるなら，その聴者は，デフ・コミュニティに属する聴者のメンバーであることに価値を割り当てることができるかもしれない。

(15) 人工内耳によって完全な聴覚が十分に授けられるかどうかとは関係なく，このことは成り立つ。

(16) 生命倫理学界には，障害があることは有害な状態だと想定しなくてはならないと論じる人もいる。たとえばSavulescu and Kahane (2009) を見よ。しかしこれまで論じて

きたように，典型的な聴者であることがデフであることより好ましいという想定は，私たちの認識として保証されたものではないと，私は考えている。

(17) Ouellette (2011, p. 1263).

(18) インフォームド・コンセントをどう考えるのが正しいかについては議論がある。興味深く思慮深い議論としては Kukla (2005) を見よ。

(19) Levy (2002).

(20) 事実問題として人工内耳は普及しつつある。人工内耳を埋め込む動向が成功している理由としてありそうなのは，深刻な難聴で生まれてきたり，あるいはそのまま育ったりする多くの子には，生まれたときからずっと聴者の親がいる，という事実である。そういった親は，そうでない親よりもはるかに，人工内耳を重んじた決断をする傾向がある。したがって，生まれつきあるいは早い時期から聾の大人は，その数において減少しつつある。しかし，多くの人々が人工内耳を選択するという事実は，それを正しい選択にするわけではないし，ましてやそれを合理的な選択にするわけではない。

(21) マガーク効果は，これに関するよく知られた事例である。

(22) 生まれたときから目が見えない人が，目の見える人や，あるいはかつて目が見えていた人と同じように，音を耳にすることができるかどうかは定かでない。音の構築において視覚刺激が果たす役割を考えると，目の見える人と目の見えない人は，別々の刺激を使って聴覚経験を構築している。ここで目の見える人々は，視覚的な手がかりにかなり頼っており，目の見えない人々は，反響定位などの聴覚的・運動感覚的な手がかりにかなり頼っている。このことからわかるように，目の見える人が耳にするものの現れとしての特徴は，目の見えない人が耳にするものの現れとしての特徴とは異なるだろう。また，脳が刺激の解釈・処理の仕方を「学ぶ」プロセスにおいて過去の刺激が果たしている役割を考えると，これまで一度も目が見えてこなかった人々は，目が見えている人々やこれまで目の見えたことのある人々とは，音経験の生み出し方について，永続的かつ物理的に違っているかもしれない。同じような論点は，聾者と人工内耳装用者にも当てはまる。以上の点は Jennifer Groh との議論に負うものである。

(23) Bedny and Saxe (2012, p. 57).

(24) Agar (2010) を見よ。

(25) 階層ベイズ・モデルを用いれば，感覚能力の変化に関わる決断を部分的に表現するモデルを開発できるだろう。補論では，先天的失明に関する事例を使って，そのやり方を検討する。

(26) 本節の内容のいくらかは，「予期している時に予期できないことは何か」(Paul 2015) からとられている。

(27) Edin and Kefalas (2007, p. 32). 貧しくかなり若い女性の多くがなぜ早くに子をもち，もっと年齢を重ねて経済的により安定し結婚するまで待とうと中絶の決断をしないのだろうか。「この謎の鍵は……これらの女性たちが自分の子に対して自分のためにこの先どうしてほしいと望むのかにある」(p. 10)。しばしば，貧しい男女にとって，子というのは一つの成果であり，情動的・身体的につながる方法だとみなされる。「女性の目から見れば，子の誕生によって父は，ちょうど自分がそれによって変容したのと同じように，変容するはずだ。つまり，自分がそうであるように，子の福利に専念するような家庭人に変容するはずなのである」(p. 102)。

(28) ここで私が想定しているのは，第一に，中絶の選択肢があるということ，第二に，

この選択肢を道徳的ないし宗教的な理由で自動的に排除してしまっているわけではないということだ。明らかに，その熟慮には，自分自身の未来についての考察に加えて，しばしば，（生まれてくる可能性のある）子の未来についての考察や，そこに伴う道徳的，宗教的，他の非主観的な問いについての考察が含まれる。

(29) これは，誰かの「人生の満足」ないし「有意味さ」を増大させるのと同じかもしれないし，そうではないかもしれない。また私はここで，子を産むべきかどうかについての選択をするときに重みづけの対象となりうる，現れに関わらない外在的な要因，たとえば環境に与える影響や人口抑制の客観的価値を無視している。これらの価値が個人の主観的価値を圧倒するものでない限り，これらの要因を考慮に入れる形でアレンジしても私の議論は成り立つ。

(30)「赤ちゃん熱」の背後にある心理的な理由を探る興味深い研究としては，Brase and Brase (2012) を見よ。

(31) 経験済みの他の親からの証言は，人々が最も関心をもって探し求めるものだけれど，それは実際には最悪の情報源かもしれない。Gilbert (2007) は，過去の経験の詳細を思い出そうとするときに，私たちがどうやってありとあらゆる過ちを犯すかについて，非常に得るものの大きい議論をしている。

(32) Wallace (2013).

(33) またそれは，その後の経験がそれまでの経験とは十分に異なるとすれば，その後の子にもあてはまるかもしれない。

(34) Edin (2007, pp. 60–1). 自分の子が目の前に現われたことに対して，呆然として信じられないといった反応をしたりショックを受けたりする親であっても，他に類のないほどに新しい現れとしての特徴をもった経験をする。その経験には「本来」もつはずの現れとしての特徴がないという事実にもかかわらず，そうなのである。実際，このショックを受ける反応が独自の特徴をもちうるのは，部分的には，その主体の期待していた嬉しい特徴がそれにないからにほかならない。

(35) 私たちは，たくさんの物理に関する推論を実際うまく行なう（たとえば Battaglia, Hamrick, and Tenenbaum 2013 を見よ）けれど，何らかの知識があると予想されるときでさえ，自分の将来の情動的な状態を経験するとどうなるかについてわかるのが，ひどく苦手である（Haidt 2006 ; Gilbert 2007)。ここでの論点は，将来を思い描くことに根本から新しい経験が伴うときには，それがさらにひどくなる，というものだ。

(36) 自分の子に感じられる愛着が身体的かつ情動的に生じることは，子をもつことの当初の主観的価値の基礎となる。そしてこの愛着を経験することは，ひとたびそれが形成されると，自分の子をもつことに備わる時間的に広がりをもつ主観的価値の根拠の一部となりうる。

(37) もちろん現在の検査技術を踏まえると，一定の遺伝的性質のような，いくつかの性質はあなたにわかりうる。

(38) その理由はこうだ。あなたがこれから生じうる別々の主観的な未来を思い描いて，一方でこれこれの性格をした子をもつとしたらどういうことになるか，他方でそれぞれの性格をした子をもつとしたらどういうことになるかについて，それらの価値を見積もることができるのであれば，少なくとも，その未来のありように関わる重要なことが，あなたにはわかりうることになるし，またおそらく，一定範囲の確率の割り当てを使って，帰結の候補のいくつかについての不確実性を緩和することができるだろ

う。関連する議論については，補論にある「あいまいな信憑度」の節を見よ。

(39) Solomon (2013) は，普通とは異なる子を養育することに伴う喜びや困難について論じている。

(40) 自分の子へのこういった愛着が生み出されることが原因となって，人は親の愛という，独自の自然種を初めて経験しうるのではないかと私はにらんでいる。親の愛は，恋愛や子の愛やあるいは兄弟愛とは別個の種類の愛であり，その基礎にあるのは，親から子に向けられた，親子の間の愛着である。それが初めて経験されると，独自の認知的な現れが生じることになる。言い換えると，初めて親の愛を経験することは，初めてものを見ることや初めて音を耳にすることに，認識として類似しているのである。

(41) この経験の新しさと強烈さは，有名な 1998 年のベビー M 事件において，ニュージャージー州の最高裁判所によって認知された。この事件において（遺伝的につながりのない受精卵を用いるのでない，従来型の）代理母は，その赤ちゃんを引き渡すことについて心変わりしたのである。裁判長は，判決理由においてこう記した（Wilentz 1988)。「当該契約のもと，実母は，子との絆の強さがわかる前に，取り消すことのできない約束をしてしまっている。彼女は，完全に自発的な，十分な情報に基づいた決断を決してしていないのだ。というのも，極めて明らかなことだが，その赤ちゃんの生まれる前になされる決定はどんなものであれ，最も重要な意味で，情報が十分に与えられていないからだ。」

(42)「30 歳の TJ は，母親であることが自分の生活の方向を完全に変えてしまったと語る。…「もう自分が一人の個人だとは思ってないの，本当に。私のすることはどれも，ほとんど自分の子たちを中心にして回っているわ。あの子たちの生活をもっとよいものにするためにね」」(Edin and Kafalas 2007, p. 173)。Harman (2009) も見よ。

(43) Edin and Kafalas (2007, p. 159) は母親の次のような言葉を引用している。「自分はカンペキな母になるだろうと思っていたのに……そんなふうにはいかない……ああ，現実には」。

(44) どちらの事例でも，あなたがたくさんの眠れない夜を過ごすことになるのは間違いない。

(45) 子がどのようにして情動的にかけがえのないものとみなされるようになるかについては，Zeilzer (1985) を見よ。

(46) 子が幸福と人生の満足に及ぼす否定的な影響は，社会学や心理学，経済学において広く論じられてきた。McClanahan and Adams (1989) が記すところでは，様々な研究において「親であることは，大人の心理的な福利に対して否定的な帰結をもたらすということが示唆されている」。親であることに関する経験社会学の調査結果を広範にサーベイしたデータ分析が示すところでは，収入・結婚歴・ジェンダー・人種・学歴・メンタルヘルスといった，標準的な社会学的分類によってグループ分けされた親のグループのうち，全体としての情動的な福利のレベルが親でない人々よりも高いグループは，子が長じて独立した親を含めて，まったく存在しないのである（Evenson and Simon 2005 ; Simon 2008)。心理学での研究結果はもっと複雑なものだが，大多数の研究において，親は主観的な福利が比較的低いと報告されている。親であることが情動的な福利に及ぼす影響の程度は，結婚歴・学歴・経済状況によって左右されるということを，その研究は確かに示している。さらなる点については Nomaguchi and Milkie (2003), Kahneman et al. (2004), Kahneman and Kreuger (2006), Nelson et al. (2013) を見

よ。また全体的な概観としては Simon (2008) を見よ。

(47)「親であることへの移行は，単に個人としての親が変容することではなく，発展しつつある家族システムが変容することを表している。……（生じうる変化の領域として主たるものは）以下のとおりである。(a) 新たに親となる人々の生まれ育った家庭における諸関係の質。(b) 新たに親となる人々の，カップルとしての関係の質。(c) それぞれの親が赤ちゃんとの間に育む関係の質。(d) 新たな家族における生活ストレスと社会的支援との間のバランス。(e) 親と子が個人としてもつ福利ないし苦悩。一つの集まりとして捉えると，親であることへの移行についての研究は，新しく親になる人々がこの 5 つの領域すべてにおいて変化を経験することを示している」。子をもつことへのよくある反応には，関係がよくない方へと変化することや，苦悩やストレスのレベルが増加することが含まれる。Cowan and Cowan (1995, pp. 413–14).

(48) Gilbert (2007)；Kahneman (2013).

(49) この点は John Quiggin との議論に負うものである。

(50) Moss (2015) は説得力のある仕方でこう論じている。ある時点の意思決定主体にとって，何が合理的に容認できるか，あるいは義務的であるのかは，その主体のその時点の心的状態によって完全に決定されるのだ，と。Hedden (2015) も見よ。

(51) Richard Pettigrew が私に指摘したことだが，あなたが新たな選好をもつために現時点でのあなたの選好をなしで済ませる覚悟があるとしたら，現時点でのあなたの選好はどんな意味で本当にあなたの選好だと言えるのだろうか。Elster (1997, p. 754) と比べてみよ。彼はこう述べている。「しかし，時間選好を意図的に変えるというまさにその考えにはつじつまの合わないところがあると，私は思う。……長期的な関心に動機づけられたいと願うというのは，まさにその事実により，長期的な関心に動機づけられることにほかならないのだ。」

(52) ここで私は Lewis (1988), Johnston (1992), Campbell (1993) にも依拠しているが，啓示という考えについては自分自身の目的に即して用いている。Lewis (1988) は，経験が私たちに情報を与えうると論じ，Johnston (1992) と Campbell (1993) は，色を目にすることが，私たちに何事かを教えてくれるように思われるという意味で，啓示的であるとどうして思われるのかを記している（色の経験が私たちの経験する色について実際に教えてくれるのかどうかは，今の私の関心事ではない）。[訳者注：アリストテレスの訳文については，下記の邦訳を参照した。アリストテレス（出隆訳）『形而上学（上)』岩波文庫，1954 年，21 頁。]

(53) Kolodny (2003)；Wallace (2013).

(54) 20 世紀中頃の医学生の社会化についての古典的な記述は，この問題について有用な視座を与えてくれる。Becker, Geer, Hughes, and Strauss (1961).

(55) ただし Neil Levy が私に指摘したことだが，医者の自殺率もきわめて高い。

(56) それらは Chang (1997) の意味で「比べることのできない」帰結である。あなたはそれらを比べることに成功する立場にはないし，それらを比べようとする試みにおいて実質的に失敗する立場にもいないのである。

(57) Raz (1988) は，弁護士としてのキャリアとクラリネット奏者としてのキャリアのどちらかを選ばなくてはならない事例を論じている。ただし彼は，私たちがそれらの価値がわかる程度に（また彼の見解だと，それらの価値は同じ物差しで測ることができないとわかる程度に）それらの帰結についてわかりうるとしている。

(58) 拙論「変容的な宗教的信念」(Paul n.d.) を見よ。

第4章　新たなものの衝撃

(1) これは豊かな西洋社会で普及している文化的な考えである。

(2) 私はこの枠組みを Jenann Ismael と共有しており，ここでは，「経過，流れ，および時間的視座の論理」(Ismael 2017) に依拠している。

(3) Ismael (2017).

(4) これまでの章で論じてきたように，これは，因果的なモデル化および因果的な学習に対する認知的なアプローチときわめて自然に一致するものだ。

(5) 第2章で注意したように，生じうる帰結を想像によって見定める必要のない選択の場合，こうした問題に直面することはない。バスの前に歩み出ることから生じる帰結はすべて悪いものだと私にはわかっているのだから，そんなことはしないだろう。自分の決断をするのにそういった諸帰結を思い描くことでそれらを見定める必要はない。したがって，ここまでそうしてきたように，こういった事例は無視することにする。

(6) あなた自身の死は究極的に変容的な経験だ。そのためあなたは，このことに合理的にアプローチする用意がとりわけ整っていない。だからといって，それを合理的に選ぶことができないというわけではない。自分の経験を永遠に終わらせる選択を合理的にして，そのうえで死によってそうすることを合理的に選択することはできる。

(7) 実際の経験，たとえそれが苦しみを伴う経験であっても，そうした経験に備わる価値をとても巧みに浮き彫りにしているのは，Havi Carell による持病とともに生きることの現象学的研究であり，とりわけ，その持病が間欠的で一定期間の回復の余地がある場合にそれが際立つ。要するに，ある人が実質のある視座を構築・形成して持病に対応するのに十分な期間回復できるなら，その人は，価値ある何か，つまり，「身体的・精神的な制約のなかでよく生きることを学ぶこと」(Carel 2014a) という価値を手に入れるのだ。

(8) 経験が生じた後の自己になることを選択しているのは，経験が生じる前の自己である。このことの背景には，明らかに人格の同一性問題がある。

(9) 変容の結果として今後新たな選好の変化が生じるかどうかを発見したい，という選好の場合はどうだろう。時点 t_1 であなたは，自分の選好が時点 t_2 でどう展開するかを発見することを選んでいる。しかし，時点 t_2 で自分の選好が実際に展開すると，その選好は，もはや自分の選好がどう展開するかを発見したいと選好しないものへと展開してしまう。そうした問題のうちのある形態のものは，時間的な指標を与えることで簡単に避けられる。時点 t_2 では，選好の展開に関するあなたの選好は，自分の選好が時点 t_2 から時点 t_3 にかけてどう展開するかに関わっているであろう。その一方で私たちは，時点 t_2 のあなたの選好が以下のような仕方で展開していることも理解できる。すなわち，変化を終えた時点 t_2 のあなたは，自分の選好が時点 t_2 でどう展開しているかを発見するのを時点 t_1 のあなたが選好しないでいることを選好する。そうした選好の変化も，私たちは理解できるのである。しかしこれは依然として首尾一貫したものだ。なぜなら，時点 t_1 では，あなたは，自分の選好が変化するかどうかを発見すること，またそれがどう変化するかを発見することを選好し，他方 t_2 では，あなたは，そんな選好を時点 t_1 で持たずにいたことを選好するという方向に自分の選好が変化したということを発見したからである。

(10) 関連する議論としては Parfit (1984, p. 327) における，19 世紀のロシア貴族の例を見よ。

(11) これはしたがって，それぞれが道徳的な要請を課す二つの別々の帰結から選ばなくてはならないという，道徳を主題とする形態をとるサルトル流の難問とは異なる。私たちのここでの議論は，たとえば病気の母の世話をするという道徳的な義務と，愛国的な義務を果たすという道徳的な義務からまず選択しようとするような，そういった類いの選択ではない。

(12) もしかしたら私たちは，Ullmann-Margalit and Morgenbesse (1977) で詳しく論じられた「拾い上げること」という意味で，キャリアについてはそれを選ぶのではなく，拾い上げることしかできないかもしれない。

(13) 私がコンラッドの小説（Conrad 1990）に注目したのは，「不可能な決断」（Rothman 2013）という記事において Joshua Rothman が変容的な経験についての私の研究を論じるなかで言及してくれたおかげである。[訳者注：コンラッドの訳文については，下記の邦訳を参照した。コンラッド（黒原敏行訳）『闇の奥』光文社古典新訳文庫，2009 年，34 頁。]

補　論　意思決定

(1) Gilbert (2007), Wilson (2011), Kahneman (2013) は，いかなる場合でも修正が必要となるということを示す優れた研究である。自分の過去と現在の感情状態を見定める能力について懐疑的な興味深い見解を示すものとして，Haybron (2012) を見よ。

(2) Christina Mercer が私に指摘したように，アメリカ社会は，選択をしている個人に重大な責任を課す。そうすることは，育児の責任を共有する共同体に生きるのとは違っているのだ。そして，個人とはそこに伴う責任の大部分を引き受けるはずの者だということを踏まえると，親の肩にのしかかる重荷は，個人が自分の未来に向けた選好について考えることをはるかに重要なものとする。私の議論への応答として，人生における大きな選択をするときには自分の経験についての留意事項を消し去ってしまうはずだと述べられるのなら，社会支援の構造を変えて，その選択に対する責任がもはや個人の問題ではないようにする必要がある。忠誠，社会，科学を理由として子をもつべきだと誰かに語り，そのうえでその人をその人自身の未来に委ねてしまうことは，道徳的ないし政治的な立場として魅力的なものではない。

(3) Moran (2001, p. 164).

(4) Susan Wolf の「道徳的聖人」（Wolf 1982）は関連する争点を浮き彫りにしている。

(5) 私たちは自分の一人称的な見方について三人称的な見方をとらない方がよいと，Moran は強調する。私たちは熟慮に際して，自分の一人称的な見方を占有しなくてはならないのだ。

(6) ここでの議論はとりわけ Kieran Healy に負う。

(7) ヴァンパイア事例では，介入を被ることで個人の選好が変えられてしまうとされた（ベジタリアンの隣人が，ヴァンパイアとなった現在自分がヴァンパイアであることを気に入っているとしたことを思い出そう）が，そこで私たちが検討したのと同じような可能性が，言うまでもなく，こういったことすべてを複雑にする。

(8) ここで私は，関連データが存在するときに，もっと正確な予測や見定めの余地があるような心理的反応を脇に置いている。

(9) これはまたもや参照クラス問題に関係する。

(10) Heckman, Lopes, and Piatek (2014, p. 38).

(11) Jeremy Freese はこんな鋭いことを言った。マッチされた複数の個人が出発点でとても類似しているのなら，なぜ一方は貧しい地区で生活し，もう一方はそうではないのか，と。

(12) ここでの議論は Kieran Healy に負う。

(13) 話を単純にするために，年金の給付が続くように生き続けたいとか，配偶者が高額の保険金の支払いを受け取るように自死するといった，問題を複雑にする要因はないものとしている。

(14) 手術をした他の人々が慢性痛や障害とともに生きていくことにどう反応しているかについてのデータは，その手術をすべきかどうかを今決断しようとしている患者にとって，常に助けとなるわけではないだろう。というのも，情報が与えられたうえでの選択をしようとしている患者は，根本的同定問題に加えて，一種の参照クラス問題に直面しているからである。要するにこういうことだ。類似の仕方によって反応主体のクラスがすべて違っているのなら，どの類似性が大事だとその患者たちにはどうやってわかるのだろうか。患者たちが属しているクラスのどれが，自分が位置すべき重要なクラスなのだろうか。経験的な結果を用いて個人レベルでの自分の決断を導くためには，自分が重要な点で，最も類似しているのがどの主体の集団かが，わかっていなくてはならない。つまり，自分を正しい参照クラスに位置づけることができなくてはならないのだ。しかし，手術の結果として経験に根本的な変化が生じることを踏まえると，慢性痛と障害に自分が今後どう反応するかがすでにわかっていない限り，どの参照クラスに自分が属すのかがわかる術はない。Hájek (2007) が論じているように，この問題は，関連する複数の仮説に対する適切な事前確率の分布を発見するという問題の一形態に他ならない。事前分布に関する問題が，本文で私が提起した，予測不可能な選好の変化にまつわる意思決定理論上の争点につながっていることは，もちろん明らかだ。

(15) インフォームド・コンセントについての興味深く物議を醸す議論については，Levi (2014) を見よ。

(16) Healy (2006). この領域での Healy の研究は，血液と臓器のやりとりに関わる調達戦略に焦点を当てている。彼はこう記している。「組織がドナーを管理するのは，アリがアブラムシに仕え，熱心にアブラムシを飼育して，必要な蜜のためにアブラムシをなでるのと同じようなものだと思われるかもしれない。しかし個人の期待と組織の能力は共同で進化してきたのである」(p. 113)。

(17) ここでの議論は John Quiggin に負う。

(18) ここでの議論については，Elster (1979), Elster (1997), Becker (1998) を見よ。

(19) ここでの議論は Alan Hájek, Andy Egan, Kenny Easwaran に負う。

(20) Colyvan (2006)；Fine (2008). Easwaran (2008) が論じるところでは，弱い期待を用いてパサディナ・ゲームを価値づける直観的な理由がある。これはつまり，パサディナ・ゲームをプレイすることに，とても低い確定した期待値（1ドル以下！）を与える方法が，少なくともいくつかある，ということだ。それによると，いくつかの文脈では，標準的な意思決定理論に望みがあることになる。認識を変容させる事例にはそれとパラレルな期待はないのだから，変容的な選択に関わる意思決定理論の問題を解くには，

何か他の戦略が必要だ。

(21) 意思決定理論が合理的な行為のための手引きを与えてくれるとして，それは様々な類いのゲームをプレイすることでモデル化されるが，その限りにおいて，今見た結果は，不確定な期待効用の伴う事例を意思決定理論が扱えるのかという重要な問いを提起する。いくつかの意思決定理論の文脈において，そういったゲームの構造と重要な点で類似した構造に直面しているなら，かなりの修正をしないと，合理的な決断をなすのに意思決定理論を用いることはできないように思われるだろう。つまり，そのような構造をしたゲームのプレイについて理解する合理的な方法は存在せず，それゆえ，そのような構造をした決断事例において，期待値を最大化する合理的な方法は存在しないのである。

(22) ここでの議論は Richard Pettigrew, Matt Kotzen, John Collins に負う。

(23)「フィンク的に壊れやすいものは，それが叩かれない限り，間違いなく壊れやすい。ところが叩かれると，即座に壊れやすいことをやめてしまい，壊れなくなってしまうのである」(Lewis 1997, p. 144)。

(24) van Fraassen (1984). van Fraassen によると，合理性が求めるのは，時点 t_1における命題 P についてのあなたの信憑度が，時点 t_2における P についてのあなたの信憑度の現時点での予想になっていることだ。

(25) ここでの議論は Richard Pettigrew に負う。

(26) 標準的に認められたアプローチはまったく存在しない。熱い議論がなされている提案として，主たるものが二つある。(1) あいまいな信憑度はともかく私たちに必要なのかどうか。(2) あいまいな信憑度は，たとえばマネー・ポンプの影響を受けやすくすることで，私たちの意思決定に問題を生じさせるのかどうか。White (2010), Elga (2010), Joyce (2010), Moss (2015), Carr (n.d.) を見よ。

(27) Moss (2015).

(28) 障害児の親の選好がどう展開しうるかについて，Solomon (2013) は素晴らしい説明を与えている。

(29) ここでは，選好についての決定規則を採用することや証言に頼ることなどの正当性について，たくさんの大きな仮定を置いている。しかし，たとえ最終的にはうまくいくとは思えないとしても，そういった仮定のもとでどこまで進むことができるのかを見ておく価値はある。

(30) それゆえこの事例は Moss (2015) において記述されるような，合理的な不決断と類比的なものではない。

(31) そうした経験には他人の子を世話することが含まれるかもしれない。しかしそれは，我が子に形成するであろう愛着の経験と何か重要な点で似ているところが，その子に形成するであろう愛着を経験することにある場合に限られる。そして，それが成り立っているかどうかを知る方法として信頼できるものは，唯一，それらの間で共有される経験上の性格についての経験的な情報を集めることだけである。

(32) 変容的な意思決定と階層ベイズ・モデルとの間のつながりとして私が本節で描写するものは，Josh Tenenbaum が私に提案したものだ。本節で展開されるアイデアをめぐるとても有益な議論，とりわけ，高階の構造と，学習・計画におけるベイズ・モデルの役割をめぐる議論，発見の適合値をめぐるさらなる議論については，彼に負っている。

(33) このアプローチは階層ベイズ・モデル（hierarchical Bayesian models : HBMs）の観点から組み立てることができる。HBMs に独自の特徴は，学習のための柔軟で敏感なツールとして理解されうること，および，人間の認知システムが高階のカテゴリ上の類似性を認識し活用できるために必要な経験がごくわずかでよいということにある。その種類のブドウがどのようなものかを把握するのに，わずかなブドウを食べてみるだけでよい。いろいろな下位タイプのブドウを食べれば食べるほど，それらすべてに共有されて，あなたが新たな下位タイプのブドウについて推論する際に用いるべき高階の構造をますます正確に示して洗練させることができる。経験が大事なのだから，あなたは新たなデータに反応して継続的にアップデートすることになる。以下で，子を育てるという長期的な選択を論じる際に，この点に戻ることにしよう。関連する論文としては Tenenbaum, Kemp, Griffiths, and Goodman (2011) を見よ。

(34) Tenenbaum, Griffiths, and Kemp (2006).

(35)「階層ベイズ・アプローチは，知識がどうやって複数の抽象レベルにおいて同時に獲得されうるのかを示す。……階層ベイズ・モデル（HBMs）には，複数の抽象レベルにある表象が含まれる。そしてこのモデルは，経験からもたらされるデータからはかなりかけ離れたレベルにおいて，どうやって知識が獲得されうるのかを示すのである」(Kemp, Perfros, and Tenenbaum 2007, pp. 307–8)。

(36)「ベイズ流の認識論では事前確率の問題とは以下の通りだ。証拠がないときに私たちはどうやって自分の信憑度（つまり信念の程度）を設定すべきなのだろうか。つまり，私たちは，事前のあるいは最初の信憑度を，言い換えると信念が伴う生活の出発点となる信憑度を，どうやって設定すべきなのだろうか。デイヴィッド・ルイスは，信念がたどる旅の始まりにいる行為主体をスーパーベイビー（superbaby）と呼ぶことを好んでいた」(Pettigrew 2016)。ルイスの「スーパーベイビー」というフレーズは，アラン・ハジェクからの証言によって知ったものである。

(37) Griffiths, Chater, Kemp, Perfors, and Tenenbaum (2010).

(38) Berkeley (1948–57). あるいはたとえば Smith (1795) を見よ。「可視的対象である色彩は，可触的対象である固性とは何らの類似性ももたない。生まれつきの盲人や，非常に早い時期に視力を失って可視的諸対象の記憶をもたない人は，色彩の観念や概念を形成することができない。……しかしながら，彼はこうしてそれらの様々な面が映し出す様々な色彩の名を告げえたかもしれないけれども，また彼はこうしてこれらの感覚作用の遠因についてある不完全な見解をもちえたかもしれないけれども，彼はその感覚作用それ自体については，ロック氏によって言及された別の盲人がもっていたのよりもましな観念をもちえなかったであろう。その盲人は，深紅の色彩はトランペットの音に似ていると想像すると，述べたのであった。生まれつきの聾者も，同様に，はっきりと話すように教えられるかもしれない。彼はそれぞれの文字，音節，言葉を発音できるように，彼の器官をどのような形にし，どう処置すればよいかを教えられる。しかしそれでも彼は，彼自身が発する音の遠因や，彼自身が他の人々のなかに引き起こす感覚作用の遠因の，ある不完全な観念をもつかもしれないけれども，それらの音すなわち感覚作用そのものの観念は，何一つもつことができない。」［訳者注：アダム・スミスの訳文については，下記の邦訳を参照した。アダム・スミス（アダム・スミスの会監修，水田洋ほか訳）『アダム・スミス 哲学論文集』名古屋大学出版会，1993 年，254–55 頁。］

(39) Bedny and Saxe (2012).

(40) Bedny and Saxe (2012, p. 74).

(41) ここでは，科学的発見と科学革命の文脈におけるクーン流のパラダイム・シフトの特徴を表現するのに階層ベイズ・モデルを用いることへと議論を接続できる。Henderson, Goodman, Tenenbaum, and Woodward (2010) を見よ。

(42) ここでの議論についてはとりわけ Joe Halpern と John Quiggin に負う。

(43) Heifetz, Meier, and Schipper (2006) ; Halpern and Rego (2009) ; Halpern and Rego (2013) ; Quiggin and Grant (2013).

(44)「行為主体は自分の気づいていない諸事実に基づいて決断をすることはできないが，他方で，気づいていないことに気づいていることは，明らかに，意思決定に重大な影響をもたらしうる」(Halpern and Rego 2009)。

(45) 共通する高階の構造についての経験的情報が認知科学からもたらされるのだとすれば，あなたは依然として，気づきがないときのモデルを使いたいと思うかもしれない。というのも，そういった情報であっても，それがあれば，帰結を部分的にモデル化することくらいはできるかもしれないからだ。経験的な情報は，帰結の認知モデルを組み立てる際の手引きとなるだけでなく，一定の一般的原理を用いる裏づけを与えることもありうるだろう。

(46) Grant and Quiggin (2013).

(47) 新たな情報を学ぶことには，因果連鎖の下流で決断を下すうえでの重大な価値がありうることを踏まえると，新たな経験をすることには高い価値がありうる。